■2025年度高等学校受験用

文教大学付属高等学校

収録内容一覧

★この問題集は以下の収録内容となっています。また、編集の都合上、解説、解答用紙を省略させていただいている場合もございますのでご了承ください。

（○印は収録、一印は未収録）

入試問題と解説・解答の収録内容		解答用紙
2024年度	英語・数学・国語	○
2023年度	英語・数学・国語	○
2022年度	英語・数学・国語	○
2021年度	英語・数学・国語	○
2020年度	英語・数学・国語	○
2019年度	英語・数学・国語	○

★当問題集のバックナンバーは在庫がございません。あらかじめご了承ください。

●凡例●

【英語】

≪解答≫

〔　〕　①別解
②置き換え可能な語句（なお下線は置き換える箇所が2語以上の場合）
(例) I am〔I'm〕glad〔happy〕to～

（　）　省略可能な言葉

≪解説≫

1，2…　本文の段落（ただし本文が会話文の場合は話者の１つの発言）

〔　〕　置き換え可能な語句（なお〔　〕の前の下線は置き換える箇所が２語以上の場合）

（　）　①省略が可能な言葉
(例)「(数が) いくつかの」
②単語・代名詞の意味
(例)「彼（＝警察官）が叫んだ」
③言い換え可能な言葉
(例)「いやなにおいがするなべにはふたをするべきだ（＝くさいものにはふたをしろ）」

//　訳文と解説の区切り

cf.　比較・参照

≒　ほぼ同じ意味

【数学】

≪解答≫

〔　〕　別解

≪解説≫

（　）　補足的指示
(例)（右図１参照）など

〔　〕　①公式の文字部分
(例)〔長方形の面積〕＝〔縦〕×〔横〕
②面積・体積を表す場合
(例)〔立方体ABCDEFGH〕

∴　ゆえに

≒　約、およそ

【社会】

≪解答≫

〔　〕　別解

（　）　省略可能な語

＿＿　使用を指示された語句

≪解説≫

〔　〕　別称・略称
(例) 政府開発援助〔ODA〕

（　）　①年号
(例) 壬申の乱が起きた（672年）。
②意味・補足的説明
(例) 資本収支（海外への投資など）

【理科】

≪解答≫

〔　〕　別解

（　）　省略可能な語

＿＿　使用を指示された語句

≪解説≫

〔　〕　公式の文字部分

（　）　①単位
②補足的説明
③同義・言い換え可能な言葉
(例) カエルの子（オタマジャクシ）

≒　約、およそ

【国語】

≪解答≫

〔　〕　別解

（　）　省略してもよい言葉

＿＿　使用を指示された語句

≪解説≫

〈　〉　課題文中の空所部分（現代語訳・通釈・書き下し文）

（　）　①引用文の指示語の内容
(例)「それ（＝過去の経験）が ～」
②選択肢の正誤を示す場合
(例)（ア，ウ…×）
③現代語訳で主語などを補った部分
(例)（女は）出てきた。

／　漢詩の書き下し文・現代語訳の改行部分

文教大学付属高等学校

所在地	〒142-0064 東京都品川区旗の台3-2-17
電　話	03-3783-5511(代)
ホームページ	https://www.bunkyo.ac.jp/jsh/
交通案内	東急大井町線・池上線 旗の台駅，大井町線 荏原町駅より徒歩3分 都営浅草線 中延駅より徒歩8分

普通科

男女共学

くわしい情報はホームページへ

応募状況

年度	募集数	受験数	合格数	倍率
2024	推薦 70名	63名	63名	1.0倍
	1回 40名	188名	176名	1.1倍
	2回 20名	85名	73名	1.2倍
	3回 10名	48名	25名	1.9倍
2023	推薦 70名	59名	59名	1.0倍
	1回 45名	160名	146名	1.1倍
	2回 20名	91名	71名	1.3倍
	3回 5名	28名	17名	1.6倍
2022	推薦 70名	73名	73名	1.0倍
	1回 45名	182名	173名	1.1倍
	2回 20名	93名	69名	1.3倍
	3回 5名	62名	36名	1.7倍

＊1回・2回・3回＝一般入試第1回，第2回，第3回

試験科目　（参考用：2024年度入試）

推薦：作文，面接

一般：国語・数学・英語（リスニング含む）

教育方針

校　　訓　人間愛

教育目標　1．慈愛の心を育てる。

　　　　　2．輝く知性を身につける。

　　　　　3．世界に飛翔する力を養う。

本学園は幼稚園から大学まで一貫した教育体系をもつ総合学園であり，人間愛を基盤として一貫した指導のもとに充実した教育を行っている。

本校の特色

難関大学進学を見据えて豊富な授業時間を確保し，進路目標の達成に向けて効果的な学習ができるよう「アルティメットクラス」「アドバンストクラス」「スタンダードクラス」の3クラスを編成している。さらに，文教ステーション・アサガク・講習など，学習サポート体制も充実させている。また，グローバル教育については，オーストラリア・カナダ・アメリカへの中・長期の留学制度やセブ島語学研修など，語学研修や文化体験の機会を数多く設けている。

イベント日程【全て要予約】

○学校説明会

第1回　6月15日(土)　第2回　9月7日(土)

第3回　10月12日(土)　第4回　11月16日(土)

第5回　11月30日(土)

※第1・3・5回は14:00～，2・4回は10:30～

○イブニング説明会

第1回　11月7日(木)　第2回　11月19日(火)

※各回18:00～

○入試問題対策説明会

12月7日(土)14:00～

○白蓉祭(文化祭)

9月21日(土)・22日(日・祝)9:00～

編集部注—本書の内容は2024年5月現在のものであり，変更されている場合があります。正確な情報は，学校のホームページ等で必ずご確認ください。

出題傾向と今後への対策　英語

出題内容

	2024	2023	2022
大問数	6	6	7
小問数	46	50	50
リスニング	○	○	○

◎大問数６～７題，小問数は50問前後である。構成は，長文読解２題，整序結合と語形変化を含む文法の総合問題１題，和文英訳１題，英作文１題，放送問題１題などである。年度によって問題数などに変化がある。

2024年度の出題状況

1 放送問題

2 和文英訳―適語補充

3 文法・作文総合

4 作文総合

5 長文読解総合―書評

6 長文読解総合―説明文

解答形式

2024年度	記　述／マーク／併　用（記述に○）

出題傾向

長文読解のジャンルは物語，説明文がよく出題されており，長さは標準的である。設問数が多く，速く正確に読み取る力が試される。文法独立問題では，あらゆる単元からまんべんなく出題され，慣用句・熟語などの言い回しも多く見られる。作文問題は整序結合，部分・完全記述形式で出題されている。放送問題は英問英答などである。

今後への対策

教科書を丹念に学習して基本単語や熟語，基本例文を全て暗記し，文法事項を理解するような基礎力をつけることが大切である。ひと通り復習を終えたら，実戦型問題集を１冊決めて応用力をつける。苦手分野は繰り返し解いて十分練習を積むこと。放送問題はラジオ講座などで耳を慣らしておこう。仕上げは過去問で形式や時間を確認。

◆◆◆◆◆ 英語出題分野一覧表 ◆◆◆◆◆

分野			2022	2023	2024	2025予想※
音声	放送問題		★	★	★	◎
	単語の発音・アクセント					
	文の区切り・強勢・抑揚					
語彙・文法	単語の意味・綴り・関連知識					
	適語(句)選択・補充					
	書き換え・同意文完成					
	語形変化		●	●	●	◎
	用法選択					
	正誤問題・誤文訂正					
	その他					
作文	整序結合		●	●	●	◎
	日本語英訳	適語(句)・適文選択				
		部分・完全記述	■	■	■	◎
	条件作文		●		●	◎
	テーマ作文			●	●	◎
会話文	適文選択					
	適語(句)選択・補充					
	その他					
長文読解	内容把握	主題・表題		●	●	◎
		内容真偽	●		●	◎
		内容一致・要約文完成			●	△
		文脈・要旨把握	●	■	●	◎
		英問英答			●	△
	適語(句)選択・補充		■	●	●	◎
	適文選択・補充					
	文(章)整序					
	英文・語句解釈(指示語など)		●	●	●	◎
	その他					

●印：１～５問出題，■印：６～10問出題，★印：11問以上出題。
※予想欄　◎印：出題されると思われるもの。　△印：出題されるかもしれないもの。

出題傾向と今後への対策　数学

出題内容

2024年度 ~~作~~ ~~証~~ ~~グ~~

大問５題，20問の出題。1は計算問題５問。2は方程式の計算３問。3は小問集合で，数と式，関数，確率，図形などから，計６問の出題。4は関数で，放物線と直線に関するもの。平行四辺形の面積や，これを２等分する直線の式などが問われている。5は空間図形で，三角錐について問うもの。頂点から底面に垂線を引くことによってできる図形について，正誤を問うものも出題されている。

2023年度 ~~作~~ ~~証~~ ~~グ~~

大問５題，20問の出題。1，2は数・式の計算，方程式の計算で，計８問。3は小問集合で，各分野から計６問の出題。4は関数で，放物線と直線，平行四辺形に関するもの。比例定数や点の座標などを求めるもの。図形の知識も要する。5は空間図形で，正四面体と正四面体の全ての面に接している球について問うもの。表面積や体積を求める計量題３問。

作…作図問題　証…証明問題　グ…グラフ作成問題

解答形式

2024年度	記　述／マーク／併　用

出題傾向

大問５題，設問18～20問の出題で，ここ数年，1は計算，2は方程式，3は各分野からの小問集合，4は関数，5は図形となっている。1～3は基本的な計算力や基礎学力の定着度を見るもの中心。4の関数は放物線を利用したもの。5の図形は空間図形の計量題となることが多い。4，5はやや難度の高い問題が含まれる。

今後への対策

前半の1～3を完璧にするべく，教科書や基本問題集を使って基本的な計算力や知識をしっかり身につけよう。ていねいな計算を心がけ，定理や公式は，しっかり覚え正しく使えるように。そのうえで，関数，図形は，標準レベルの問題集を使って，いろいろな考え方や解法を少しずつ身につけていくようにしよう。

◆◆◆◆◆ 数学出題分野一覧表 ◆◆◆◆◆

分野		2022	2023	2024	2025 予想※
数と式	計算，因数分解	★	★	★	◎
	数の性質，数の表し方	●		●	◎
	文字式の利用，等式変形				
	方程式の解法，解の利用	★	★	★	◎
	方程式の応用		●		△
関　数	比例・反比例，一次関数			●	△
	関数$y=ax^2$とその他の関数	★	★	★	◎
	関数の利用，図形の移動と関数				
図　形	（平面）計　量	●	●	■	◎
	（平面）証明，作図				
	（平面）その他				
	（空間）計　量	★	★	■	◎
	（空間）頂点・辺・面，展開図	●			△
	（空間）その他			●	
データの活用	場合の数，確率	●	●	●	◎
	データの分析・活用，標本調査				
その他	不 等 式				
	特殊・新傾向問題など				
	融合問題				

●印：１問出題，■印：２問出題，★印：３問以上出題。
※予想欄　◎印：出題されると思われるもの。　△印：出題されるかもしれないもの。

出題傾向と今後への対策

国語

出題内容

2024年度

論説文　小説

課題文
一水野　祐
『法のデザイン』
二白尾　悠
『サード・キッチン』

2023年度

論説文　小説

課題文
一藤原辰史
『食べること考えること』
二伊集院静
『親方と神様』

2022年度

説明文　小説

課題文
一川原繁人
『音とことばのふしぎな世界』
二小川洋子
『ことり』

解答形式

2024年度	記　述／マーク／併　用

出題傾向

設問は，それぞれの読解問題に10問程度付されており，そのうちの８割が内容理解に関するものである。課題文は，論理的文章，文学的文章ともに読みやすいものが選ばれており，分量も適当である。記述式の解答は毎年出題され，30〜60字程度のものが，それぞれの大問に１〜２問出されている。

今後への対策

内容理解に関する設問の比重が大きく，しかも記述式の解答を複数書かなければならないため，読解力と表現力の両方が必要である。こうした力を養うには，基礎学力養成用のものでよいから，できるだけ多く記述式の問題集をこなしていくことが大切である。また，国語の知識に関するものは，漢字，語句を中心に問題集で復習しておくとよい。

国語出題分野一覧表

分野		年度	2022	2023	2024	2025予想※
現代文	論説文 説明文	主題・要旨				
		文脈・接続語・指示語・段落関係	●	●	●	◎
		文章内容	●	●	●	◎
		表現	●	●		◎
	随筆 日記 手紙	主題・要旨				
		文脈・接続語・指示語・段落関係				
		文章内容				
		表現				
		心情				
	小説	主題・要旨				
		文脈・接続語・指示語・段落関係				
		文章内容	●	●	●	◎
		表現		●		△
		心情	●	●	●	◎
		状況・情景				
韻文	詩	内容理解				
		形式・技法				
	俳句 和歌 短歌	内容理解				
		技法				
古典	古文	古語・内容理解・現代語訳				
		古典の知識・古典文法				
	漢文	(漢詩を含む)				
国語の知識	漢字 語句	漢字	●	●	●	◎
		語句・四字熟語	●	●	●	◎
		慣用句・ことわざ・故事成語		●		△
		熟語の構成・漢字の知識				
	文法	品詞				
		ことばの単位・文の組み立て				
		敬語・表現技法	●		●	◎
	文学史					
作文・文章の構成・資料						
その他						

※予想欄　◎印：出題されると思われるもの。　△印：出題されるかもしれないもの。

合格を勝ち取るための

本書の使い方

本書に掲載されている過去問をご覧になって，「難しそう」と感じたかもしれません。でも，大丈夫。ほとんどの受験生が同じように感じるのです。高校入試の出題範囲は中学校の定期テストに比べて広いですし，残りの中学校生活で学ぶはずの，まだ習っていない内容からも出題されているかもしれません。

ですから，初めて本書に取り組む際には，点数を気にする必要はありません。点数は本番で取れればいいのです。

過去問で重要なのは「間違えること」です。自分の弱点を知るために，過去問に取り組むのです。当然，間違った問題をそのままにしておいては意味がありません。

本書には，長年にわたって高校受験に関わってきたベテランスタッフによる詳細な解説がついています。間違えた問題は重点的に解説を読み，何度も解きなおしてください。時にはもう一度，教科書で復習するのもよいでしょう。

別冊として，抜き取って使える解答用紙を収録しました。表示してあるように拡大コピーをとれば，実際の入試と同じ条件で，何度でも過去問に取り組むことができます。特に記述問題では解答欄の大きさがヒントになる場合があります。そうした，本番で使える受験テクニックの練習ができるのも，本書の強みです。

前のページにある「出題傾向と今後への対策」もよく読んで，本校の出題傾向に慣れておきましょう。

2024年度　文教大学付属高等学校

【英　語】（50分）〈満点：100点〉

1　リスニングテスト

（注意）リスニングテストの問題は試験開始５分後に放送されます。放送中にメモを取っても構いません。

第　1　部
これから放送される英文を聞いて、その説明に合う英単語を書きなさい。問いはNo.1からNo.5までであり、英文は1度だけ放送されます。

【問題例】It is meat from a cow.　What is it?　　【解答例】 beef

No.1 ＿＿＿＿＿＿＿＿＿＿＿＿

No.2 ＿＿＿＿＿＿＿＿＿＿＿＿

No.3 ＿＿＿＿＿＿＿＿＿＿＿＿

No.4 ＿＿＿＿＿＿＿＿＿＿＿＿

No.5 ＿＿＿＿＿＿＿＿＿＿＿＿

第　2　部

これから放送される対話文に続くものとして、最も適切な英文を選択肢の中から1つずつ選び、記号で答えなさい。対話文はNo.6からNo.9まであり、それぞれ2度放送されます。

No.6　ア　You have to go by yourself.
　　　イ　My birthday is July 1st.
　　　ウ　Then I'll buy some roses for her.
　　　エ　I went shopping with my mother yesterday.

No.7　ア　Her hobby is traveling abroad.
　　　イ　I haven't decided yet.
　　　ウ　I'll be there for two weeks.
　　　エ　You have to buy tickets first.

No.8　ア　She is 24 years old.
　　　イ　She doesn't like to take pictures.
　　　ウ　She is listening to music.
　　　エ　She works at a hospital.

No.9　ア　Yes, I've watched that program before.
　　　イ　Sounds like fun. I'll think about it.
　　　ウ　She won the tennis match yesterday.
　　　エ　We don't know where to go.

第　3　部

Kenのスピーチを聞いて、そのあとの問いに対する答えとして最も適切なものを選択肢の中から1つずつ選び、記号で答えなさい。問いは、No.10からNo.14まであり、英文と問いはそれぞれ2度放送されます。

No.10 ア By reading the newspaper.
イ By talking with his friends.
ウ By watching the TV program.
エ By using the internet.

No.11 ア The food festival and the famous church.
イ The food festival and the popular sport.
ウ The popular food and the famous church.
エ The popular food and flowers.

No.12 ア They buy tomatoes at special prices.
イ They throw tomatoes at each other.
ウ They learn about how to grow tomatoes.
エ They enjoy cooking Spanish food with tomatoes.

No.13 ア He liked to go to the park.
イ He liked to play sports.
ウ He liked to visit buildings in his town.
エ He liked to watch nature around him.

No.14 ア They can buy some flowers.
イ They can learn about how to draw plants.
ウ They can see designs inspired by nature.
エ They can watch the video about Antonio Gaudi.

※＜リスニングテスト放送原稿＞は英語の問題の終わりに付けてあります。

2 次の各英文が日本語の意味を表すように、（　　）に適切な語を書きなさい。1つの（　　）には1語のみ入れること。また文頭の語は大文字で始めること。

① 彼女は高校で新しい友達を作りたいです。
She wants to make (　　　)(　　　) new people at high school.

② 私はあなたの意見に同意します。
I (　　　)(　　　) your opinion.

③ テレビを消して寝なさい。
(　　　)(　　　) the TV, and go to bed.

④ 彼が帰って来たらすぐに、私たちはここを出発します。
We will leave here (　　　)(　　　) as he gets back.

⑤ 彼は、宿題をしないで映画を見ました。
He watched movies (　　　)(　　　) doing his homework.

3

A 次の各英文の（　　）内の語を、適切な形に直しなさい。

① Ken can play tennis (well) than John and Amy.

② The (child) were playing in the garden. They looked very happy.

③ The movie was (see) by people all over the world last year.

④ He is looking forward to (swim) in the sea this summer.

B 日本語の意味を表すように（　　　）内の語（句）を並べかえ、英文を完成させなさい。ただし、解答は（　　　）内で3番目と5番目に来るものを記号で答えなさい。なお、文頭に来る語も小文字で始めています。

① あなたのお姉さんが毎日どれくらい勉強しているか、知っていますか。
（ア do　イ how much　ウ know　エ studies　オ you　カ your sister）every day?

② 彼女はこの町で生まれ育ちました。
（ア and raised　イ born　ウ in　エ she　オ this town　カ was）.

③ 私が昨日読んだ本は、興味深いものでした。
（ア I　イ interesting　ウ read　エ the book　オ was　カ yesterday）.

④ 私は先生に英語の勉強方法を教えてくれるように頼みました。
I（ア asked　イ how　ウ me　エ my teacher　オ to study　カ to tell）English.

4

A サラは連休中に観光地を回る計画を立てていて、その計画についてユミと話をしています。以下はその対話のやり取りです。下線部を英文に直しなさい。

サラ：今度の連休（the holidays）が待ち遠しい！
ユミ：①連休中、どこに行くか決めた？
サラ：横浜に行くつもりだよ。
ユミ：②私はよく両親と車で横浜へ行くよ。
サラはどうやって横浜まで行くつもりなの？
サラ：電車で行こうと思っているよ。
ユミ：そうなんだ。楽しんできてね！

B 次の英文を読み、あなたの考えを30語程度の英語で書きなさい。

What is your goal for the future? What do you want to do for the goal in high school?

5 R. J. Palacioの小説*Wonder*は、主人公August（通称Auggie）が、10歳で初めて小学校に通うことになるところから、話が始まります。主人公は、顔に生まれつき障がいがあるため、多くの子どもたちからいじめられて辛い思いをしますが、家族をはじめ温かい大人たちに見守られながら、周囲の子どもたちと少しずつ関係性を育みます。以下は、この話を読んだ３名の感想・評価です。英文を読み、あとの問いに答えなさい。

Jessica from New Orleans, USA
April 18th, 2023

★★★★★ **My Favorite Book**

This is one of my favorite books. The story tells a lot of things at school. One of the teachers, Mr. Browne, teaches his students about precepts, and they discuss a new precept every month. Many of these are great life lessons from *ancient people or world leaders.

This book also gives lessons about the importance of simple human kindness. Everyone would be kinder to others after reading this story. It tells us to walk in someone else's shoes. I mean, you can understand what other people are experiencing. Everyone knows their own bad parts. If we can be kinder, we can live more easily.

注：ancient　古代の

Nancy from Melbourne, Australia
June 7th, 2023

★★★★★ **Multiple Points of View**

The book is about a boy named August（Auggie). He was born with *disabilities. He experienced a lot of *surgeries and a lot of pain in the process.

But still, Wonder is a great book for people of all ages. It has a lot of positive messages. I especially recommend this book if you like books about friendships. The friendships in this book are very difficult, but they develop many times. In the end students including Auggie stay friends. This story is also from many different people's points of view. That is the second reason I recommend this book. Multiple points of view made the story more interesting. This book is *Wonder*ful.

注：disability (-ies) 障がい　　surgery (-ies) 手術

David from Hawaii, USA
October 11th, 2023

★★★★★ Love the Book and Mr. Browne!

Auggie always wishes that he could just be normal. Other students made fun of Auggie at school. Nobody thinks that Auggie is normal. In my opinion, this story is very sad. I have cried while I was reading the book. I was crying at the movie, too. I recommend this book to everyone. When people are *bullying someone, it is just so sad to me. However, we all do the same thing to someone. Let's think about it — we do it all the time. This is a story about problems in society. In the end, we can learn a great lesson.

By the way, Mr. Browne's precept is my favorite part on this book. I like September Precept the most. Here you have two choices — No.1 'Being right' or No.2 'Being kind'. From now on I'll always choose 'being kind.'

注：bully　いじめる

下記のメモは、中学2年生の桃子が*Wonder*のブックレビューを読んで、あとに書いた日記の一部です。

From Momoko's Diary — December 24th, 2023

Today I read book reviews of *Wonder*. One of the reviewers said *Wonder* was good because we can see things from various perspectives. I remember that too.

The book is told by Auggie's point of view, then by his sister's, and by various characters' perspectives. We can see that [A].

I'm also interested in the book review about precept. September Precept is my favorite, too. However, my mom told me that the most important thing is not 'right' or 'kind.' It is the word '(B).' The real point is that we must (B), so every decision is important.

問１　次の英文の続きとして、適切なものを１つ選び、記号で答えなさい。

（１）　'Precept' means ______________________________.

ア　a kind of rule for children or people

イ　a new type of word game at school

ウ　a pair of shoes that everyone can buy

エ　a sad story of some ancient people

（２）　Jessica thinks that this book makes us think about ______________________.

ア　what other people are feeling or experiencing

イ　what kind of shoes other people choose

ウ　telling other people to lend us their shoes

エ　how many precepts we are discussing

（３）The person who writes about perspectives on the review is __________.

ア　Jessica

イ　Nancy

ウ　David

エ　Browne

（４）Jessica and David are both interested in ____________________________ .

ア　Mr. Browne's precepts

イ　school children's friendships

ウ　kindness to disabled people

エ　opinions from many readers

（５）David says we all do the same thing to someone.　That means ______________.

ア　we walk in someone's shoes

イ　we read someone's story

ウ　we bully someone

エ　we feel bad for someone

問2　桃子の日記を読み、次の問い（1）（2）に答えなさい。

（1）［A］に入れるのに適切なものを1つ選び、記号で答えなさい。

ア　every one of you cannot be kinder to others
イ　people should judge people by their looks
ウ　they all have their own ideas and views
エ　we can make our lives harder by being kind

（2）（ B ）に入れるのに適切なものを1つ選び、記号で答えなさい。

ア　choose
イ　learn
ウ　read
エ　watch

6　次の英文を読み、あとの問いに答えなさい。

Have you ever heard of "the world's fair"? The world's fair is a large international festival of culture, science, and technology. The first world's fair was held in England in 1851. Since then, many world's fairs have been held all over the world. The next one is going to come back to Osaka in 2025.

At the world's fair, you can see the newest surprising items at that time. The Space Needle is one example. It is a tall tower and was built in 1962 for the world's fair in Seattle, a city on the west coast of the United States. ①It is still a popular location in the city. Local people and tourists often visit it when they have a chance. The Space Needle is 184 meters high, and if you go there, you can enjoy a 40-second elevator ride to *the observation deck at the 160-meter height of its tower. The elevator moves (　②　) meters in one second on average and its speed is the same as the speed of rainfall. It's so fast! On a sunny day, you can see lots of beautiful mountains and the ocean from the deck near the top of the Space Needle. There is a restaurant on the deck, and the floor moves 360° in 47 minutes. So if you are a hungry but busy tourist, you can enjoy both a delicious hamburger and a great view together!

The nickname of the Seattle's World's Fair was "*the Century 21 Exposition." The fair was trying to show what was going to happen in the year 2000. A lot of new technology products, for example, portable TVs, video phones and new computers were introduced there. The fair was the hope that people had for the future. Many people came, and they were so surprised and excited to see those new technologies. These people did not know anything like those technologies before this event. When they saw those technologies, they could imagine a new world that was different from the world they lived in. *Bill Gates once said, "I visited the fair when I was young and was inspired by those technologies so much." Later he made a company called Microsoft, and that company worked on many of the technologies that Bill Gates saw at the Seattle's World's Fair. Now, Microsoft software is in many computers all over the world.

Japan has had the world's fair in Osaka (twice), Okinawa, Tsukuba in Ibaraki, and Aichi so far. Many new things such as wireless telephones, electric cars, and moving sidewalks were introduced to everyone who came. When those things were introduced, people were very amazed. Now, we often use those things every day. The next world's fair will finally return to (③) in 2025. What kind of ④<u>wonderful things</u> will we see there? It might be new technologies like AI or driverless cars. We will find out soon!

注： the observation deck 展望台 the Century 21 Exposition 21世紀万博
Bill Gates ビル・ゲイツ（マイクロソフト社の創業者）

問1 下線部①が指すものを英語で答えなさい。

問2 （ ② ）に入る数を算用数字で答えなさい。

問3 （ ③ ）に入るものとして適切なものを１つ選び、記号で答えなさい。

ア Osaka
イ Okinawa
ウ Tsukuba
エ Aichi

問4　下線部④が示す内容に含まれるものとして適切なものを１つ選び、記号で答えなさい。

ア　driverless cars
イ　electric cars
ウ　video phones
エ　wireless telephones

問5　次の質問（１）～（３）の答えとして適切なものをそれぞれ１つずつ選び、記号で答えなさい。

（1）　What can you enjoy at the observation deck of the Space Needle?
ア　A museum and the view of the sea.
イ　Nice food and the view of the sea.
ウ　Nice food and the elevator.
エ　A museum and the elevator.

（2）　Why was Bill Gates inspired by the world's fair in Seattle?
ア　Because there were so many people.
イ　Because he saw beautiful mountains.
ウ　Because he saw new innovation.
エ　Because he wanted to make a company.

（3）　How many times has Japan had the world's fair?
ア　Three times.
イ　Four times.
ウ　Five times.
エ　Six times.

問6　次のア～カの中から本文の内容と合うものを２つ選び、記号で答えなさい。

ア　Seattle is on the east coast of America.
イ　The first world's fair was in Europe.
ウ　Bill Gates inspired the world's fair in Seattle.
エ　The world's fair has been held in Osaka four times.
オ　The Space Needle is the tallest tower in America now.
カ　People could imagine the future at the Seattle's world's fair.

＜リスニングテスト放送原稿＞

これからリスニングテストを始めます。

第　1　部

これから放送される英文を聞いて、その説明に合う英単語を書きなさい。問いは No.1 から No.5 まであり、英文は 1 度だけ放送されます。

No.1　It is the second month of the year.　What is it?

No.2　It is a person.　She is the sister of your father or mother.　Who is she?

No.3　It is a special set of clothes that everyone in the same school, job or club wears.　What is it?

No.4　It is the part of your face that you can open and use for eating and speaking.　What is it?

No.5　It is a meal that you eat in the middle of the day.　What is it?

第　2　部

これから放送される対話文に続くものとして、最も適切な英文を選択肢の中から 1 つずつ選び、記号で答えなさい。対話文は No.6 から No.9 まであり、それぞれ2度放送されます。

No.6
M: It's Lisa's birthday on Friday.
F: That's right!　I forgot to buy a gift for her.　What does she like?
M: She likes sweets and flowers.

No.7
F: What is that map for?　Are you going to go anywhere, Mike?
M: Well, I'm thinking about traveling around Europe this spring.
F: Wow, exciting!　What countries will you go to?

No.8
M: Who is the girl next to you in this picture?
F: That's my older sister.
M: Oh, really?　What does she do?

No.9
F: Do you have any plans for Saturday?
M: Not really.　I was thinking of staying home and watching TV.
F: I'm going to play tennis with my friends.　Why don't you join us?

第 3 部

Ken のスピーチを聞いて、そのあとの問いに対する答えとして最も適切なものを選択肢の中から1つずつ選び、記号で答えなさい。問いは、No.10 から No.14 まであり、英文と問いはそれぞれ2度放送されます。

Hello, everyone. I'm Ken. Last week, my English teacher showed me some beautiful pictures of Spain. I got interested in two pictures of them and I tried to look for some information about them on the Internet. So today, I would like to tell you about a famous food festival and a building in Spain.

First, one of the world's biggest food festivals is "La Tomatina." It is held in August every year. More than 20,000 local people and tourists enjoy it. People throw tomatoes at each other for 2 hours, so it is also known as the "tomato fighting." More than 1 million tomatoes are used for this festival. Not only people but also the town become red with tomatoes. After the "tomato fighting" finishes, the town cleans the streets with a special machine. I have never seen such a festival in Japan.

Next, I will talk about the famous church, the Sagrada Familia. It is a World Heritage Site and a popular sightseeing spot. The church was designed by Antonio Gaudi. When he was a child, he often watched nature around him carefully. If you have a chance to visit the Sagrada Familia, you can find many designs such as plants and flowers there.

Spain has its own unique cultures. I would like to introduce Spanish foods and sports next time. Thank you for listening.

Questions:

No.10 How did Ken look for some information about Spain?

No.11 What are the two interesting things about Spain that Ken is talking about?

No.12 What do people do at La Tomatina festival?

No.13 What did Antonio Gaudi like to do when he was a child?

No.14 What can people do in the Sagrada Familia?

Listen again.
これでリスニングの問題は終わりです。

【数　学】 (50分) 〈満点：100点〉

1 次の計算をしなさい。

(1) $\dfrac{40}{81}-\dfrac{1}{81}\times(-2)^5$

(2) $\dfrac{3x-5}{7}-\dfrac{2x-1}{21}$

(3) $(2x^2y^3)^3\times\dfrac{1}{4}x^2y\div\left(-\dfrac{1}{6}x^8y^9\right)$

(4) $(5x+2y)(5x-2y)-(5x-2y)^2$

(5) $\dfrac{6-\sqrt{72}}{\sqrt{2}}+(2+\sqrt{2})^2$

2 次の方程式を解きなさい。

(1) $2.7(3x-2)=0.9(30x+1)$

(2) $\begin{cases}\dfrac{x}{13}+\dfrac{y}{9}=-1\\ x+3y=1\end{cases}$

(3) $3x^2-10x+5=0$

3 次の各問いに答えなさい。

(1) $(x+2)^2-(3y+1)^2$ を因数分解しなさい。

(2) $\sqrt{\dfrac{495}{n}}$ が整数になる自然数 n のうち，最も小さい n の値を求めなさい。

(3)　関数$y=ax+b$において，xの変域が$-3 \leqq x \leqq 1$のとき，yの変域は$-5 \leqq y \leqq 3$であった。このとき，a，bの値を求めなさい。ただし，$a<0$とする。

(4)　大小2個のさいころを投げたとき，大の出た目をa，小の出た目をbとするとき，$10a+b$の値が3の倍数となる確率を求めなさい。

(5)　下の図の長方形ABCDにおいて，AB＝4，AD＝8，BE：EC＝1：3，AF＝FBであるとき，FGの長さを求めなさい。
また，どのように求めたか，その過程もかきなさい。

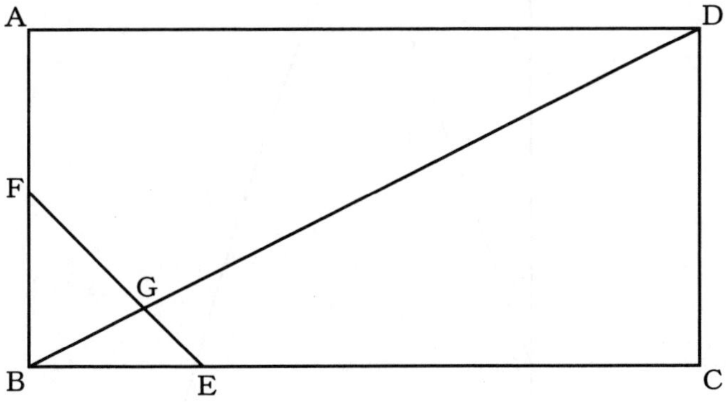

(6)　下の図の△ABCにおいて，AB＝8であるとき，この円の面積を求めなさい。
ただし，円周率はπとします。

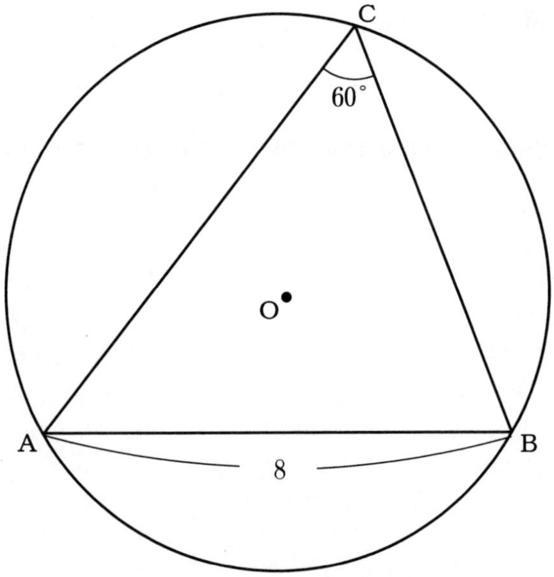

4 下の図のように，関数$y=ax^2$ …①のグラフ上に，点A$(-3,\ -3)$があり，点Aからx軸に平行な直線をひき，①のグラフとの交点をBとする。四角形ABCDが平行四辺形になるようにy軸上に点Cをとり，①のグラフ上に点Dをとる。

このとき，次の問いに答えなさい。

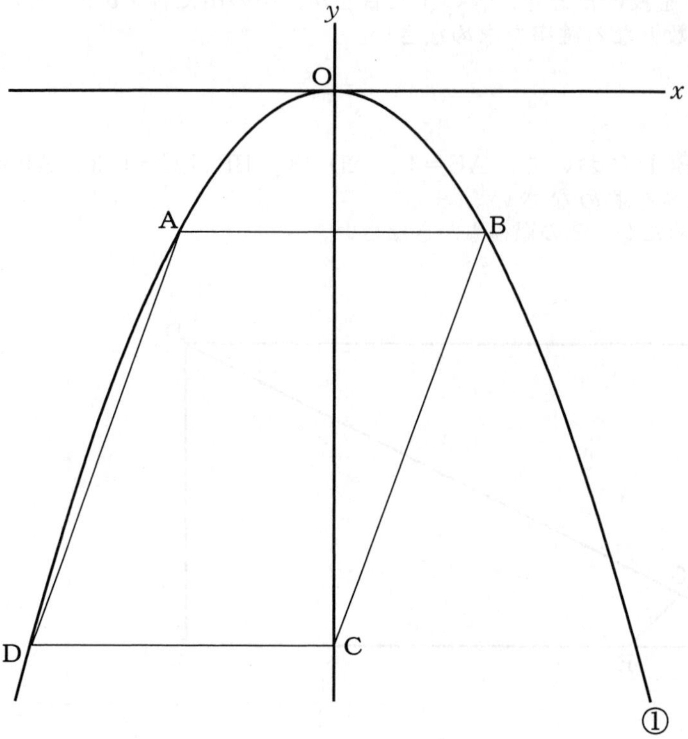

(1) 定数aの値を求めなさい。

(2) 平行四辺形ABCDの面積を求めなさい。

(3) 原点Oを通り，平行四辺形ABCDの面積を2等分する直線の式を求めなさい。

5 下の図1の三角錐A－BCDは，AB＝AC＝AD＝13，また底面の△BCDはBC＝8，BD＝6，∠CBD＝90°の直角三角形である。また，図2は頂点B，C，Dを通る円で，円の中心をOとする。このとき，次の問いに答えなさい。

図1

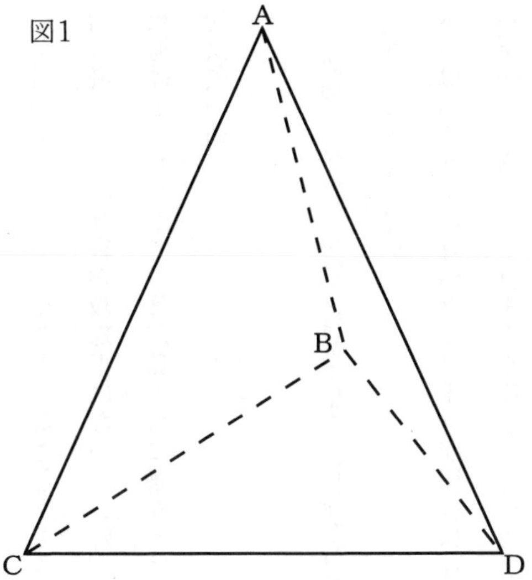

図2

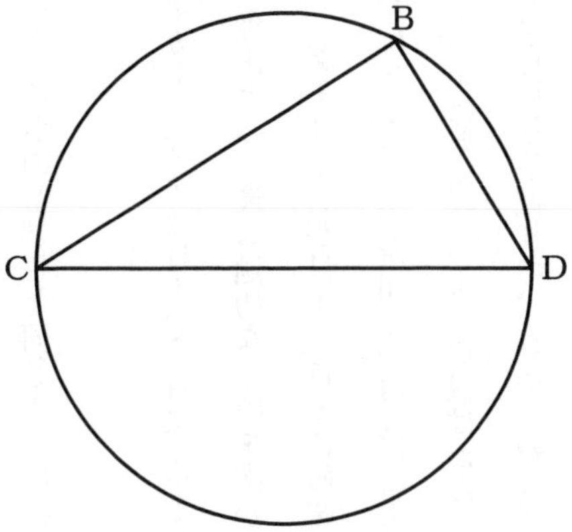

(1) OBの長さを求めなさい。

(2) 点Aから△BCDに垂線をおろした点をHとするとき，正しいものを2つ選びなさい。

① △AHB≡△AHC≡△AHDである。
② HB≠HC＝HDである。
③ HB＝HC≠HDである。
④ ∠BHC＝120°である。
⑤ 点Hは線分OBの中点と一致する。
⑥ 点Hは点Oと一致する。

(3) 三角錐A－BCDの体積を求めなさい。またどのように求めたか，その過程もかきなさい。

問7　――④「高いパーテーションがそびえていた」と同じ種類の比喩として最も適切なものを次から選び、記号で答えなさい。

ア　足が鉛のように重く、持ち上げることができなかった。
イ　橋の欄干《らんかん》では涼み客が数珠玉《じゅずだま》になっていた。
ウ　夜道はとても静かで、月が私たちに語りかけていた。
エ　光陰矢の如《ごと》し。

問8　――⑤「『面倒をみる』という言葉に少し複雑な気持ちになった」とありますが、なぜですか。その理由として最も適切なものを次から選び、記号で答えなさい。

ア　本当はボストン出身のダーリーンが田舎に住んでいると偽って、自分の英語力に合わせた話し方をしていることがわかったから。
イ　数学ができることで日本人を尊敬していると思ったダーリーンが、本当は「私」を見下していることがわかったから。
ウ　対等な友人になれると思ったダーリーンが、自分を手助けが必要な存在だと見ていることがわかったから。
エ　ダーリーンに他の留学生と同じように扱われ、仲良しになれると感じたのは勘違いだと悟ったから。

問9　――⑥「『アボカドの寿司は日本では見たことない』なんて余計なことは言わない」とありますが、なぜ「私」はこのように思ったのですか。その理由として最も適切なものを次から選び、記号で答えなさい。

ア　せっかくダーリーンが日本や自分に興味を持ち仲良くなれそうなので、水をさすようなことを言いたくなかったから。
イ　「日本ではアボカドの寿司は一般的ではない」などと、ダーリーンの言葉を訂正するほど、自分の知識に自信がなかったから。
ウ　「日本といえば寿司」のような浅はかなダーリーンの知識に失望したが、その気持ちを悟られないようにふるまおうと思ったから。
エ　大げさな身振り手振りで、日本への興味を語るダーリーンに対して、典型的なアメリカ人の日本理解は大したものではないと諦めがついたから。

問4 ——②「えっと、そうじゃない、と思う」とありますが、このときの「私」の気持ちとして最も適切なものを次から選び、記号で答えなさい。

ア 得意げに説明を終えたラクシュミーの解説の間違いに気づいたので、ラクシュミーの機嫌を損ねると思ってラクシュミーを恐れている。

イ いつも自分をないがしろにしているグループメンバーが、ラクシュミーの解説を感心して聞いていたので、鼻をあかしてやろうと躍起《やっき》になっている。

ウ 英語力不足でいつも沈黙を強いられていた「私」が、皆が悩んでいる問題の解法がわかったので、ラクシュミーの役に立ちたいと意気込んでいる。

エ 皆が悩んでいる問題をラクシュミーがせっかく解いたのに、「私」が間違いに気づいたので、それを指摘するための勇気をふりしぼっている。

問5 [X] を補うのに適切なことばを次から選び、記号で答えなさい。

ア 挽回　イ 返上　ウ 回復　エ 一新

問6 ——③「誰も聞いていた様子がなかった」とありますが、スタディー・グループのメンバーがこのような態度だった理由を「私」はどう考えていますか。文中の語を用いて六十字以内で説明しなさい。

「京都、とても綺麗。いつか日本、来てね」

大きな身振り手振りに豊かな表情、大げさなくらいの、たくさんの感嘆の言葉。ダーリーンはアメリカのホームドラマから抜け出てきたような女の子だ。とことん善良で陽気な、典型的アメリカ人という感じ。⑥「アボカドの寿司は日本では見たことない」なんて余計なことは言わない。それよりも、勉強終わりに食堂で夜食を食べるという、絵に描いたようなキャンパスライフの方が、私にはずっと大事だ。

（白尾悠『サード・キッチン』）

（注）

※1　ジョシュ…留学生のカウンセラー。留学生の学業全般の相談にのる。

※2　微積分…数学の分野の一つ。微分と積分、および両者の関連などの理論を研究する学問。

※3　アンドレア…主人公の友人。主人公に自分の仲間を紹介するなど親切に接してくれる。

問1　═a～eのカタカナを漢字に直し、漢字は読み方をひらがなで答えなさい。

問2　――①「ただ一つ、スタディー・グループを除いては」とありますが、「私」はなぜ「スタディー・グループ」が苦手だったのですか。文中の語を用いて四十字以内で説明しなさい。

問3　〰〰（A）（B）について、文中における意味として最も適切なものを次から選び、記号で答えなさい。

（A）いたたまれない

ア　一言も発しない　イ　存在感がない　ウ　じっとしていられない　エ　気力がない

（B）もどかしくて

ア　じれったくて　イ　無力感を覚えて　ウ　腹立たしくて　エ　胸が痛んで

た。ラクシュミーとその取り巻きからは何のリアクションもなくて、くすぶった気持ちは完全には晴れなかったけど、（ざまあみろバーカ！）と心の中で叫んで何とか収めた。

そののんびりした話し方から、勝手にどこかの田舎から来たのかと思っていたら、ダーリーンはボストンの出身だった。

「でも八年生からずっとコネチカットの森の中にいたのよー。今はトウモロコシ畑の真ん中だし。とても自分をシティガールなんて言えないわー」

聞けば全寮制のプレップスクール《大学進学準備校》に五年間入っていたという。そういう人を〝プレッピー〟と呼ぶことは、日本のファッション誌の特集で知っていた。彼女がかなり裕福な家の出であることは容易に想像できたけど、カジュアルな恰好《かっこう》にも言動にもまったく驕《おご》ったところがない。

ダーリーンが他の人と話すときにはごく普通のスピードであることは、間もなく気付いた。

「私の学園にも世界中からの留学生がいたのよー。寮監だったとき、よく彼女たちの面倒をみてたから慣れてるの。私の英語、聞き取りやすいでしょう?」

「うん、わかりやすい」

⑤「面倒をみる」という言葉に少し複雑な気持ちになったけど、※3アンドレアとはまた違った形の親切なんだと思い直す。

（中略）

ダーリーンとは自然に授業のあった日の夜にスタディー・グループを組むようになった。勉強のあと、彼女に誘われて初めてフォース・ミール《夜食》にも行った。朝昼晩の三食とは別に供される軽食で、金・土をのぞく夜九時から二時間だけ、デイトン・ホールという寮に併設された食堂で提供される。メニューはフライドポテトやパンケーキという、おそらくすべてインスタントの、料理とも呼べないジャンクフードだったけど、味が決まっている分、食堂で出される〝普通〟の料理よりずっとマシだった。

「私フォース・ミールが一番好きよ。食堂はシリアルとサラダとワッフルしか食べるもんないわー」

「本当に。ありがと、ここ来れて、とても嬉しい」

これまでフォース・ミールの存在は知っていても、誰にも誘われることがなく、一度も来る機会がなかったのだ。

「日本人と知り合えて、私もすっごく嬉しいのー！　ディスカバリー・チャンネルで見た京都なんてエキゾチックで美しすぎる。いつか絶対行きたいわぁ！　あとスシも好きなのよ。生魚は苦手だけど、前に食べたアボカドのスシはとーっても美味しかったぁ！」

う少し配慮があってもいいじゃないか。

たぶん私の拙《つたな》い語学力は、そのまま知能レベルに繋がると思われている。だから、対等の人としての敬意も不要――彼らの認識はきっとそんなところだろう。語学力では皆に劣っても、数学力は勝るのがわかっているから、そしてそれをわかっているのは自分だけということが、なおさら　(B)もどかしくて悔しい。

「私はあなたの解答が合ってる気がするわー。なんとなくだけど」

最後まで部屋に残っていた黒髪の白人女子が、うずめていた教科書からおもむろに顔を上げる。ずっと寝ていると思っていたけど違ったらしい。確かダーリーンという子だ。初めて聞いたときはそれが英語圏では一般的な名前と知らず、自称「ダーリン」なのかと耳を疑った。

「ちょっと数式書き写すから、消さないで待っててくれるー？　あとで考えるわ」

「あの、もう一回、説明する？　よかったら」

ダーリーンは一瞬戸惑った様子を見せたけど、すぐに「ぜひお願ーい！」と笑った。

もう一度、今度はノートの上で一つ一つの計算ステップを確かめるように説明する。ダーリーンから「それはつまり、こういう意味？」と数学用語を交えて聞き返されると、次第に私の説明もスムーズになった。最後には、晴れ晴れとした彼女の表情から、完全に理解してくれたのだとわかった。

「あの人たち、あなたの答えをちゃんと聞かないでバカを見たねぇ。私たちだけ正解よー」

「よかった……なんで、信じてくれたの？　みんな、わたしのこと、間違って大学きた、子供みたいなバカ、と思ってた」

「だーって、あなた日本人でしょー？　日本といえば数学じゃなーい。むかし従兄弟《いとこ》が数学オリンピックに出たんだけど、日本はものすっごく強いって言ってたわぁ」

「でも、わたし文系。でも、高校で、微積分習ったの、実は」

「じゃあ無敵じゃなーい！　これからは、あの失礼な〝インド姫とその取り巻き〟は無視して二人で勉強しましょ」

「ぜひ！」

次の授業で宿題の答え合わせをしたとき、正解したのは案《あん》の定《じょう》グループ内では私たちだけで、教室でダーリーンと「やったね」と目配せし合っ

「②えっと、そうじゃない、と思う」

皆が彼女の数式をノートに書き写す中、思い切って言ってみた。うまく説明できる自信はまったくなかったけど、そろそろ役立たずの汚名を［ X ］しなければ。「それ違う、なぜなら……」

前提になる図がすでに違う。正しい図から共有点の座標をそれぞれ割り出すと、未知の値Xは二となり、よって面積は二分の九になる。数学用語など無視して、ひたすら知っている英単語で意味を繋《つな》げて説明する。

私が英語を話し出すと、一定の割合で「はぁ？」と顔を歪《ゆが》める人がいるが、今も男子たちがあからさまにそんな顔をしている。この表情に、この半年間じわじわと削られてきた。でも絶対に、私の答えが合っているはずだ。

たまらずホワイトボードに向かった。赤毛男子とラクシュミーが書いた図と数式を消し、もう一度説明しながら、正しいものを書き直す。「……だから、答え、二分の九」

ようやく説明し終えて振り向いてみれば、③誰も聞いていた様子がなかった。会話に夢中になっていたり、教科書のまったく違うページを開いていたり。ラクシュミーに至っては、静かに帰り支度《じたく》を始めている。

「そろそろ次のグループに行かないといけないから。みんな、お疲れ様」

「サンキュー、ラクシュミー。君がいて助かったよ」

「今晩マークの家のパーティー行く？」

「課題が終わったら行くかも。パーク通りの端っこの、青い屋根の家よね？」

同じ部屋にいても、私と彼らの間には④高いパーテーションがそびえていた。英語という名前の、無機質で得体が知れなくて、どこまでも続く灰色のパーテーション。

誰も皆、忙しいのだから、ネイティブなら数十秒で済むところを、私のたどたどしい英語にじっくり耳を傾けて、その意味を理解しようと努力する、そんな暇も義理も、彼らにはない。私だって逆の立場なら、根気を要する会話なんて、できるだけ避けたいと思うだろう。

わかってはいても、それでも。

ラクシュミーにこんな風に扱われるのはショックだった。インドのエリート層は基本的に英語が流暢《りゅうちょう》とはいえ、同じ留学生なのだから、も

二　主人公の「私」はアメリカの大学に留学しているが、英語が思うように話せないため、孤独な日々を送っている。以下の文章を読んで、後の問いに答えなさい。

今学期は[※1]ジョシュのアドバイスに従って、[※2]微積分《びせきぶん》を取っている。人文系は専攻に向けた社会学と心理学、自然科学系は課題もテキストもキツくて有名な生物学のクラスがあるから、一つ〝息抜き〟を取っておけ、というのがジョシュの意見だった。

前学期の〝息抜き〟は英語基礎クラスのはずだったけど、現実はそれとは程遠かった。微積分なら時間を取られるリサーチや論文課題がないし、すでに高校で学んだ範囲が大部分を占めているから、成績《GPA》の底上げも狙える。そして授業も宿題も、予想通り簡単だった。①ただ一つ、スタディー・グループを除いては。

学生同士が集まって復習や課題を一緒に勉強するスタディー・グループは、[a]任意ではあっても、どの授業でも[b]奨励されている。科目によっては課題自体がグループワークになることもある。クラスメイトと仲良くなるチャンスと思い、誘われるままに参加して、すぐに現実を知った。私は数式を書けるし解けもするけど、英語の数学用語がわからない。だから説明ができない、誰かに教えることもできない。それはすなわち、スタディー・グループでは役立たずを意味する。

今日も私は[c]沈黙の役立たずとして、小さな部屋に(A)いたたまれないまま座っている。「図がこうなるとして」名前を忘れてしまった赤毛の男子学生が、ホワイトボードに問題文を図解する。多くのアメリカ人同様、字が恐ろしく汚い。彼の大きな体が図書館でも最小のスタディー・ルームを圧迫して、ひどく暑かった。

宿題の最後の設問に皆が頭を抱えていた。そのうちにインド人留学生のラクシュミーが「わかったかも」と立ち上がり、スラスラとボードに数式を書いていく。「よってXはマイナス一になる。どう？」

皆がなるほど、とほとんど同時に頷く。三人いる男子学生は彼女が綴《つづ》る数式ではなく、その信じられないくらい整った顔に見とれているのが丸わかりだった。噂《うわさ》ではマハラジャの末裔《まつえい》で、家族はインド洋に小さな島を[d]ショユウしているらしい。留学生[e]カンゲイ会で顔だけは知っていたからか、私をグループに誘ってくれたのは彼女だ。

「じゃあ面積は三分の一、ね。みんな分かった？」

問7 [E] ～ [G] に入るものとして、最も適切なものを次からそれぞれ選び、記号で答えなさい。

ア 例えば　イ また　ウ むしろ　エ もっとも

問8 ――⑤「複合的な設計と協働」とはどのようなことですか、最も適切なものを次から選び、記号で答えなさい。

ア 技術の進化が著しい現代において、法とアーキテクチャに加えて市場のはたらきを活用しながら社会秩序を維持すること。

イ 新しい表現やビジネスを積極的に生み出せるよう、法やアーキテクチャのポジティブな面に焦点をあてて制度をつくること。

ウ 規制から自由になってイノベーションを加速できるよう、法、慣習、市場、アーキテクチャをバランスよく組み合わせること。

エ 情報化社会において創造性を促進することのできる制度を、法とアーキテクチャの双方を有効に組み合わせてデザインすること。

問9 ‖a～eのカタカナは漢字に直し、漢字は読み方をひらがなで答えなさい。

問5　X では、音楽の違法ダウンロードを例にした規制について述べられています。ある生徒が、それを次のようなカードにまとめました。この中から、――④「規範・慣習による規制」に該当するものとして、最も適切なものを次から選び、記号で答えなさい。

ア

●　違法ダウンロードの厳罰化

イ

●　違法ダウンロードの楽曲を入手する際に高い経済的コストがかかる

ウ

●　音楽ファンによる呼びかけ

エ

●　DRM（Digital Rights Management・デジタル著作権管理）によるコピーガード

問6　A ～ D に入るものの組み合わせとして、最も適切なものを次から選び、記号で答えなさい。

ア　A＝規制　B＝被規制　C＝規制　D＝被規制
イ　A＝規制　B＝規制　C＝被規制　D＝被規制
ウ　A＝被規制　B＝規制　C＝被規制　D＝規制
エ　A＝被規制　B＝被規制　C＝規制　D＝規制

問1　〰〰Ⅰ「常套句」、Ⅱ「いわゆる」のここでの意味として、最も適切なものを次からそれぞれ選び、記号で答えなさい。

Ⅰ「常套句」

ア　決まって使われる言葉　　イ　比喩的にまとめた言葉　　ウ　本質をとらえた言葉　　エ　歴史に基づく言葉

Ⅱ「いわゆる」

ア　簡潔に言う　　イ　専門的に言う　　ウ　易しく言う　　エ　世に言う

問2　――①「法の遅れ」とは、どのようなことですか、最も適切なものを次から選び、記号で答えなさい。

ア　新たな表現やビジネスを法が阻害している現代において、法の役割は規制のみにとどまっているということ。

イ　高度な発達を遂げた情報化社会では、現実に合わせた法を制定するには多くの時間を要するということ。

ウ　新しい技術を利用した表現やビジネスが広まるという現実に基づいて、法は制定されるということ。

エ　情報技術の発達した現代において、既定の法律では対応できない問題が次々に発生しているということ。

問3　――②「『コンプライアンス』という言葉を単に『法令遵守』という意味で捉えていたのでは到底生まれ得ないものが多く存在する」とは、どのようなことを意味していますか、最も適切なものを次から選び、記号で答えなさい。

ア　法に従いよく守りながら、新しいサービスの提供によって法的課題の存在を積極的に訴えること。

イ　法に従うのみにとどまらず、自らの思い描く未来像に合わせて法を導くような動きをとること。

ウ　法に従うのみでは時代に対応できないため、時には法を無視してでも企業活動を優先すること。

エ　法に従いつつも、顧客の利便性が損なわれていると問題提起することをビジネス戦略とすること。

問4　――③「そのような視点」とは、どのようなものですか、六十字以内で説明しなさい。

を用いた社会設計の方法について、いままでにないさまざまな方法を実現する可能性を持っている」ということになる。濱野の議論は、アーキテクチャのポジティブな面を見出すことにより、レッシグが提示したアーキテクチャによる「規制」原理を、「行動」原理すなわち制度設計全般へとポジティブに転換した点に意義がある。

[E]、DRM（Digital Rights Management　デジタル著作権管理）のほとんどに回避手段が存在していることからもわかるように、アーキテクチャによる規制の多くは、その制約をさらに回避することが技術的に可能な場合が大半である。そのような場合、規制が無意味となりかねないので、そうした回避を禁ずる法律が必要となる。[F]、著作権法では技術的保護措置を回避する技術の提供などを法律で禁止している。

[G]、アーキテクチャによる規制ばかりで制度設計してしまうと、アーキテクチャはその存在に気づかせることなく、強力な規制を人間にかけるので、監視社会のように、人間の自由が過度に制限されてしまうおそれがある。

このように、情報化社会における制度設計においては、法の設計、アーキテクチャの設計、いずれか一つのみの設計では不十分であることはすでに自明である。情報化社会における制度設計においてはアーキテクチャによる制度設計が重要な地位を占めているが、それだけに任せれば潜脱可能、かつ硬直的な制度になってしまう可能性が高い。したがって、情報化社会においては、アーキテクチャによる制度設計と法による制度設計、特に多様性、柔軟性を内包した法による制度設計とのグラデーションのある、⑤複合的な設計と協働により組み立てられていく必要がある。

（水野祐『法のデザイン』）

（注）

※1　私人…公的な立場にない一個人。

※2　「白タク」…国の許可を得ずにタクシーの営業を行うこと。

※3　ロビーイング…政策実現のため政党などに働きかけること。

※4　Arduino…プログラムの公開されているマイクロ電子回路基板。

ｅフカケツだ。

「アーキテクチャ」とは、英語で「建築」とか「構造」を意味する言葉だが、米国の法学者ローレンス・レッシグは主著『ＣＯＤＥ』のなかで、人間の行動や社会秩序を規制する要素を「規範・慣習」、「法律」、「市場」に加えて、「アーキテクチャ（あるいはコード）」という概念を使って整理した。人の行動を規制する必要がある場合、法による規制としては刑事罰の制定、④規範・慣習による規制としては共同体あるいはコミュニティ内の説得・制裁、市場による規制としては価格に基づく経済合理的な判断、そして、アーキテクチャによる規制としては物理的・技術的な環境が存在する。

音楽の違法ダウンロードを例にとれば、

[X]

レッシグは、情報化社会における規制として、四つの規制原理のうち法による規制とアーキテクチャによる規制の関係性に注目しつつ、特に議会が制定した法律だけでなく、このようなアーキテクチャ（コード）による規制が決定的に重要な意味を持つと論じた。

またレッシグの議論を受けて、ホームレスが寝られないような形状の公園のベンチや、ファーストフード店の椅子の硬さ・ＢＧＭの音量・冷房の強さなど、インターネット等の情報環境以外の分野でも、技術的・物理的な環境の意味でアーキテクチャの概念は敷衍《ふえん》されてきた。このようにレッシグが提示したアーキテクチャ論は、インターネットや情報技術の分野を超え、人が簡単には変更できない「構造」や「環境」、「仕組み」といった趣旨で語義を広げて使用されてきている。

一方、アーキテクチャによる規制のポジティブな面を指摘したのが、社会学者の濱野智史である。濱野は、『アーキテクチャの生態系』のなかで、アーキテクチャによる規制の特徴を①ルールや価値観を[A]者の側に内面化させるプロセスを必要としない、②[B]（者）の存在を気づかせることなく、[C]者が無意識のうちに[D]を働きかけることが可能である、という二点に整理したうえで、Googleや「ニコニコ動画」、「2ちゃんねる」といった事例を挙げて、レッシグが強調したアーキテクチャのネガティブな特徴ではなく、ポジティブな側面や多様なアーキテクチャのあり方に光をあてた。濱野の言葉を借りれば「（アーキテクチャの）『いちいち価値観やルールを内面化する必要がない』『人を無意識のうちに操作できる』といった特徴を、より肯定的に捉えて、むしろ積極的に活用していくこともできるのではないか」、「レッシグのいうように、法律や市場といったものと並ぶ『社会秩序』の生み出す手法の一つであるならば、私たちはアーキテクチャれていることも多い)。歴史上、人類がこれだけ大量の契約を日常的に交わした時代はおそらくない。また、契約書でも利用規約でも、多国間の法律が関係する国際的なサービスが多く、サービスが相互に編み重なって成立しており、契約内容も複雑化している。

　これらの事象はやはりインターネットの普及に[b]拠るところが大きい。例えば、Google、Uber(オンラインのタクシー配車サービス)、Airbnb(オンラインの民泊サービス)などの米国企業が生み出すサービスまたはビジネスをみると、②「コンプライアンス」という言葉を単に「法令遵守《じゅんしゅ》」という意味で捉えていたのでは到底生まれ得ないものが多く存在する。例えば、Google Street Viewは、路上や屋内の肖像権やプライバシー権侵害の問題があるし、Uberであればいわゆる「白タク」[※2]規制がある。Airbnbでいえば旅館業法、旅行業、賃貸借契約、マンション管理組合規約などの法的問題に常にさらされている。しかし、これらの企業が、法的課題が存在することを理由にサービスやビジネスを停止してしまうことはない。法解釈あるいは法律自体が時代とともに変化しうることを当然の前提にしたうえで、法律家に自分たちのビジョンを裏付けるためのロジックを作らせ、時に法廷闘争に巻き込まれながら、その二、三年の間に市場でのシェアを奪い、同時にロビーイング[※3]をかけ法改正まで結びつける、ということをビジネス戦略として[c]遂行するということも彼らは意識的にやっている。

　他方、近年、Linuxのようなソフトウェア、ウィキペディアや初音ミク、くまモンのような文章や画像、音楽、映像などの情報コンテンツ、そして[※4]Arduinoのような電子工作などのハードウェアの分野においてまで、法的な仕組みが創造性やイノベーションを促進したり、加速するような場面が注目されるようになった。その背景ではGPL(GNUライセンス/GNU一般公的使用[d]許諾)、マサチューセッツ工科大学を起源とするMITライセンスなどの各種オープンソース・ライセンスの工夫や、インターネット時代の契約書たる利用規約の戦略的な設計がある。また、Tesla Motorsやトヨタ自動車のように、イノベーションや市場規模の拡大を目指すビジネス戦略として、産業財産権である特許権を戦略的にオープン化する大企業が現れている。これらの法的な仕組みを前提とした戦略は、いわゆる「オープン・クローズ戦略」と呼ばれ、ビジネス戦略のみならず表現活動とも切り離されなくなってきている。

　このように見てくると、法は表現活動やビジネス、そして創造性やイノベーションの単なる阻害要因に過ぎないのか、疑問に思えてくる。逆に、創造性やイノベーションを促進または加速するための潤滑油のように法を捉え、③そのような視点で上手に設計することはできないだろうか。これが私の問題意識である。

　情報化社会における法の役割について考えるとき、法と並ぶ行動原理となっている「アーキテクチャ」という概念について考察することが

二〇二四年度
文教大学付属高等学校

【国語】（五〇分）〈満点：一〇〇点〉

《注意》解答の字数には、。「」その他の記号を含《ふく》みます。

一 **次の文章を読んで、後の問いに答えなさい。なお出題の都合上、省略した部分があります。**

法律や契約などの法は、私たちの自由を規制し、創造性（クリエイティビティ）やイノベーションを阻害する、とほとんどの人がそう認識している。新しい技術やその技術を利用した新しい表現やビジネスが生まれるとき、「でも、法規制があるから難しいのではないか」という言葉がⅠ常套句《じょうとうく》のように語られる。たしかに、法は個人や企業の行動を規制する要因の一つである。法の重要な役割として規制という機能があることは否定できない。新しい技術を利用した表現やビジネスにブレーキをかけ、結果的に私たちの自由が阻害されるケースがあることは事実である。しかし、法の役割は果たして規制のみだろうか。

新しい技術が生まれ、その技術を利用した表現やビジネスが登場し、それらが広まると、やがてその法整備が議論され、法が制定される。このような過程を経る以上、法という存在はその性質上、原則として現実の後追いしかできない。この、いわゆる「①法の遅れ」という現象は、情報化社会、特にインターネット以降の情報技術の動向がaセイキュウであることを前提に、人類史上かつてないほど広がっているように感じられる。これは見方を変えれば、現実と法の乖離《かいり》、法の遅れが有史以来もっとも大きくなっている時代とも言えるだろう。現実と法の乖離は、法律や契約の文言の解釈に、Ⅱいわゆる「グレーゾーン」と呼ばれる「ゆらぎ」をもたらす。現代は、現実と法の乖離、グレーゾーンの解釈がもっとも難しい時代であり、おもしろい時代だと言うことができるだろう。

一方で、情報化社会と言われる私たちの社会では、※1私人《しじん》間の合意である契約が大量化・複雑化している。あなたは自分が一日何回契約を交わしているか、意識したことはあるだろうか。電車に乗る、コンビニでモノを買う、これらももちろん契約だが、あなたが使用するYouTube、Wikipediaなどのウェブサービスや、LINE、Twitterなどのスマートフォンのアプリケーションなども利用する際に利用規約に同意することで、あなたはネット時代の契約書にサインしている（必ずしも同意ボタンをクリックしていなくても、利用規約への同意を擬制さ

英語解答

1 No.1 February　No.2 aunt
No.3 uniform　No.4 mouth
No.5 lunch　No.6 ウ
No.7 イ　No.8 エ　No.9 イ
No.10 エ　No.11 ア　No.12 イ
No.13 エ　No.14 ウ

2 ① friends with
② agree with〔agree to／am for〕
③ Turn〔Switch〕off
④ as soon　⑤ instead of

3 A ① better　② children
③ seen　④ swimming
B ① 3番目…ウ　5番目…カ
② 3番目…イ　5番目…ウ
③ 3番目…ウ　5番目…オ
④ 3番目…カ　5番目…イ

4 A ① (例) Have you decided where to go during the holidays?
② (例) I often go to Yokohama by car with my parents.
B (例) My goal is to become a good doctor. I will study hard in high school to enter university and learn a lot of things. Then I will help a lot of people. (32語)

5 問1 (1)…ア　(2)…ア　(3)…イ
(4)…ア　(5)…ウ
問2 (1)…ウ　(2)…ア

6 問1 The Space Needle
問2 4　問3 ア　問4 ア
問5 (1)…イ　(2)…ウ　(3)…ウ
問6 イ，カ

1〔放送問題〕解説省略

2〔和文英訳―適語補充〕

①make friends with ～「～と友達になる」
②「～に同意する」は，agree with〔to〕～ や be for ～「～に賛成である」で表せる。
③「(電化製品)を消す」は turn〔switch〕off ～ あるいは turn〔switch〕～ off で表せる。
④「～したらすぐに」は 'as soon as＋主語＋動詞…' で表せる。
⑤「～しないで」を「～する代わりに」と考え，instead of ～ing「～する代わりに」で表す。

3〔文法・作文総合〕

A＜語形変化＞①than の前には比較級がくる。 well－better－best 「ケンはジョンやエイミーより上手にテニスをすることができる」 ②動詞が were なので，主語になる名詞は複数形になる。 child－children 「子どもたちは庭で遊んでいた。彼らはとてもうれしそうに見えた」 ③'be＋過去分詞＋by ～'「～によって…される」という受け身形の文にする。 see－saw－seen 「昨年その映画は世界中の人によって見られた」 ④look forward to ～「～を楽しみにする」の '～' には名詞や動名詞(～ing)がくる。この to は前置詞なので to不定詞の形にならない。 「彼はこの夏，海で泳ぐのを楽しみにしている」

B＜整序結合＞①「(あなたは～を)知っていますか」という文なので，Do you know ～？で始める。「毎日どれくらい勉強しているか」は '疑問詞＋主語＋動詞…' の間接疑問で表す。 Do you know how much your sister studies every day? ②「～で生まれ育ちました」を was born and raised in ～ と表す。be born「生まれる」と be raised「育てられる」が and によって並んだ形である。 She was born and raised in this town. ③主語の「私が昨日読んだ本」を，'名詞＋主語＋動詞…' の形を用いて The book I read yesterday と表す。目的格の関係代名詞が省略された形である。　The book I read yesterday was interesting.　④‘ask＋人＋to ～’「〈人〉に～するように頼む」と‘tell＋人＋物事’「〈人〉に〈物事〉を教える」を組み合わせる。「～(する)方法」は how to ～ で表す。　I asked my teacher to tell me how to study English.

4〔作文総合〕

A＜**和文英訳―完全記述**＞①「(あなたは)～(する)か決めた？」は Have you decided ～？や Did you decide ～？などで表せる。「どこへ行くか」は where to go や where you are going,「連休中」は during〔on〕the holidays などとする。　②「よく」は often や frequently,「車で～へ行く」は go to ～ by car〔in a car〕や drive to ～ で表せる。習慣的に行っていることなので，現在形で表す。「(私の)両親と」は with my parents や with my father and mother とする。

B＜**テーマ作文**＞質問は「あなたの将来の目標は何ですか。あなたは高校でその目標に向けて何をしたいですか」。「(私の)将来の目標」を My goal とし，名詞的用法の to不定詞を用いて is to ～「～することです」と表すことが考えられる。「何をしたいか」については，I want to ～ や I will〔I am going to〕～ などで表せる。 解答例の訳は「私の目標は良い医者になることです。私は大学に入ってたくさんのことを学ぶために高校で一生懸命勉強するつもりです。そして，たくさんの人を助けようと思います」。

5〔長文読解総合―書評〕

≪**全訳**≫アメリカ，ニューオーリンズ出身のジェシカ／2023年４月18日／私の大好きな本❶これは私が大好きな本の１つだ。この物語は学校での多くのことを語っている。教師の１人であるブラウン先生は，生徒に教訓を教え，生徒は毎月新たな教訓について話し合う。それらの多くは，古代の人々や世界の指導者たちによる人生の偉大な教訓だ。❷この本はまた，人間の素朴な優しさの重要性についての教訓も与えてくれる。この物語を読んだ後は，誰もが他人により優しくなるだろう。この物語は私たちにほかの人の身になって考えることを教えてくれている。つまり，ほかの人たちが味わっていることが理解できるのだ。誰もが自分の悪い部分を知っている。私たちはもっと優しくなれれば，もっと楽に生きられるのだ。

オーストラリア，メルボルン出身のナンシー／2023年６月７日／多様な視点❶この本はオーガスト(オーギー)という男の子についてのものだ。彼は障がいを持って生まれた。彼は多くの手術と，その過程で多くの痛みを経験した。❷しかしそれでも，『ワンダー』は全年代の人たちにとってすばらしい本だ。この本には多くの前向きなメッセージがある。もしあなたが友情についての本が好きなら，この本は特におすすめだ。この本の中での友情は，とても困難ではあるが，何度も深まっていく。最終的には，オーギーを含む生徒たちは友達のままでいる。また，この物語は多くの異なる人々の視点からのものだ。これが私がこの本をすすめる第２の理由だ。多様な視点がこの物語を一層おもしろくした。この本は「ワンダ」フルだ。

アメリカ，ハワイ出身のデイビッド／2023年10月11日／この本とブラウン先生が大好きだ！❶オーギーは自分がただ普通になれたらいいのに，といつも思っている。ほかの生徒は学校でオーギーをからかっている。誰もオーギーが普通だとは思っていない。私の意見では，この物語はとても悲しい。私はこの本を読みながら泣いた。私はこの本の映画でも泣いた。この本は誰に対してもおすすめである。人が誰かをいじめているとき，私はとても悲しくなる。しかし，私たちは皆，同じことを誰かにしている。それについて考えてみよう――私たちはいつもそんなことをしているのだ。これは社会にある問題についての物語だ。最後に，私たちは偉大な教訓を学べる。❷ところで，ブラウン先生の教訓はこの本で私が一番好きな部分だ。私は９月の教訓が一番好きだ。ここには２つの選択肢がある――１つ目は「正しくあること」，２つ目は「優しくあること」だ。私はこれからはずっと「優しくあること」を選ぶようにする。

桃子の日記より―2023年12月24日❶今日，『ワンダー』のレビューを読んだ。レビュアーの1人は，私たちがさまざまな角度から物事を見られるので，『ワンダー』は良いといっていた。私もそれを思い出した。❷この本はオーギーの視点，次に彼の姉の視点，そしてさまざまな登場人物の視点によって語られている。A全員が自分自身の考えや視点を持っていることがわかる。❸私は教訓についてのレビューにも興味がある。9月の教訓は私もお気に入りだ。でも，一番大切なのは「正しい」でも「優しい」でもないと母は私に言った。それは「選ぶ」という言葉だ。本当に大切なのは，私たちが選ばなければならないということであり，全ての決断が重要なのだ。

問1＜内容一致＞(1)「『precept』は(　　)を意味している」―ア．「子どもたちや人々のための一種の規則」　precept は「教訓」。ジェシカのレビューやデイビッドのレビューの第2段落から推測できる。　(2)「ジェシカは，この本が私たちに考えさせているのは(　　)だと思っている」―ア．「ほかの人が感じたり，経験したりしていること」　ジェシカのレビューの第2段落第4文参照。　(3)「レビューで視点について書いている人は(　　)だ」―イ．「ナンシー」　perspectives も points of view も「視点」を意味する。　(4)「ジェシカとデイビッドがともに関心があるのは(　　)だ」―ア．「ブラウン先生の教訓」　ジェシカのレビューの第1段落第3，4文とデイビッドのレビューの第2段落参照。　(5)「私たちは皆，誰かに同じことをしているとデイビッドはいっている。つまり，(　　)ということだ」―ウ．「私たちは誰かをいじめている」　デイビッドのレビューの第1段落第8～10文参照。

問2＜適語(句)選択＞(1)さまざまな視点から物語が語られるという直前の文の内容からわかることとして，それぞれが自分の考えや視点を持っているというウが適切。　(2)2つ目の空所の後の decision「決断」とは，right か kind のどちらかを選ぶことだと考えられるので，choose が適切。

6〔長文読解総合―説明文〕

≪全訳≫❶あなたは今までに「万国博覧会(万博)」について聞いたことがあるだろうか。万博は，文化・科学・技術における大きな国際的祭典である。最初の万博は1851年にイギリスで開催された。それ以来，多くの万博が世界中で開催されてきた。次回の万博は2025年に大阪へ戻ってくる予定だ。❷万博では，その時点で最新の驚くべきものを見られる。スペースニードルはその一例だ。これは高いタワーで，1962年にアメリカ西海岸の都市シアトルでの万博用に建てられた。それはいまだにシアトルで人気の場所だ。地元の人々や観光客はチャンスがあればよくそこを訪れる。スペースニードルは高さ184メートルで，そこに行くと，高さ160メートルの展望台までエレベーターで40秒の移動を楽しめる。エレベーターは1秒間で平均4メートル移動し，その速さは雨が降る速さと同じである。とても速いのだ。晴れた日には，スペースニードルの頂上近くのデッキから多くの美しい山や海が見られる。デッキにはレストランがあり，フロアは47分で360度動く。だから，空腹だが忙しい観光客でも，おいしいハンバーガーとすばらしい景色の両方を一緒に楽しめる。❸シアトル万博の愛称は「21世紀万博」だった。この万博は，2000年に起こりそうなことを見せようとしていた。多くの新技術製品，例えば，ポータブルテレビ，テレビ電話，新しいコンピュータがそこで紹介された。万博は，人々が未来に対して抱く希望だった。多くの人々がやってきて，そうした新技術を見て驚き，興奮した。こうした人たちは，この万博以前は，そうした技術について何も知らなかった。そうした技術を見て，彼らは自分たちが住んでいる世界とは違う新たな世界を想像できた。ビル・ゲイツはかつて「私は若い頃に万博を訪れ，そうした技術から大いに着想を得ました」と語った。その後，彼はマイクロソフトと呼ばれる会社をつくり，その会社はビル・ゲイツがシアトル万博で見た技術の多くに取り組んだ。今，マイクロソフトのソフトウェアは世界中の多くのコンピュータに入っている。**4**日本は今までに大阪（２回），沖縄，茨城のつくば，愛知で万博を開催してきた。無線電話，電気自動車，動く歩道といった多くの新しいものが，来た人全員に紹介された。そういったものが紹介されたとき，人々はとても驚いた。今，私たちはそういったものを毎日頻繁に使っている。次の万博は，2025年についに大阪へ戻ってくる。どんな種類のすばらしいものを私たちはそこで見るのだろうか。それは AIや自動運転車のような新技術かもしれない。もうすぐわかるだろう。

問１＜指示語＞いまだに人気の場所である It「それ」とは，1962年にシアトルに建てられた The Space Needle のことである。

問２＜適語補充＞160-meter「160メートル」を40-second「40秒」で移動するので，160メートル÷40秒＝秒速４メートルとなる。つまり，4 meters in one second on average「１秒間で平均４メートル」移動するということになる。

問３＜適語選択＞第１段落最終文参照。come back to ～ も return to ～ も「～に戻ってくる」という意味を表す。

問４＜語句解釈＞この前の内容から，wonderful things とは次回の万博で見られそうなものを指していることがわかる。直後の文にある new technologies like AI or driverless cars がこれに当たる。

問５＜英問英答＞⑴「スペースニードルの展望台では何が楽しめるか」―イ．「おいしい食事と海の眺め」　第２段落最後の３文参照。　⑵「なぜビル・ゲイツはシアトル万博から着想を得たのか」―ウ．「新たな技術革新を目にしたから」　第３段落第８文に inspired by those technologies so much「そうした技術から大いに着想を得た」とある。「そうした技術」とは第３段落第３文の A lot of new technology products「多くの新技術製品」や第３段落第５文の those new technologies「そうした新技術」，すなわち new innovation「新たな技術革新」を意味する。
⑶「日本は何回，万博を開催してきたか」―ウ．「５回」　第４段落第１文参照。大阪（２回），沖縄，つくば，愛知の合計５回。has had という現在完了が用いられており，これは過去から現在までのことを表すので2025年開催予定の大阪万博は含まれない。

問６＜内容真偽＞ア．「シアトルはアメリカの東海岸にある」…×　第２段落第３文参照。east「東」ではなく west「西」である。　イ．「最初の万博はヨーロッパで開催された」…○　第１段落第３文に一致する。England「イギリス」はヨーロッパにある。　ウ．「ビル・ゲイツはシアトル万博に着想を与えた」…×　第３段落第８文参照。着想を得た，が正しい。　エ．「万博は大阪で４回開催されてきた」…×　第４段落第１文参照。今までの大阪での開催数は２回。　オ．「スペース・ニードルは現在，アメリカで最も高いタワーである」…×　最も高いタワーだという記述はない。　カ．「人々はシアトル万博で未来を想像できた」…○　第３段落第４，７文に一致する。

数学解答

1 (1) $\frac{8}{9}$　(2) $\frac{x-2}{3}$　(3) $-12y$

(4) $20xy-8y^2$　(5) $7\sqrt{2}$

2 (1) $x=-\frac{1}{3}$　(2) $x=-26,\ y=9$

(3) $x=\frac{5\pm\sqrt{10}}{3}$

3 (1) $(x+3y+3)(x-3y+1)$

(2) 55　(3) $a=-2,\ b=-3$

(4) $\frac{1}{3}$　(5) $\frac{4\sqrt{2}}{3}$　(6) $\frac{64}{3}\pi$

4 (1) $-\frac{1}{3}$　(2) 54　(3) $y=5x$

5 (1) 5　(2) ①，⑥　(3) 96

1 〔独立小問集合題〕

(1)＜数の計算＞与式 $=\frac{40}{81}-\frac{1}{81}\times(-32)=\frac{40}{81}+\frac{32}{81}=\frac{72}{81}=\frac{8}{9}$

(2)＜式の計算＞与式 $=\frac{3(3x-5)-(2x-1)}{21}=\frac{9x-15-2x+1}{21}=\frac{7x-14}{21}=\frac{x-2}{3}$

(3)＜式の計算＞与式 $=8x^6y^9\times\frac{x^2y}{4}\times\left(-\frac{6}{x^8y^9}\right)=-\frac{8x^6y^9\times x^2y\times 6}{4\times x^8y^9}=-12y$

(4)＜式の計算＞与式 $=(5x)^2-(2y)^2-\{(5x)^2-2\times 5x\times 2y+(2y)^2\}=25x^2-4y^2-(25x^2-20xy+4y^2)=25x^2-4y^2-25x^2+20xy-4y^2=20xy-8y^2$

(5)＜数の計算＞与式 $=\left(\frac{6}{\sqrt{2}}-\frac{\sqrt{72}}{\sqrt{2}}\right)+\{2^2+2\times 2\times\sqrt{2}+(\sqrt{2})^2\}=\left(\frac{6\times\sqrt{2}}{\sqrt{2}\times\sqrt{2}}-\sqrt{36}\right)+(4+4\sqrt{2}+2)=\left(\frac{6\sqrt{2}}{2}-6\right)+(6+4\sqrt{2})=3\sqrt{2}-6+6+4\sqrt{2}=7\sqrt{2}$

2 〔独立小問集合題〕

(1)＜一次方程式＞両辺を10倍して，$27(3x-2)=9(30x+1)$ とし，両辺を 9 でわって，$3(3x-2)=30x+1$，$9x-6=30x+1$，$9x-30x=1+6$，$-21x=7$　$\therefore x=-\frac{1}{3}$

(2)＜連立方程式＞$\frac{x}{13}+\frac{y}{9}=-1$……①，$x+3y=1$……②とする。①×117 より，$9x+13y=-117$……①′　①′−②×9 より，$13y-27y=-117-9$，$-14y=-126$　$\therefore y=9$　これを②に代入して，$x+3\times 9=1$，$x+27=1$　$\therefore x=-26$

(3)＜二次方程式＞解の公式より，$x=\frac{-(-10)\pm\sqrt{(-10)^2-4\times 3\times 5}}{2\times 3}=\frac{10\pm\sqrt{40}}{6}=\frac{10\pm 2\sqrt{10}}{6}=\frac{5\pm\sqrt{10}}{3}$ となる。

3 〔独立小問集合題〕

(1)＜式の計算―因数分解＞$x+2=X$，$3y+1=Y$ とおくと，与式 $=X^2-Y^2=(X+Y)(X-Y)$ となる。X，Y をもとに戻して，与式 $=\{(x+2)+(3y+1)\}\{(x+2)-(3y+1)\}=(x+2+3y+1)(x+2-3y-1)=(x+3y+3)(x-3y+1)$ である。

(2)＜数の性質＞$\sqrt{\frac{495}{n}}=\sqrt{\frac{3^2\times 5\times 11}{n}}$ だから，$\sqrt{\frac{495}{n}}$ が整数になる最も小さい自然数 n は，$\frac{3^2\times 5\times 11}{n}=3^2$ となる値である。よって，$n=5\times 11$ より，$n=55$ である。

(3)＜関数―傾き，切片＞関数 $y=ax+b$ は，$a<0$ より，x の値が増加すると y の値は減少する。x の変域が $-3\leqq x\leqq 1$ のときの y の変域が $-5\leqq y\leqq 3$ だから，$x=-3$ のとき y は最大の $y=3$ となり，$x=1$ のとき y は最小の $y=-5$ となる。$x=-3$，$y=3$ を代入して，$3=a\times(-3)+b$，$-3a+b=3$

……①となり，$x=1$，$y=-5$ を代入して，$-5=a\times1+b$，$a+b=-5$……②となる。①−②より，$-3a-a=3-(-5)$，$-4a=8$，$a=-2$ となり，これを②に代入して，$-2+b=-5$，$b=-3$ となる。

(4)**<確率―さいころ>**大小2個のさいころを投げたとき，目の出方はそれぞれ6通りあるから，全部で $6\times6=36$(通り)あり，a，b の組も36通りある。$10a+b$ の値は，十の位を a，一の位を b とする2けたの数になるので，36通りの a，b の組のうち，$10a+b$ の値が3の倍数となる場合は，12, 15, 21, 24, 33, 36, 42, 45, 51, 54, 63, 66の12通りある。よって，求める確率は $\frac{12}{36}=\frac{1}{3}$ となる。

(5)**<平面図形―長さ>**右図1で，BE：EC＝1：3より，$\mathrm{BE}=\frac{1}{1+3}\mathrm{BC}=\frac{1}{4}\times8=2$ となり，AF＝FBより，$\mathrm{FB}=\frac{1}{2}\mathrm{AB}=\frac{1}{2}\times4=2$ となる。FB＝BEなので，△FBEは直角二等辺三角形であり，$\mathrm{FE}=\sqrt{2}\mathrm{FB}=\sqrt{2}\times2=2\sqrt{2}$ となる。次に，点Fを通り，ADに平行な直線を引き，BDとの交点をIとすると，△FBI∽△ABDとなるから，FI：AD＝FB：AB＝1：2となり，$\mathrm{FI}=\frac{1}{2}\mathrm{AD}=\frac{1}{2}\times8=4$ となる。また，FI∥BEより，△GFI∽△GEBとなるから，FG：EG＝FI：EB＝4：2＝2：1となる。よって，$\mathrm{FG}=\frac{2}{2+1}\mathrm{FE}=\frac{2}{3}\times2\sqrt{2}=\frac{4\sqrt{2}}{3}$ である。

図1

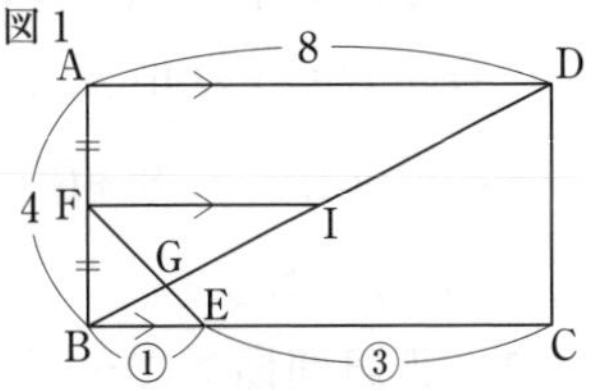

(6)**<平面図形―面積>**右図2で，点Oと2点A，Bをそれぞれ結ぶと，$\overset{\frown}{\mathrm{AB}}$ に対する円周角と中心角の関係より，$\angle\mathrm{AOB}=2\angle\mathrm{ACB}=2\times60^\circ=120^\circ$ となる。△OABはOA＝OBの二等辺三角形だから，点Oから辺ABに垂線OHを引くと，$\angle\mathrm{AOH}=\angle\mathrm{BOH}=\frac{1}{2}\angle\mathrm{AOB}=\frac{1}{2}\times120^\circ=60^\circ$ となり，△OAHは3辺の比が $1:2:\sqrt{3}$ の直角三角形となる。また，点Hは辺ABの中点となるので，$\mathrm{AH}=\frac{1}{2}\mathrm{AB}=\frac{1}{2}\times8=4$ より，$\mathrm{OA}=\frac{2}{\sqrt{3}}\mathrm{AH}=\frac{2}{\sqrt{3}}\times4=\frac{8}{\sqrt{3}}$ となる。よって，円Oの半径は $\frac{8}{\sqrt{3}}$ だから，面積は，$\pi\times\left(\frac{8}{\sqrt{3}}\right)^2=\frac{64}{3}\pi$ である。

図2

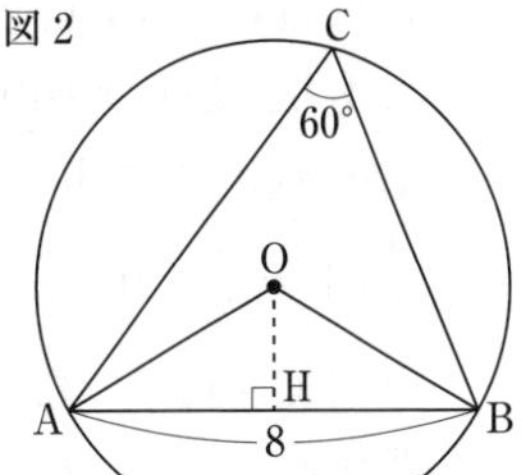

4 〔関数―関数 $y=ax^2$ と一次関数のグラフ〕

(1)**<比例定数>**右図で，関数 $y=ax^2$ のグラフは点Aを通るので，$x=-3$，$y=-3$ を代入して，$-3=a\times(-3)^2$ より，$a=-\frac{1}{3}$ となる。

(2)**<面積>**右図で，(1)より，2点A，Bは関数 $y=-\frac{1}{3}x^2$ のグラフ上にあり，ABは x 軸と平行だから，2点A，Bは y 軸について対称な点となる。A$(-3,\ -3)$だから，B$(3,\ -3)$であり，$\mathrm{AB}=3-(-3)=6$ である。四角形ABCDは平行四辺形だから，DC＝AB＝6となり，DC∥ABより，DCは x 軸と平行だから，点Dの x 座標は -6 となる。点Dは関数 $y=-\frac{1}{3}x^2$ のグラフ上にあるから，$y=-\frac{1}{3}\times(-6)^2=-12$ より，D$(-6,\ -12)$となる。よって，▱ABCDは，AB＝6を底辺と見ると，2点A，Dの y 座標の差より，高さは $-3-(-12)=9$ だから，▱ABCD＝$6\times9=54$ である。

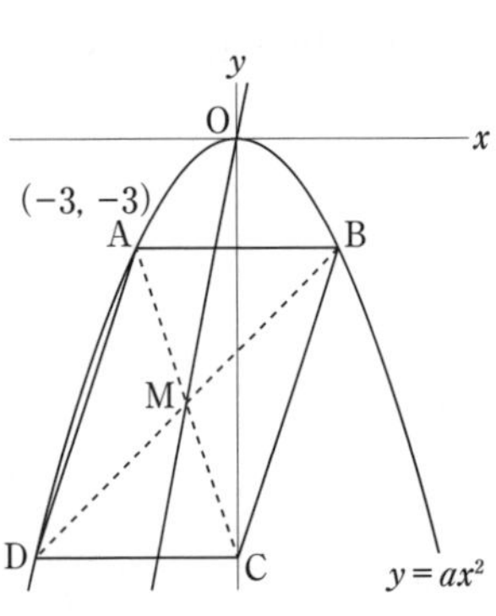

(3)**<直線の式>**右上図のように，▱ABCDの対角線AC，BDの交点をMとすると，▱ABCDは，点

Mを対称の中心とする点対称な図形だから，原点Oを通り，▱ABCDの面積を2等分する直線は直線OMとなる。点Mは対角線BDの中点だから，B(3, −3)，D(−6, −12)より，点Mの x 座標は $\dfrac{3+(-6)}{2}=-\dfrac{3}{2}$，$y$ 座標は $\dfrac{-3+(-12)}{2}=-\dfrac{15}{2}$ となり，$\mathrm{M}\left(-\dfrac{3}{2},\ -\dfrac{15}{2}\right)$ である。直線OMの式を $y=bx$ とすると，点Mを通ることより，$-\dfrac{15}{2}=-\dfrac{3}{2}b$，$b=5$ となるので，求める直線の式は $y=5x$ である。

5 〔空間図形―三角錐〕

(1)＜長さ＞右図1で，∠CBD＝90°より，辺CDは円Oの直径だから，点Oは辺CDの中点となる。△BCDで三平方の定理より，$\mathrm{CD}=\sqrt{\mathrm{BC}^2+\mathrm{BD}^2}=\sqrt{8^2+6^2}=\sqrt{100}=10$ となるので，$\mathrm{OB}=\mathrm{OC}=\dfrac{1}{2}\mathrm{CD}=\dfrac{1}{2}\times10=5$ である。

図1

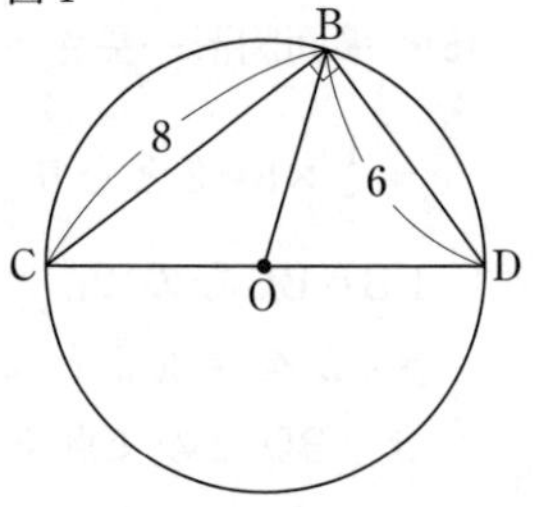

(2)＜正誤問題＞①…正。右下図2で，AH⊥〔面BCD〕より，∠AHB＝∠AHC＝∠AHD＝90°であり，AB＝AC＝AD＝13，AH＝AH＝AHだから，△AHB，△AHC，△AHDは合同となる。　②・③…誤。図2で，①より，HB＝HC，HC＝HDである。　④…誤。図2で，∠CBD＝90°より，3点B，C，Dを通る円は，辺CDを直径とする円で，中心は辺CDの中点となる。HB＝HC＝HDなので，点Hがその円の中心であり，辺CDの中点となる。∠BHC＝120°とすると，∠BHD＝180°−120°＝60°となり，HB＝HDより，△HBDは正三角形である。$\mathrm{HD}=\dfrac{1}{2}\mathrm{CD}=\dfrac{1}{2}\times10=5$，BD＝6より，△HBDは正三角形ではないので，∠BHC＝120°でない。　⑤…誤・⑥…正。④より，点Hは点Oと一致する。　以上より，正しいものは①，⑥である。

図2

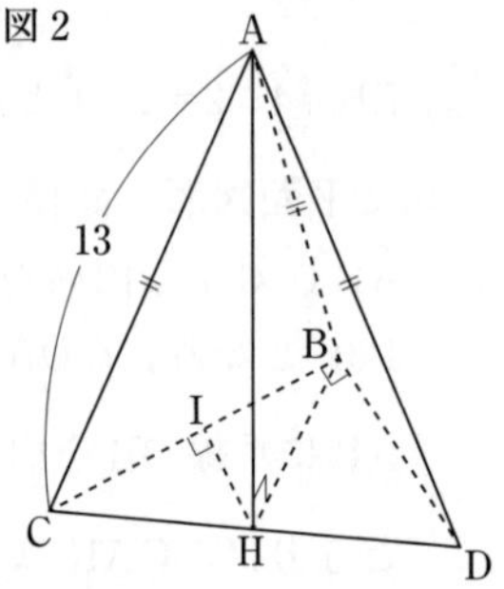

(3)＜体積＞右上図1で，$\triangle\mathrm{BCD}=\dfrac{1}{2}\times\mathrm{BC}\times\mathrm{BD}=\dfrac{1}{2}\times8\times6=24$ である。また，上図2で，(2)より，点Hは図1の点Oと一致するので，(1)より，HB＝OB＝5となる。△AHBで三平方の定理より，$\mathrm{AH}=\sqrt{\mathrm{AB}^2-\mathrm{HB}^2}=\sqrt{13^2-5^2}=\sqrt{144}=12$ となるので，〔三角錐A-BCD〕$=\dfrac{1}{3}\times\triangle\mathrm{BCD}\times\mathrm{AH}=\dfrac{1}{3}\times24\times12=96$ である。

国語解答

一 問1　Ⅰ…ア　Ⅱ…エ　問2　ウ

問3　イ

問4　個人や企業の行動を規制し自由を阻害するものとしてではなく，創造性やイノベーションを促進するものとして，法をとらえる見方。(60字)

問5　ウ　問6　ウ

問7　E…エ　F…ア　G…イ

問8　エ

問9　a　性急　b　よ　c　すいこう　d　きょだく　e　不可欠

二 問1　a　にんい　b　しょうれい　c　ちんもく　d　所有　e　歓迎

問2　私は数式を解くことはできるが，英語の数学用語がわからず説明ができないから。(37字)

問3　(A)…ウ　(B)…ア　問4　エ

問5　イ

問6　拙い英語力のために「私」は皆より能力が低いと見なされ，対等の人間としての敬意も不要と思われていると考えている。(55字)

問7　イ　問8　ウ　問9　ア

一〔論説文の読解─社会学的分野─現代社会〕出典：水野祐『法のデザイン　創造性とイノベーションは法によって加速する』。

≪本文の概要≫法が個人や企業の行動を規制して，新しい技術を利用した表現やビジネスにブレーキをかけ，結果的に私たちの自由を阻害することは，確かにある。しかし，法を，創造性やイノベーションを促進または加速するための潤滑油ととらえて設計することはできるのではないか。情報化社会における法の役割を考えるとき，アーキテクチャについての考察が不可欠である。アーキテクチャは，規範・慣習，法律，市場と並んで，人間の行動や社会秩序を規制する要素である。アーキテクチャによる規制としては，物理的・技術的な環境が存在する。アーキテクチャには，人を無意識のうちに操作できるなどの特徴があり，その面を積極的に活用して，アーキテクチャを「『規制』原理」ではなく「行動」原理，すなわち，制度設計全般へと転換できるとする考えがある。もっとも，アーキテクチャによる規制の多くは，その制約を回避できるため，そのような回避を禁ずる法律が必要となるし，アーキテクチャによる規制ばかりで制度設計をすれば，人間の自由が極度に制限されてしまう恐れがある。情報化社会においては，アーキテクチャによる制度設計と法による制度設計を組み合わせた，複合的な設計と協働が必要である。

問1＜語句＞Ⅰ.「常套句」は，決まり文句のこと。　Ⅱ.「いわゆる」は，俗に言う，世間で言われる，という意味。

問2＜文章内容＞「新しい技術が生まれ，その技術を利用した表現やビジネスが登場し，それらが広まると，やがてその法整備が議論され，法が制定される」という過程を経る以上，「法という存在はその性質上，原則として現実の後追いしかできない」ということになる。つまり，まず先に新しい技術を利用した表現やビジネスが登場して広まり，その現実に基づいて，後から法が制定されるのである。

問３＜文章内容＞Google Street ViewやUberやAirbnbなどの企業は，法にふれるような問題に常にさらされているが，「法的課題が存在することを理由にサービスやビジネスを停止してしまうこと」はない。むしろ，これらの企業は，「法律家に自分たちのビジョンを裏付けるためのロジックを作らせ，時に法廷闘争に巻き込まれながら，その二，三年の間に市場でのシェアを奪い，同時にロビーイングをかけ法改正まで結びつける」ということを意識的に行っている。コンプライアンスは「法令遵守」という意味だが，彼らは，自らが目指す方向に進めるように法を導いているのである。

問４＜指示語＞法は「表現活動やビジネス，そして創造性やイノベーションの単なる阻害要因に過ぎない」という見方に疑問を投げかけ，逆に，「創造性やイノベーションを促進または加速するための潤滑油」のように法をとらえる視点を提示する。

問５＜文章内容＞規範・慣習による規制としては，「共同体あるいはコミュニティ内の説得・制裁」がある。これに当たるのは，「音楽ファンによる呼びかけ」である。「違法ダウンロードの厳罰化」は，「法による規制」の「刑事罰の制定」である。「違法ダウンロードの楽曲を入手する際に高い経済的コストがかかる」ことは，「市場による規制」の「価格に基づく経済合理的な判断」である。「DRM（Digital Rights Management・デジタル著作権管理）によるコピーガード」は，「アーキテクチャによる規制」の「物理的・技術的な環境」である。

問６＜文章内容＞濱野によれば，アーキテクチャによる規制には，「いちいち価値観やルールを内面化する必要がない」や「人を無意識のうちに操作できる」という特徴がある。この規制では，規制される側がそのルールや価値観をいちいち内面化するプロセスは不要で，規制者は，規制される側に規制者の存在を気づかせず意識させないまま，規制をかけることができるのである。

問７＜接続語＞Ｅ．アーキテクチャによる規制は有効で有意義であるとはいっても，その規制の多くは，制約を「さらに回避することが技術的に可能な場合が大半」である。　Ｆ．アーキテクチャによる規制の回避を「禁ずる法律が必要」となっていることの例として，著作権法で「技術的保護措置を回避する技術の提供などを法律で禁止している」ことが挙げられる。　Ｇ．アーキテクチャによる規制の問題点として，その制約を回避することができると「規制が無意味となりかねない」ので，そうした回避を「禁ずる法律が必要となる」ということと並んで，「人間の自由が過度に制限されてしまうおそれがある」という問題もある。

問８＜文章内容＞情報化社会における制度設計では，「アーキテクチャによる制度設計と法による制度設計，特に多様性，柔軟性を内包した法による制度設計とのグラデーション」がある，両者を生かした組み合わせによって設計することが大切である。

問９＜漢字＞ａ．「性急」は，物事の進み方が急であること。　ｂ．音読みは「根拠」などの「キョ」。　ｃ．「遂行」は，最後までやりとげること。　ｄ．「許諾」は，要求や希望を聞き入れて許すこと。　ｅ．「不可欠」は，なくてはならないこと。

二〔小説の読解〕出典：白尾悠『サード・キッチン』。

問１＜漢字＞ａ．「任意」は，その人の自由な意思に任せること。　ｂ．「奨励」は，ある物事をよいこととして，それをするように人にすすめること。　ｃ．「沈黙」は，黙っていること。　ｄ．「所有」は，自分のものとして持っていること。　ｅ．「歓迎」は，よろこんで迎えること。

問２＜文章内容＞「私」は，「数式を書けるし解けもするけど，英語の数学用語がわからない」ため，

「説明ができない」し「誰かに教えることもできない」ので，スタディー・グループでは「沈黙の役立たず」になっていた。

問３＜語句＞(A)「いたたまれない」は，その場にじっとしていられない，という意味。　(B)「もどかしい」は，思うようにならず落ち着かない気持ちである，という意味。

問４＜心情＞「皆が頭を抱えていた」設問に対し，ラクシュミーが答えを出した。しかし，「私」は，「前提になる図がすでに違う」ので，彼女の出した答えは間違いであると気づき，うまく説明できる自信はなかったが，「思い切って」間違いを指摘しようとした。

問５＜四字熟語＞「私」は，これまで「沈黙の役立たず」という不名誉なことに甘んじているしかなかったが，ここで間違いを指摘して正しい答を出してみせることで，不名誉な見られ方を否定しようとした。不名誉な評判を，優れた手柄によって打ち消すことを，「汚名返上」という。

問６＜文章内容＞「私」が英語を思うように話せないため，スタディー・グループの他のメンバーは，「ネイティブなら数十秒で済むところを，私のたどたどしい英語にじっくり耳を傾けて，その意味を理解しようと努力」しようとは思わない。「たぶん私の拙い語学力は，そのまま知能レベルに繋がると思われて」いて，そのため，彼らは「私」に対し，「対等の人としての敬意も不要」というような認識になっているのだろうと，「私」は思った。

問７＜表現技法＞「高いパーテーションがそびえていた」は，「私」と「彼ら」の間を分断するものがあることを比喩で表現したものである。比喩であることを明示する「～のような」や「～のごとし」などの語句が入っていないので，隠喩〔暗喩〕である。「足が鉛のように重く」と「光陰矢の如し」は，比喩であるが，比喩であることを明示する語句が入っているので，直喩〔明喩〕である。「月が私たちに語りかけていた」は，月を人間になぞらえた擬人法である。

問８＜文章内容＞「面倒をみる」という言い方には，自分より下の者や劣った者の世話をする，という意味が含まれている。「私」は，他のスタディー・グループのメンバー皆が「私」のことを「対等の人としての敬意も不要」な存在として見ている中で，「私」の説明を聞いてくれたダーリーンだけは違うように思っていた。ところが，「面倒をみる」という言葉が出てきたため，「私」は，ダーリーンが自分のことを世話をしなければならない相手だと思っていることに気づいて，少しがっかりした。

問９＜文章内容＞ダーリーンは，他のメンバーとは違って，日本から来ている「私」に関心を持ってくれたので，「私」は，ダーリーンと親しくなれそうな気がした。そのうえ，彼女のおかげで「勉強終わりに食堂で夜食を食べるという，絵に描いたようなキャンパスライフ」が送れることになったので，「私」は，「余計なことは言わない」と思った。

2023年度 文教大学付属高等学校

【英　語】（50分）〈満点：100点〉

1 リスニングテスト

（注意）リスニングテストの問題は試験開始５分後に放送されます。放送中にメモを取っても構いません。

第　１　部
これから放送される英文を聞いて、その説明に合う英単語を書きなさい。問いはNo.1からNo.5までであり、英文は1度だけ放送されます。

【放送される英文】It is meat from a cow. What is it?　　【解答】 beef

No.1 ＿＿＿＿＿＿＿＿＿＿＿＿

No.2 ＿＿＿＿＿＿＿＿＿＿＿＿

No.3 ＿＿＿＿＿＿＿＿＿＿＿＿

No.4 ＿＿＿＿＿＿＿＿＿＿＿＿

No.5 ＿＿＿＿＿＿＿＿＿＿＿＿

第　2　部

これから放送される対話文に続くものとして、最も適切な英文を選択肢の中から1つずつ選び、記号で答えなさい。対話文はNo.6からNo.9まであり、それぞれ2度放送されます。

No.6　ア　I have to take care of my brother.
　　　イ　Then, let's meet at the gym later.
　　　ウ　How many people will play basketball with you?
　　　エ　It's the sport I like the best.

No.7　ア　By taxi with my wife.
　　　イ　The day before yesterday.
　　　ウ　It's my birthday today.
　　　エ　Around five.

No.8　ア　It was easy for you to play it.
　　　イ　I'm going to play at the school festival next month.
　　　ウ　I heard you can sing very well.
　　　エ　When did you start learning it?

No.9　ア　There are a lot of buses around here.
　　　イ　It's just a ten-minute walk.
　　　ウ　You can find it, but it's a little difficult.
　　　エ　Sorry, I'm going to a different place.

第　３　部

これから、日本に留学中のNickがスピーチをします。その内容を聞いて、その後の問いに対する答えとして最も適切なものを選択肢の中から１つずつ選び、記号で答えなさい。問いはNo.10からNo.14まであり、英文と問いはそれぞれ２度放送されます。

No.10 ア He has never tried this way in his life.
イ Zero, but he traveled many times without his PC.
ウ He has the experience only once.
エ He has traveled more than ten times in his life.

No.11 ア A bag, a passport, and clothes.
イ A passport, clothes, and a PC.
ウ A passport and a PC.
エ Only a PC.

No.12 ア You have a chance to get discount tickets this year.
イ You don't pay money for a hotel, airplanes, and so on.
ウ You need to become a member of the tours and pay for memberships.
エ You have to buy some goods the company sells.

No.13 ア They don't have to get many days off.
イ They are given special food by the tour guide.
ウ The tour guide asks their schedule at any time.
エ This business has a long history.

No.14 ア You have to invite some friends and join together.
イ You cannot enjoy them in Japanese.
ウ You cannot feel how hot or cold the place is.
エ You have to listen to the boring speech of the tour guide before the tours.

※＜リスニングテスト放送原稿＞は英語の問題の終わりに付けてあります。

2 **次の各英文が日本語の意味を表すように、(　　　) に適切な語を書きなさい。1つの (　　　) には1語のみ入れること。また文頭の語は大文字で始めること。**

① 私は、困っている人を助けたいです。
I want to help people (　　　)(　　　).

② 昨晩、その本を読む時間がありませんでした。
I didn't (　　　) time (　　　) read the book last night.

③ 何かお手伝いしましょうか。
Shall I (　　　) you (　　　) something?

④ その真実を知っている人は一人もいませんでした。
(　　　) one (　　　) the truth.

⑤ これは、あなたと私の間だけの話ですよ。
This is just (　　　) you (　　　) me.

3

A **次の各英文の (　　　) 内の語を、適切な形に直しなさい。ただし、1語であるとは限りません。**

① One of my friends is very good at (swim).

② The students looked (excite) at the wonderful news.

③ If I (be) a doctor, I could save many people.

④ It (snow) since last night.

B 日本語の意味を表すように（　　）内の語（句）を並べかえ、英文を完成させなさい。ただし、解答は（　　）内で3番目と5番目に来るものを記号で答えなさい。なお、文頭に来る語も小文字で始めています。

① 今後、どのぐらいの二酸化炭素が排出されるか知っていますか。
Do you（ア be　イ CO_2　ウ how much　エ know　オ produced　カ will）from now?

② 先月開店したレストランは、とても人気があります。
（ア is　イ last month　ウ opened　エ that　オ the restaurant　カ very popular）.

③ あなたの友人はきっとその贈り物を気に入ってくれます。
I（ア am　イ like　ウ sure　エ that　オ will　カ your friend）the gift.

④ 私は他のどの科目より英語を勉強することが好きです。
I（ア all　イ English　ウ like　エ of　オ studying　カ the best）subjects.

4

A フミオは、日本にホームステイ中のエイミーに連休中の予定についてたずねています。次の対話文の下線部を英文に直しなさい。

フミオ：もうすぐ連休 (holidays) ですね。
①次の連休は何をするつもりですか。
エイミー：京都に行こうと思っています。
フミオ：②どこに行くかもう決めましたか。
エイミー：清水寺や金閣寺に行きます。
フミオ：いいですね！ぜひ楽しんできてください！

B 次の英文を読み、あなたの考えとその理由を30語程度の英語で書きなさい。

Do you think that students should do volunteer activities to have working experience?

5 英語の授業で「世界に挑んだ日本人」のテーマで発表をすることになりました。あなたは以下の記事を見つけて、これをもとに発表を行おうと準備をしています。この記事と準備のメモを読んで、あとの問いに答えなさい。

In 2013, Miura Yuichiro climbed Mt. Everest, the highest mountain in the world, at the age of 80. It surprised many people. Other younger Japanese have climbed Mt. Everest in the past, and one of them was very special. The first man to put the Japanese flag on the top of Mt. Everest is today's *giant. His name is Uemura Naomi.

Uemura was born in 1941 in Hyogo Prefecture. His parents were farmers, and he was the youngest of seven children. When Uemura was a child, he liked to *play tricks on his friends. Sometimes he caught snakes in the fields, and then, surprised girls with them.

In university, Uemura joined a mountain climbing club. "I think I like this club! I can enjoy nature and make friends at the same time." He soon found that it wasn't just fun. The club worked very hard, and the older members were often angry with Uemura.

"Hurry, Uemura! Why do you fall down so often? You are like an *acorn rolling down the hills!"

This was a difficult time for Uemura. But he didn't give up easily. He started to do his own training. He ran every day and climbed stairs with a heavy backpack. Then he became strong enough and ready to climb mountains.

"I love mountains more than anything. I want to climb mountains around the world."

After finishing university, Uemura climbed a lot of famous mountains. He climbed *Mont Blanc, the highest mountain in Europe, then Mt. Kilimanjaro, the highest mountain in Africa. He almost always climbed alone.

Then, in May of 1970, Uemura called over his radio, "This is Uemura. I made it!" He was at the top of Mt. Everest with Matsuura Teruo. They were the first Japanese to reach the top. This news was reported in Japan with great *excitement, and Uemura became famous.

After that Uemura had a bigger dream. He went to Greenland and started living with *the Inuit. One Inuit asked, "Why do you want to know how to use a *dog sled?" "I want to cross *the Arctic with a dog sled."

It took Uemura 18 months to go 12,000 kilometers across the Arctic. He did it alone!

Uemura then went on another dog sled adventure. This time, he reached *the North Pole. It was in 1978. He was the first person in the world to do it alone. People say that he said to his dogs, “Let’s go to *the South Pole, too. Okay?”

Uemura reached the top of *Mt. McKinley on February 12, 1984. It was a winter season climb, and he became the first man to do that alone. It was also his 43rd birthday. But on the next day, his friends lost radio contact with Uemura. Nobody has seen him since then.

Uemura said, “Even if it’s difficult, the important thing is to never give up.” He gave hope to many people.

This giant still sleeps quietly on one of the mountains he loved so much.

注： giant 偉人　play tricks いたずらをする　acorn どんぐり
Mont Blanc モンブラン　excitement 興奮
the Inuit イヌイット（氷雪地帯に住む民族の１つ）　dog sled 犬ぞり
the Arctic 北極圏　the North Pole 北極点　the South Pole 南極点
Mt. McKinley マッキンリー山（米国の山で、現在はデナリと呼ばれている）

《あなたの準備メモ》

Uemura Naomi（1941-1984）
-- One of Japan’s Greatest（　①　）--

< Early Days >
- Uemura was born in Hyogo Prefecture.
- He liked to ②play tricks on his friends.

< In University >
- Uemura joined the mountain climbing club.
- He thought he liked it, but he experienced ③a difficult time there.
- He（　④　）and became ready to climb mountains.

< Uemura’s Adventures >
- （　⑤　）
- reached the top of the highest mountain in the world in 1970
- （　⑥　）
- （　⑦　）

問1　（　①　）に入れるべきものを次から１つ選び、記号で答えなさい。

ア　adventurers
イ　dog trainers
ウ　farmers
エ　professors

問2　下線部②の具体例として、記事に紹介されている内容を20字程度の日本語で書きなさい。

問3　下線部③の具体例として、記事に紹介されている内容を次から１つ選び、記号で答えなさい。

ア　He could not graduate from university because of the climbing club.
イ　He never thought he liked the club but his father told him to join it.
ウ　He often fell down and that made his older members angry.
エ　His older members often told him to collect acorns in the mountains.

問4　（　④　）に入れるべきものを次から１つ選び、記号で答えなさい。

ア　did training with one of his older members
イ　finally gave up training in the mountains
ウ　started running and climbing stairs by himself
エ　told his younger members to take him to mountains

問5　出来事が起こった順になるように、（　⑤　）～（　⑦　）に入れるべきものを次から１つずつ選び、記号で答えなさい。ただし、選択肢のうち２つは本文で述べられた事実に合致していません。

ア　became the first person to reach the North Pole alone
イ　climbed the highest mountains in Europe and Africa
ウ　learned how to use a dog sled from the Inuit
エ　returned from Mt. McKinley
オ　went on a dog sled adventure through the South Pole

問6　あなたは、発表の最後に聞き手の理解を確認するためQ＆Aセクションを設けることにしました。そこで次の質問を考えましたが、このうち２つは記事の内容をもとにした発表では答えがわからないため適切ではありません。その不適切な２つの質問はどれとどれですか。記号で答えなさい。

ア　How did Uemura get to know about Matsuura Teruo?
イ　How many brothers or sisters did Uemura have?
ウ　How many mountains has Uemura climbed in his life?
エ　What happened on Uemura's 43rd birthday?
オ　What did Uemura's parents do as their jobs when he was a child?
カ　Why did Uemura learn how to use a dog sled?

6　次のビーバー（beaver）に関する英文を読み、あとの問いに答えなさい。

Can you guess how big dams beavers can build? Some beaver dams are a few meters long, and others are a few hundred meters long. The largest dam built by beavers is in Canada, and it is 850 meters long. Beavers are great dam builders. First of all, they cut down trees with their sharp teeth, cut off the *branches, and carry ①them to a river. Next, they also gather rocks, *mud, grass, leaves, and plants. They use all of them to make a dam. The beaver dam stops the *flow of water and makes a large pond. ②The beaver is the only animal that has the power to bring about a big change to the environment.

Beavers make dams to keep themselves safe. Though they are very good swimmers, beavers move slowly on land and can be caught by bears and wolves easily. To create a safe home, they build a house in the center of the pond. It is like a small mountain on an island. Their home is on the island, but all the entrances are under water, so they can come and go from their dry living area through the tunnels under water.

There was once a lot of beavers in North America and Europe. From the 17th century, however, hats made of beaver *fur became very popular among rich gentlemen. So many beavers were killed for their fur until the early 19th century, and they almost died out. Then, the silk hat was invented, and it was made of silk instead of beaver fur. So, people did not need to kill beavers for their fur anymore. As a result, the beaver's population began to increase again.

Recently, some research has shown that beavers are very important to the ecosystem of the forest. When beavers build a dam, birds, fish, and frogs come to the pond. A study in Canada shows that there are about 30 times more frogs in beaver ponds than in other rivers or ponds.

Many kinds of plants also grow there, and animals come to eat them. After many years, the ponds are filled with soil, and water is lost. Then, the beavers living there move to other places. Later, the wet lands become grass fields, and plant eaters like deer and squirrels come there to eat the grass. By changing the environment, beavers attract many kinds of living things to the forest. They are the engineers of the forest's ecosystem.

In the United States, an experiment is done by using beavers to save local rivers. Scientists bring beavers from other areas and use them to bring back biological diversity by attracting many kinds of *wildlife to the rivers. *Salmon almost disappeared in some rivers before, but their numbers have started to increase since the beavers were brought there. The ponds that beavers build also give safe places for young salmon.

Beavers can change the natural environment. If we humans want to protect the natural environment, we must give beavers enough areas to live. By doing so, we may bring back rich environments for many animals and other living things.

注： branch(es) 木の枝　mud 泥　flow（水や川などの）流れ
fur（動物などの）毛皮　wildlife 野生生物　salmon 魚のサケ

問１　下線部①が指すものとして適切なものを１つ選び、記号で答えなさい。

ア　trees
イ　beavers
ウ　the branches
エ　their sharp teeth

問２　下線部②のように筆者が述べている理由を日本語で述べるとき、以下の空欄に入る語句を答えなさい。

ビーバーは様々なものを集め、（　　　　　　）を作り、（　　　　　　）を止め、（　　　　　　）ができるから。

問３　ビーバーの巣について、適切なものを１つ選び、記号で答えなさい。

ア　最大の巣は、長さが850メートルほどある。
イ　水中に巣を作り、トンネルで出入りする。
ウ　ダムの内部に巣を作り、水中から出入りする。
エ　池の真ん中の水上に、小山のような巣を作る。

問４　ビーバーの生息数が増えた理由について、適切なものを１つ選び、記号で答えなさい。

ア　Because beavers learned how to make safe homes from people living near their ponds.
イ　Because the number of bears and wolves suddenly decreased in the early 19th century.
ウ　Because people in North America and Europe didn't need beaver fur for their hats anymore.
エ　Because rich gentlemen in North America and Europe wanted to get hats made of beaver fur.

問５　カナダで行われていた研究で明らかになったことについて、適切なものを１つ選び、記号で答えなさい。

ア　ビーバーが作った池では、珍しいカエルや水鳥が約30回観察された。
イ　ビーバーがダムを作るときの作業時間は、毎日約30分間であった。
ウ　ビーバーが作った池では、他の川や池に比べ、約30倍の数のカエルが見られた。
エ　ビーバーが他の川や池からダムの材料を集めるまで、約30時間かかった。

問６　ビーバーのダムが、自然環境に対して与えている影響について、適切なものを１つ選び、記号で答えなさい。

ア　ダムで作られた池に集まるカエルを食べに、多くの動物が集まってくる。
イ　ダムで川がせき止められたことにより、サケが川を昇ることが妨げられてしまう。
ウ　ダムが放棄された後、少しずつ、多くの動物が住める環境が作られてくる。
エ　ビーバーはすぐにダムを捨てるので、その後、多くの動物がそこに住める。

問7　アメリカで行われていた研究で明らかになったことについて、適切なものを１つ選び、記号で答えなさい。

ア　自然環境を守ることで、繁殖が盛んになり、ビーバーの数が増加した。
イ　ビーバーをつれてくることによって、他の野生動物やサケが川へ戻った。
ウ　ビーバーの生息数が増えるにつれて、そのエサとなる川のサケの数が激減した。
エ　ビーバーを多くつれてきたせいで、共食いが起こり、生態系が大きく乱れた。

問8　以下の英文の下線部に入れる英語として適切なものを１つ選び、記号で答えなさい。

The phrase " biological diversity " means ＿＿＿＿＿＿＿＿＿＿＿＿.

ア　the variety of life found in a place
イ　the dry living area in the United States
ウ　the engineer of the forest ecosystem
エ　the pond that beavers build

問9　本文全体を通して、筆者が最も主張したいことを１つ選び、記号で答えなさい。

ア　It's important to protect beavers because they can make the biggest dams in Canada.
イ　It's important to protect beavers because their dams eventually bring wildlife.
ウ　People must create safe places for salmon and beavers because they are very few.
エ　People must create safe places for beavers in order to bring back salmon in the river.
オ　The ponds beavers build are important because animals can get water from them.

＜リスニングテスト放送原稿＞

これからリスニングテストを始めます。

第　1　部
これから放送される英文を聞いて、その説明に合う英単語を書きなさい。問いはNo.1からNo.5まであり、英文は1度だけ放送されます。

No.1　It is the last month of a year.　What is it?

No.2　It is someone who leads a team or other group of people.　Who is it?

No.3　It is someone who changes one language into another.　Who is it?

No.4　It is a sudden shaking of the Earth's surface that often causes a lot of damage.　What is it?

No.5　It is built over a river, road, or railway to cross from one side to the other.　What is it?

第　2　部
これから放送される対話文に続くものとして、最も適切な英文を選択肢の中から1つずつ選び、記号で答えなさい。対話文はNo.6からNo.9まであり、それぞれ2度放送されます。

No.6

F: Hi, John!　I'm going to play basketball with my friends.　Would you like to join us?

M: I wish I could, but I can't.

F: What's the matter?

No.7

F: Hello, this is The Park Hotel.　May I help you?

M: I'd like to stay for two nights from today.　Is that OK?

F: Sure.　When will you arrive here?

No.8

F: What do you usually do after school?

M: I play the guitar in my band.　I'm a member of a music club.

F: That's great!　Are you planning to have a live performance soon?

No.9

F: Excuse me, could you tell me how to get to Shibuya Station?

M: All right.　It's not far from here.　Go down this street and turn right at the second traffic lights.　You'll see the station there.

F: How long does it take to walk?

第　3　部
これから、日本に留学中のNickがスピーチをします。その内容を聞いて、その後の問いに対する答えとして最も適切なものを選択肢の中から１つずつ選び、記号で答えなさい。問いはNo.10からNo.14まであり、英文と問いはそれぞれ２度放送されます。

Hello, everyone.　I'm Nick, a high school student.　I'm going to tell you about "Virtual Tours."

Have you ever traveled abroad?　I have traveled 15 times.　Am I rich?　Do I have a lot of time to travel?　No.　I use my PC and join "Virtual Tours".　If you take "Virtual Tours", you can go anywhere in the world even if you are in your houses.

"Virtual Tours" have three good points.　First, you don't need to prepare anything for traveling. A bag, a passport, clothes... you don't need them!　Just sit down in front of your PC and turn it on. You can start traveling anytime through the Internet.

Second, you can enjoy the Tours at a low cost.　You don't use airplanes, hotels, buses, or taxis. So, you don't have to pay much money to them.　Just pay to your tour guide before the tour begins. That's it.

Third, you can travel around the world even if you are busy and don't have a lot of holidays.　If you have only an hour, it is enough to look around London, Singapore, or Paris.　In the near future, you will be able to enjoy space travels in a minute in your room.

Of course, "Virtual Tours" have some bad points.　Though you can see various foods, you cannot touch or eat them.　Though you can see a lot of famous buildings, you cannot realize how large they are.　Also, you cannot feel the climates.

But once again, there are many reasons to try this service.　If you are interested in "Virtual Tours", turn on your PC and enjoy the Tours.　Thank you for listening.

Questions:

No.10　How many times has Nick traveled the world with his PC?

No.11　What do you prepare for joining "Virtual Tours"?

No.12　Why does Nick think "Virtual Tours" are cheap?

No.13　Why are "Virtual Tours" good for busy people?

No.14　What is the bad point of "Virtual Tours"?

Listen again.
これでリスニングの問題は終わりです。

【数　学】 (50分) 〈満点：100点〉

1 次の計算をしなさい。

(1) $\left(-\frac{1}{2}\right)^3\times16+\left(-\frac{1}{3}\right)^2\div\frac{1}{27}$

(2) $12x^3y\times4x^5y^2\div(-2x^2y)^2$

(3) $\frac{a+2b}{3}-\frac{4a+5b}{6}$

(4) $\sqrt{2}(\sqrt{6}+2)+\frac{1}{\sqrt{3}}(\sqrt{6}-3)$

(5) $(a-2b+4c)(a-2b-4c)$

2 次の方程式を解きなさい。

(1) $\frac{x+4}{3}=\frac{x+2}{2}-\frac{2x+1}{6}$

(2) $\begin{cases}2x-0.75y=14\\x:y=20:16\end{cases}$

(3) $(3x-2)^2=(x+2)(x+10)$

3　次の各問いに答えなさい。

(1)　$(x-12)(x-3)+3x$ を因数分解しなさい。

(2)　連続する4つの自然数がある。それぞれの数を2乗したものを足すと，294 になった。このとき，4つの自然数の中で最も小さいものを答えなさい。

(3)　$x-y=-2$，$xy=8$ のとき，$x^3y-2x^2y^2+xy^3$ の値を計算しなさい。

(4)　大小2個のサイコロを同時に投げるとき，出た目の数の積が12の倍数になる確率を求めなさい。

(5)　下の図で，∠ＢＯＤ＝∠ＡＣＢ＝30°のとき，∠ＡＥＯを求めなさい。

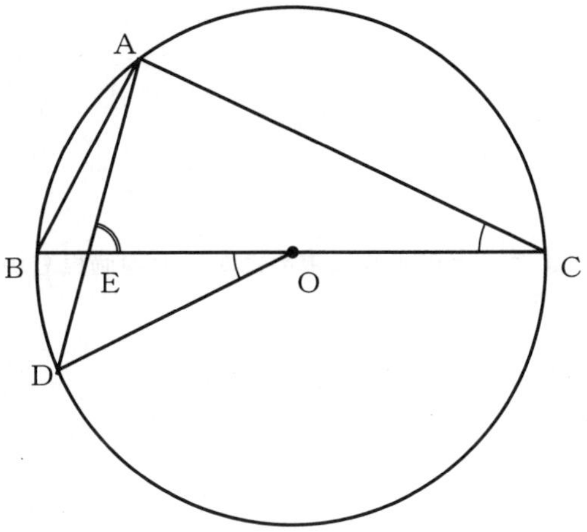

(6)　下の図は，1辺6の立方体である。また，点Ｐ，Ｑはそれぞれの辺の中点である。このとき，四角形ＡＰＧＱの面積を求めなさい。

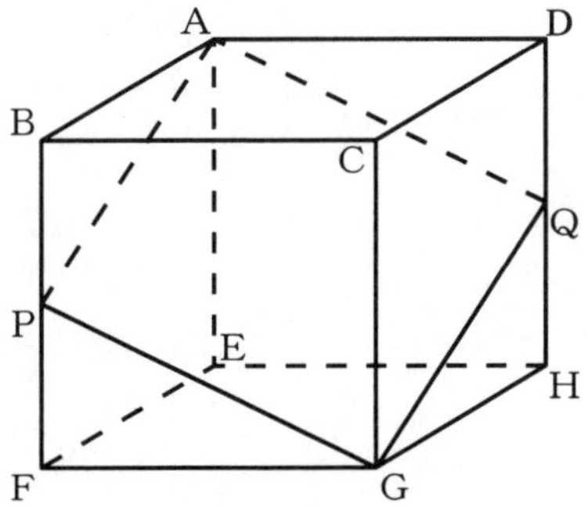

4 下の図のように，四角形ＡＢＣＤは平行四辺形であり，ＡＢはx軸に平行，Ａ，Ｂ，Ｃは関数$y=ax^2$のグラフ上の点，Ｅは対角線ＡＣとＢＤの交点である。また，点Ｃの座標は，$(-2, 2)$で，点Ｅのx座標は1である。このとき，次の問いに答えなさい。

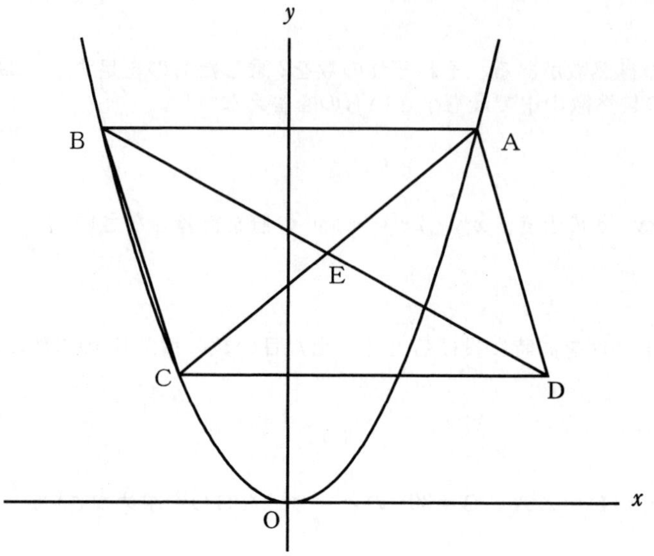

(1)　aの値を求めなさい。

(2)　点Ａの座標を求めなさい。また，どのように求めたか，その過程もかきなさい。

(3)　点Ｄの座標を求めなさい。

5 下の図のように，1辺6の正四面体ＡＢＣＤのすべての面に接している球がある。次の問いに答えなさい。 ただし，円周率はπとする。

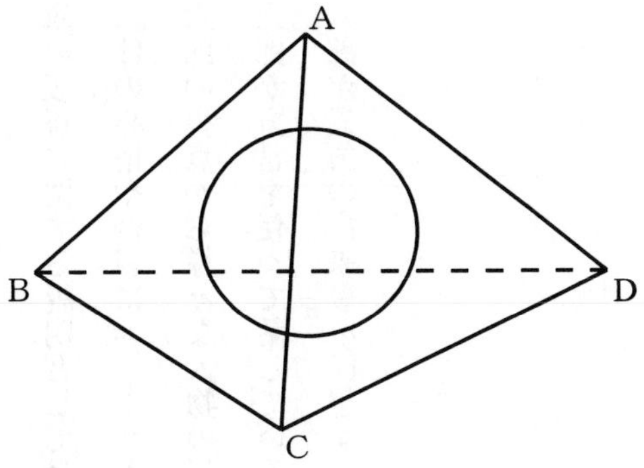

(1) 正四面体ＡＢＣＤの表面積を求めなさい。

(2) 正四面体ＡＢＣＤの体積を求めなさい。

(3) 球Ｏの体積を求めなさい。また，どのように求めたか，その過程もかきなさい。

問6　――④「オ、ヤ、カ、タ……」とありますが、この時の浩太の心情の説明として最も適切なものを次から選び、記号で答えなさい。

ア　次に山へ登る時は、親方ではなく別の誰かと登らなければならないということを知り、独り立ちすることへの不安な気持ち。
イ　幼い頃から望んでいた鍛冶職人になるという夢を果たすことができず、親方からも拒絶されたことに対して憤る気持ち。
ウ　職人になる夢を六郎が諦めさせようとしていることを確信し、この山登りが親方と過ごす最後の日になることへの悲痛な気持ち。
エ　鍛冶職人としての資質がなく、親方から夢を諦めるべきだと遠回しに伝えられ、自分自身を情けなく思う気持ち。

問7　この文章の表現に関する説明として最も適切なものを次から選び、記号で答えなさい。

ア　六郎の心情や台詞に「――」や「……」が使われることにより、口数は少ないが愛情深い人物であることを表現している。
イ　六郎の視点から様々な人物の視点へと変化することで、六郎だけでなくそれぞれの人物の心情が鮮明に浮かび上がっている。
ウ　六郎が方言を使って話しているのに対し、六郎以外の人物は方言を用いないことで、両者の立場の違いを明らかにしている。
エ　六郎が過去の出来事を回想することによって、この物語の主題である親方と六郎の関係とその深い絆を印象的に描いている。

問1　＝＝a～eのカタカナは漢字に直し、漢字は読み方をひらがなで答えなさい。

問2　――①「まったく逆の行動」とありますが、それはどのような行動ですか。最も適切なものを次から選び、記号で答えなさい。

ア　幼い頃に自分の親方から強く言われたように、浩太にも日本一の鍛冶職人になってほしいと伝えている。

イ　自分の作業場での厳しい修行よりも、学校での勉強や友好な人間関係を築くことに力を入れるべきだと伝えている。

ウ　親しみのある地元の神社に一緒に参拝をすることで、これからもこの土地に住み続けてほしいと伝えている。

エ　浩太の母や担任の先生に頼まれたことではなく、鍛冶職人という仕事がいかに素晴らしい職業かを伝えている。

問3　――②「あんたがわしの所に来なさった用件はわかっています」とありますが、六郎は浩太の担任の先生がどのような「用件」で来たと思ったか。四十字以内で答えなさい。

問4　――③「六郎は自分ができる唯一の方法だと思った」とありますが、それはなぜか。最も適切なものを次から選び、記号で答えなさい。

ア　鍛冶屋になりたい一心で自分についてきてくれた浩太に対して、最後の思い出作りをしてあげたいと思ったから。

イ　自分は口下手ではあるが、そんな自分が浩太に対して語ることができるのは鍛冶屋のことだけだと考えたから。

ウ　浩太の親や担任の先生が浩太の意志を無視してきたために、浩太は二人の言葉に耳を傾けようとしないから。

エ　自分に似て意地っ張りな浩太を説得できるのは、誰の意見も聞かずに職人になった自分だけだと考えたから。

問5　文中の[A]・[B]に入る体の一部を表す語を、それぞれ漢字一字で答えなさい。

「どうしてですか。ぼくの親方はあなただけです。親方だけです」

浩太の顔が半べそかきそうになっていた。六郎は浩太の頭を撫《な》でた。二人は滝を離れると、青煙の中腹まで登った。そこから中国山地の美しい眺望をひとしきり眺めて下山した。

登山口のバス停で二人は並んでバスを待った。六郎はバスのくる方角を見ていた。

「親方、今日はありがとうございます」

浩太がぽつりと言ってお e ジギをした。

「どうしたんじゃ急に、礼なぞ水臭い」

六郎はうつむいている浩太を見て、思い出したようにポケットの中を探った。そうしてちいさな石を浩太に差し出した。

「滝のそばで拾うた。みやげに持って行け」

それは鉄鉱石だった。浩太は石をじっと見ていた。

「いつかおまえが大きゅうなったら、この山をもう一度登るとええ。そん時は誰かを連れて行って、あの滝を見せてやれ。山も滝もずっと待ってくれとる。きっとおまえは……」

六郎が言いかける前に浩太が六郎の胸に飛び込んできた。嗚咽《おえつ》が聞こえた。しがみついた手が震えていた。④オ、ヤ、カ、タ……。途切れ途切れに声が聞こえた。

――この子は今日の山登りを何のためにしたのか、初めっからわかっていたのかもしれん。

そう思うと泣きじゃくる浩太の背中のふくらみがいとおしく思えた。

（伊集院静『親方と神様』）

太に見せた。
「これが砂鉄じゃ。この砂鉄を集めて火の中に入れてやると鋼ができる」
「ぼくにも見つけられますか」
「ああできるとも。やってみろ」
浩太はズボンが濡《ぬ》れるのもかまわず水の中から砂を掬い上げると両手の中で洗うようにした。浩太のちいさな手に砂鉄が数粒残った。
「あった、あった。砂鉄があった」
浩太が嬉《うれ》しそうに声を上げ、六郎を見返した。
「それは真砂《まさご》砂鉄と言う一等上等な砂鉄じゃ。このあたりにしかない。かなやごさんがこの土地に下さったもんじゃ。その砂鉄をあの岩ほど集めて、これだけの玉鋼ができる」
六郎は先刻まで二人が座っていた大岩を指さし、両手で鋼の大きさを教えた。
「あの岩ほど集めて、それだけの鋼しか取れないんですか」
「そうじゃ。そのかわり鋼を鍛えて刀に仕上げればどんなものより強い刀ができる。どんな強い刀も、この砂鉄の一粒が生んどる」
「なら砂鉄が一番大切なものですね」
「そうじゃ。砂鉄はひとつひとつはちいさいが集まれば大きな力になる。この砂鉄と同じもんが、浩太の身体の中にある」
「ぼくの身体の中に……」
「どんなに大変そうに見えるもんでも、今はすぐにできんでもひとつひとつ丁寧に集めていけばいつか必ずできるようになる。わしの親方がそう言うた」
「ぼくも、ぼくも親方のようにいつかなれるんですね」
「……」
六郎は浩太の言葉に口ごもった。
「浩太、わしだけがおまえの親方ではない」

昼食を終えて二人は岩の上で少し昼寝をした。

六郎は眠れなかった。胸元で浩太の寝息が聞こえた。

六郎の胸の上に浩太のちいさな指がかかっている。いつかこの指が大人の男の指になるのだろうと思った。その時は自分はこの世にいない。浩太がどんな大人になるか見てみたい気がする。六郎は独りで生きてきたことを少し c コウカイした。

——いや、そのかわりにこの子に逢《あ》えた。

親方の言葉がまた聞こえてきた。

『玉鋼《たまはがね》と同じもんがおまえの身体の中にもある。玉鋼のようにいろんなもんが集まって一人前になるもんじゃ。鍛冶の仕事には何ひとつ d 無駄なもんはない。とにかく丁寧に仕事をやっていけ』

親方の言葉が耳の底に響いた。

玉鋼は鋼の最上のものである。ちいさな砂鉄をひとつひとつ集めて玉鋼は生まれる。親方はちいさなものをおろそかにせずひとつひとつ集めたものが一番強いということを少年の六郎に言って聞かせた。その時は親方の話の意味がよくわからなかった。それが十年、二十年、三十年と続けて行くうちに理解できるようになった。一日一日も砂鉄のようなものだったのかもしれない……。

浩太が A を覚ました。

「浩太、鋼は何からできるか知っとるや」

「鉄鉱石」

「そうじゃ。他には」

浩太が B をかしげた。

「ならそれを見せてやろう。靴を脱いで裸足《はだし》になれ」

六郎は浩太を連れて滝壺の流れがゆるやかな水に膝まで入り、底の砂を両手で掬《すく》い上げた。そうして両手を器のようにして砂を洗い出した。

浩太は六郎の大きな手の中の砂をのぞきこんでいる。やがて六郎の手の中にきらきら光る粒が残った。六郎はその光る粒を指先につまんで浩郎はどうしたものかと滝壺《たきつぼ》を見た。

　須崎という名前の若い男性教師の顔が滝壺の水面に浮かんだ。

　十二月になったばかりの夕暮れ、須崎は六郎の鍛冶場に訪ねてくると、仕事場をぐるりと見回して懐かしそうに言った。

「いや懐かしいですね。私、生まれ育ったのが出雲《いずも》の佐田町《さだちょう》という山の中でしてね。そこに山村の鍛冶屋が一軒あって、職人さんが一人で毎日金槌《かなづち》を打っていたんです。私、子供の時分、その仕事を見るのが好きで、一日中眺めていました。山で働く人には必要ないろんな道具をこしらえていたんですよ」

「ああ、知っておる。わしの兄弟弟子の一人が山鍛冶職人になったからの。あんたは浩太の担任の先生ですか。②あんたがわしの所に来なさった用件はわかっています」

「いや能島さん、違うんです。私は浩太君に鍛冶屋になる夢を捨てろとは一度も言っていません。鍛冶屋さんはいい仕事だと言いました。鍛冶屋は人間が最初に作った職業のひとつだと教えたんです。浩太君が鍛冶屋になりたいと言い出したのは私のせいでもあるんです……ですから私の話を聞いてもらいたいんです。浩太君は能島さんの話なら耳を傾けてくれます。あなたのことを本当にbソンケイしているんです」

　須崎という教師の話には説得力があった。

　その翌日、須崎に連れられて浩太の母が神妙な顔をしてあらわれ、先日の非礼を詫《わ》び、息子を説得して欲しいと頼みにきた。

「ともかく話してみましょう」

　六郎は二人に約束した。

　承諾はしたものの、口下手な六郎の説得をあの純粋無垢《じゅんすいむく》な浩太が聞き入れてくれるとは思えなかった。進学した方がおまえのためだと話せば話すほど浩太は自分に裏切られたと思うに違いない。

　六郎は考えた。妙案など浮かぶはずがなかった。考えた末、六郎が出した答えは彼がかつて少年の時、親方が彼に鍛冶職人がいかに素晴らしい職業かを教えてくれた、あの山径に二人で出かけ、親方が言ったことと同じ話をしてみようということだった。それは説得とはまったく逆の話なのだが、③六郎は自分ができる唯一の方法だと思った。

二 次の文章を読み、あとの問いに答えなさい。

伝統的な手法で鉄を作る職人の六郎には自身の子どもがいなかったが、職人になりたいと作業場を毎日訪れる小学生の浩太を次第に気に入り、ゆくゆくは弟子にしたいと思うようになった。ところが戦後の新しい中学制度が始まり、浩太の母親は中学へ進学するよう浩太に話してほしいと六郎に頼み、また浩太の小学校の担任も同じ思いを六郎に伝えた。六郎は浩太への説得を引き受けながらも、自分と自分の仕事を慕う浩太の気持ちも考え、どう話したらよいか迷いつつ、浩太を山登りに誘った。

二人は参拝を済ませると、神社を出て山径《やまみち》に入った。ほどなく地面を揺らすような水音が聞こえてきた。真砂《まさご》の滝の水音だった。

常緑樹の隧道《ずいどう》のようになった山径を抜けると急に視界がひらけて、そこに霧のような水煙がかかっていた。冬の陽に水煙はきらきらとかがやき大きな光輪が浮かび上がっていた。その光輪のむこうに数段にわたって水を落とす真砂の滝が見えた。

ワァーッと浩太が声を上げた。走り出そうとする浩太に六郎が声をかけた。

「走ってはならんぞ。足元は苔《こけ》が生えて滑るでな」

六郎は浩太と並んで真砂の滝を a仰ぎ見た。

耳の底から親方の声が聞こえた。

『ロク、この水が鍛冶《かじ》の神様や。よう覚えとくんや』

やさしい声だった。六郎は親方にそう言われた日がつい昨日のように思えた。

二人は滝の中段と同じ高さの岩場に腰を下ろしてトヨがこしらえた弁当を食べはじめた。山径を歩き続けたせいか、浩太はよほど腹が空いていたとみえて勢い良く弁当を平らげていく。

六郎は先刻、神社で手を合わせていた浩太の姿を思い出していた。浩太は金屋子《かなやご》の神様に何を祈ったのだろうか。もし浩太が金屋子の神様に自分も立派な鍛冶職人になれるように祈っていたとしたら、六郎が今日、浩太に話して聞かせようとしていることを彼は聞き入れてくれない気がした。浩太を説得してくれと担任の先生から頼まれ、それを承諾した六郎が浩太に対して説得とは①まったく逆の行動をしている。六問6　――④「そもそも市民社会とそれを支える公共空間は飲食とともにあった」とあるが、どういうことか。その説明として最も適切なものを次から選び、記号で答えなさい。

ア　知識人も労働者も飲み食いしながら議論して世論を形成してきたのが公共空間だったということ。
イ　カフェで討論した知識人と居酒屋で酔った労働者とでは、互いの公共空間が異なったということ。
ウ　知識人は著作を通じて情報を、労働者は歌い踊って感情を共有するのが、公共空間だということ。
エ　知識人は議論をするだけで、革命につながったのは公共空間での労働者の暴動だったということ。

問7　文中の［Ⅰ］・［Ⅱ］・［Ⅲ］にあてはまる語を次から選び、記号で答えなさい。

ア　そもそも　　イ　だが　　ウ　たとえば　　エ　つまり

問8　――⑤「フードコートは、世界中の人間、組織、社会のつながりの末端に位置する」とあるが、どうしてそう言えるのか。その理由を四十五字以内で説明しなさい。

問9　――⑥「フラットな非政治空間のなかで、客は、世界の無限の欲望に向けて放置されているのである」とあるが、どういうことか。その説明として最も適切なものを次から選び、記号で答えなさい。

ア　フードコートが政治にかかわることはないので、私たちは世界中の料理を、政治問題抜きに存分に味わうことができるということ。
イ　政治的には中立の立場を保つフードコートから、客はグローバルな視点でどこまでも広がる世界を眺めることができるということ。
ウ　フードコートが市民空間の機能の一部を失った一方で、利用者は世界経済と直結した空間に無自覚なまま置かれているということ。
エ　政治空間ではなくなったフードコートにおいて、人びとは輸入食品及び外国人労働者の商売相手になってしまっているということ。

問2　文中の X にあてはまる熟語を次から選び、記号で答えなさい。

ア　一目瞭然《いちもくりょうぜん》　　イ　旧態依然《きゅうたいいぜん》　　ウ　渾然一体《こんぜんいったい》　　エ　不易流行《ふえきりゅうこう》

問3　①「個人主義の極致」の説明として最も適切なものを次から選び、記号で答えなさい。

ア　食器を返しさえすれば、フードコートでは喫煙やペットの連れ込みも自由にできること。
イ　都市の施設には、様々な禁止事項が定められ、利用者は不便を強いられるということ。
ウ　フードコートは、利用者に禁じられる事項が限りなく少ない自由な空間であるということ。
エ　安価な商品を扱うフードコートでは、必然的に食卓マナーを守る人が少なくなること。

問4　②「平等主義の極致もフードコートには存在する」とあるが、その説明にあたり筆者が表現上の配慮をしている内容について、最も適切に説明しているものを次から選び、記号で答えなさい。

ア　社会問題に対応するフードコートの姿勢が、「食べものの展覧会」などの記述から伺《うかが》える。
イ　家事労働が女性に偏って課せられることへの問題提起が、「解放する」などの記述から伺える。
ウ　年齢や貧富の不平等が解消されていないことが、「店員の笑顔つきで」などの記述から伺える。
エ　性別等による差別がないように配慮していることが、「主婦や主夫」などの記述から伺える。

問5　③「経済活動が印象よく円滑に回転する空間」とは、どのような「空間」なのか。その説明として最も適切なものを次から選び、記号で答えなさい。

ア　市民に開かれ安価に利用できる、自由で平等な公共空間。
イ　福祉事業的な側面も有した、市民のための慈善的な空間。
ウ　単価は安くても、多売によって事業収入が安定した空間。
エ　利用客の滞在時間が短いために、入れ替わりが早い空間。

ている。外国人が気軽に集まったり、ベビーカー集団がくつろげたりする数少ない場所であり、タオル一枚あればそれを枕に睡眠もできる。政治空間と飲食空間の分離と後者の膨張の果てに、財布の金が投票用紙＝市民社会の入場券になり、かくしてフードコートが完成するのである。

ならば、フードコートは孤立した人間や家族の、［Ⅲ］、プライベートな空間の集合体に過ぎないのか。そうではない。⑤フードコートは、世界中の人間、組織、社会のつながりの末端に位置する。フードコートを中心に線を結んでいくと、その線は、生産、流通、販売を経て、世界中のさまざまな人間をつなげ、やがて地球をd覆う。うどん店のうどん粉はアメリカ、天ぷらのエビはインドネシア、牛丼の牛肉はオーストラリア、ドーナッツの植物性油はコーン油とパーム油で構成されているが、前者はアメリカやブラジル、後者はマレーシアやインドネシアからの輸入であり、フードコートの自由をeホショウする食品は、コメと一部の野菜をのぞけばほぼ輸入品である。巨大な農業機械が動き廻《まわ》るアメリカの巨大な農場や、マングローブ林を切り開いて作られたエビの漁場や、熱帯雨林を切り開いて作られたアブラヤシのプランテーションや、そこで働く児童労働者たちからフードコートまでの距離はそれほど遠くない。

世界とつながっているのは食品だけではない。繰り返すが、フードコートの接客には外国人労働者も雇われている。中国、インドをはじめ東南アジア各国から来た労働者や留学生が、たこ焼きを作り、ハンバーガーを売り、フライドポテトを揚げる。彼らや彼女らは、接客用の日本語を話すことができるので、コミュニケーションに客の言語能力は問われない。フードコートの通常の客単価は七〇〇円弱であるが、ということは、入場料七〇〇円で自由と平等を享受したうえで、世界とつながることができるのだ。⑥フラットな非政治空間のなかで、客は、世界の無限の欲望に向けて放置されているのである。

（藤原辰史『食べること考えること』）

（注）

※1　水晶宮…水晶で作った立派な宮殿

※2　コード…行動基準

※3　忌避…きらって避けること

問1　═a～eのカタカナは漢字に直し、漢字は読み方をひらがなで答えなさい。

さらに、フードコートは、主婦たちや一人暮らしの学生などを、日々の献立《こんだて》の決定、食品の購入、保存、調理、さらには食器洗いから解放する。各店舗がcテイキョウする食べものは、老いも若きも、男も女もそのどちらにも属さない性の人も、貧しい人も富める人も、何十種類の食べものの展覧会から、一つあるいは複数を選んで組み合わせ、一定の金額さえ払えば、店員の笑顔つきで購入し、すぐに食べることができる。すべてのテーブルと椅子は同じ品質である。②平等主義の極致もフードコートには存在する。

はっきりと自覚している客や開発者は少ないだろうが、いうまでもなく、自由と平等は市民社会の理念の中核にある。実は、アメリカで最初にフードコートを生み出したローズ・カンパニーはそのことを自覚していた。創業者のジェイムズ・W・ローズの側近はこんなことをいっている。——創業者はコミュニティー・ピクニックのようなものを作りたかった。フードコートは公共空間《オープンスペース》であり、ここでは「客はその財布《さいふ》で投票する」のだ、と。ローズは福祉事業にも関心をもち、退職後は慈善基金を創設し、貧民救済事業や子どもの養育事業に熱心に取り組んだという。市民に開かれた自由で平等な空間としてフードコートを発明したのは、政治家でも市民運動家でもなく不動産業者兼慈善家であった。これは、福祉が民間に委《ゆだ》ねられる時代の到来を意味するばかりでなく、「食べる」という人間の本源的な生命および社会行為までも、③経済活動が印象よく円滑《えんかつ》に回転する空間のなかに組み込まれつつあるということを意味する。

自由と平等と、不完全ではあるがセイフティネットまでも事実上実現しているフードコートは、しかし本当に市民社会の空間なのであろうか。④そもそも市民社会とそれを支える公共空間は飲食とともにあった。カフェやサロンは、知識人たちが討論する場であった。彼らが執筆《しっぴつ》した本や冊子を通じて情報を共有し、それをめぐって政治の議論が戦わされた。ここに、コーヒーや紅茶を飲みながら世論を形成する場所が確保されたのである。［Ⅰ］、労働者の公共空間も存在した。居酒屋《いざかや》である。労働※3忌避《きひ》者の逃げ場であり、喧嘩《けんか》の温床であった居酒屋は都市にも農村にもあった。労働者たちはこの居酒屋に集まり、歌をうたい、踊った。そればかりでなく、市当局への不満をぶつけあい、議論し、ここから街へ繰《く》り出し、暴動を起こし、それが革命へとつながっていくこともあった。

では、フードコートはどうだろう。ここで政治演説をぶつ猛者《もさ》はいない。新聞を読んだり、政治談義に花を咲かせたりする会社員もいないではないが、それも珍しい。自由と平等に満ちたこの空間にはしかし、政治が存在しない。［Ⅱ］、長居をする客は少ない。不動産業者の思惑通り、個人客は商品を食べるとすぐに去っていく、となりの席の人間の顔をすぐに忘れてしまう。不動産業者はこのようなスピーディーな集客装置を開発したのである。一方で、コンザツしていなければ長居は基本的に自由なので、都市社会に疲れた人びとの貴重な休憩所にもなっ

二〇二三年度 文教大学付属高等学校

【国語】（五〇分）〈満点：一〇〇点〉

《注意》解答の字数には、。「」その他の記号を含《ふく》みます。

一 次の文章を読み、あとの問いに答えなさい。

品川区の大型ショッピングセンター地下一階の、コンクリートに囲まれた薄暗い自転車置き場に自転車をとめる。ここからフードコートへ直接行くことができる。入口付近には、ハンバーガー店のゴミ袋が山積みされている。自動ドアが開く。白色蛍光灯ですみずみまで照らされたフードコートは、[※1]水晶宮のようにまぶしい。出店しているのは十[a]店舗。どれも安価なファストフード店で、フードコートのメニューを一五〇〇円程度にまで引き上げた高級フードコートや、ラーメンやたこ焼きなどコンセプトのはっきりしたテーマパーク型フードコートのような流行形態よりも、［ X ］としたオーソドックスなものである。とはいえ、人気はなお根強い。

一七時過ぎなので[b]コンザツはしていないが、それでも客席は七割が埋まっている。清掃係のスタッフがフードコートの柱に設置されている手洗い場で雑巾《ぞうきん》を洗う。二人の男の子が小型電子ゲームに熱中し、それを祖父が見守っている。サリーを身にまとった女性たちが、フードコートの一角を陣取り談笑している。

たこ焼き屋では、中国人の女性が爽《さわ》やかな笑顔でレジを叩いている（名札の名前から判断できる）。ドーナッツ屋にはアジア系の男性二人がレジ近くに立っている。外国人労働力がなければ、わたしたちは安価なフードコートの商品を享受《きょうじゅ》できないのである。

ところで、客はそれほど意識していないだろうが、フードコートは自由な空間である。おしゃべりの自由、水を無限に飲む自由、手を洗う自由、商品選択《せんたく》の自由、テーブルセッティングの自由、子連れの自由、睡眠の自由、食卓に参考書を広げる自由、タバコ、宿泊、ペット連れ込み以外は、ほぼすべてが可能である。一方で、都市の食空間のなかにはこれらを禁止する施設が多い。子連れ禁止の高級レストラン、おしゃべり禁止のジャズ喫茶、メニューが表に出ていない料亭、水が有料なカフェ、ベビーカーが入れない喫茶店。これらの[※2]コードを一気に破ってくれる①個人主義の極致《きょくち》が、フードコートにはある。食器を返すという最低限のルールさえ守れば、食卓マナーを守る必要はほとんどない。

英語解答

1 No.1 December
No.2 captain〔leader〕
No.3 translator〔interpreter〕
No.4 earthquake　No.5 bridge
No.6 ア　No.7 エ　No.8 イ
No.9 イ　No.10 エ　No.11 エ
No.12 イ　No.13 ア　No.14 ウ

2 ① in need　② have, to
③ help, with　④ No, knew
⑤ between, and

3 A ① swimming　② excited
③ were〔was〕
④ has been snowing〔has snowed〕
B ① 3番目…イ　5番目…ア
② 3番目…ウ　5番目…ア
③ 3番目…エ　5番目…オ
④ 3番目…イ　5番目…エ

4 A ① (例) What are you going to do during the next holidays?
② (例) Have you decided where to go yet?
B (例) Yes, I do. I think that it will be a good experience for students. They can learn a lot of things and have chances to think about their future job.
(30語)

5 問1 ア
問2 (例)ときどき野原でヘビを捕まえて女の子を驚かせた。(23字)
問3 ウ　問4 ウ
問5 ⑤…イ　⑥…ウ　⑦…ア
問6 ア，ウ

6 問1 ウ
問2 ダム，水の流れ，大きな池
問3 エ　問4 ウ　問5 ウ
問6 ウ　問7 イ　問8 ア
問9 イ

1 〔放送問題〕解説省略

2 〔和文英訳―適語補充〕

①「困っている」は in need で表せる。この need は「困った事態」の意味。
②「～する時間がある」は have time to ～ で表せる。
③'help＋人＋with＋物事'「〈人〉の〈物事〉を手伝う」
④「１人〔１つ〕の～もない」は'no＋単数名詞'の形で表せる。「いませんでした」という過去の出来事なので，動詞 know は過去形の knew にすることに注意。　know－knew－known
⑤'between *A* and *B*'で「*A*と*B*の間」。between you and me は「ここだけの話だが」を表す慣用的表現。

3 〔文法・作文総合〕

A＜語形変化＞①前置詞(ここでは at)の後にくる動詞は動名詞(～ing)になる。　②「(人が物事に)興奮した」は excited で表す。exciting「(物事が人を)興奮させる」との違いに注意。　③'現在の事実に反する仮定'を表す仮定法過去の形。正式には were だが，was も使われる。　④'since＋特定の時点'「～以来」があるので，現在完了の'継続'用法の文を考える。'動作'を表す動詞が継続していることを表す場合は原則として現在完了進行形(have/has been ～ing)とするが，rain や snow など一部の動詞は'have/has＋過去分詞'の現在完了('継続'用法)でも同様の意味となる。

B＜整序結合＞①「～を知っていますか」Do you know ～？で文を始める。know の目的語の「どのぐらいの二酸化炭素が排出されるか」は間接疑問で，‘疑問詞＋主語＋動詞…’の語順となる。‘疑問詞’に how much，‘主語’に CO_2 を置き，残りを受け身形の will be produced とまとめる。 Do you know how much CO_2 will be produced from now？　②「先月開店したレストラン」は the restaurant を関係詞節の that opened last month で修飾することで表せる(that は主格の関係代名詞)。 The restaurant that opened last month is very popular.　③「きっと…を気に入ってくれます」を「きっと…を気に入ってくれると(私は)思います」と読み換えて，‘I'm sure(＋that)＋主語＋動詞…’～の形にする。I am sure that your friend will like the gift. ④「～することが好きです」は like ～ing の形で表せるので，I like studying English とまとまる。「他のどの科目より」は与えられた語句から比較級ではなく最上級で表すと考え，‘the＋最上級＋of ～’「～の中で最も…」の構文を使う。 I like studying English the best of all subjects.

4 〔作文総合〕

A＜和文英訳―完全記述＞①「～するつもりだ」は be going to ～の形で表せる。「何を」と尋ねる疑問文なので，疑問詞 what を使って‘what＋be動詞＋主語＋going to ～？’の語順にする。「連休は」は「連休の間」と読み換えて‘during＋期間’の形にする。「次の連休」は the next holidays などと表せる。　②「もう～したか」は‘完了’を表す現在完了形の疑問文の‘Have/Has＋主語＋過去分詞… yet？’の形で表せる。「どこに行くか決める」は動詞 decide「～を決める」の後に‘where＋to不定詞’の形を続ける。あるいは where you will go のような間接疑問を続けてもよい。

B＜テーマ作文＞与えられた問いは「学生は職業体験をするためにボランティア活動を行うべきとあなたは考えるか」。Yes, I do.／No, I don't. のいずれかで自分の立場を明確にしてから，I think に続けて自分の考えを述べ，その後に理由を述べる。解答例の experience は「経験」，learn は「～を学ぶ」，chance to ～は「～する機会」，future は「未来の」の意味。

5 〔長文読解総合―伝記〕

≪全訳≫❶2013年，三浦雄一郎は世界最高峰であるエベレストに80歳で登頂した。それは多くの人々を驚かせた。過去にもっと若い日本人がエベレストに登頂していて，そのうちの1人は格別だった。日本の旗をエベレストの頂上に立てた最初の男性は今日では偉人だ。彼の名前は植村直己だ。❷植村は1941年に兵庫県で生まれた。彼の両親は農家で，彼は7人兄弟の末っ子だった。植村は子どもの頃，友達にいたずらをするのが好きだった。ときどき野原でヘビを捕まえ，そして，それを使って女の子たちを驚かせた。❸大学では，植村は山岳部に入った。「この部活はいいと思う！　自然を楽しめて，同時に友達もつくれる」　しかし，彼はすぐにそれがただ楽しいだけではないことに気がついた。その部はとても厳しい練習をし，上級生たちはしばしば植村に怒った。❹「急げ，植村！　何でそんなにしょっちゅう転ぶんだ？　丘を転がり落ちるどんぐりみたいだぞ！」❺これは植村にとって困難な時期だった。しかし，彼は簡単に諦めなかった。彼は自分自身での訓練を始めた。毎日走り，重いバックパックを背負って階段を登った。そして彼は十分にたくましくなり，山に登る準備ができた。❻「私は山が何よりも大好きだ。世界中の山に登りたい」❼大学を卒業した後，植村は多くの有名な山に登った。彼はヨーロッパ最高峰のモンブラン，そしてアフリカ最高峰のキリマンジャロに登った。彼はほとんどいつも単独で登った。❽その後，1970年5月に，植村は無線で呼びかけた。「こちらは植村です。私はやりました！」　彼は松浦輝夫と一緒にエベレストの頂上にいた。彼らはその山頂に到達した最初の日本人だった。このニュースは大きな興奮とともに日本で報道され，植村は有名になった。❾その後，植村はさらに大きな夢を抱いた。グリーンランドに行き，イヌイットと暮らし始めた。あるイヌイットが「なぜ犬ぞりの使い方を知りたいんだ？」と尋ねた。「犬ぞりで北極圏を横断したいんだ」❿植村は18か月をかけて1万2000キロを進み北極圏を横断した。彼はそれをたった1人でやったのだ。⓫植村はその後，さらなる犬ぞりの冒険をした。今度は北極点に到達した。それは1978年だった。彼はそれを単独で行った世界で最初の人だった。彼は「南極にも行こう！　いいね？」と犬に言ったと言われる。⓬植村は1984年2月12日，マッキンリー山頂に到達した。それは冬季の登頂であり，彼はそれを単独で行った最初の人となった。それは彼の43歳の誕生日でもあった。しかしその翌日，友人たちは植村と無線で連絡がとれなくなった。それ以来，彼を見た人はいない。⓭植村は「たとえ困難でも，大切なのは決して諦めないことだ」と言った。彼は多くの人に希望を与えた。⓮この偉人は，彼がとても愛した山の1つで，今も静かに眠っている。

≪準備メモ≫植村直己(1941－1984)／日本の偉大な冒険者の1人／〈若い頃〉／植村は兵庫県に生まれた。／彼は友達にいたずらをすることが好きだった。／〈大学で〉／植村は山岳部に入部した。／彼はそれが気に入ったが，そこで困難な時期を過ごした。／彼は自分1人で走ったり，階段を上ったりし始めて，山に登る準備ができた。／〈植村の冒険〉／ヨーロッパとアフリカの最高峰に登った／1970年に世界最高峰の頂上に到達した／イヌイットから犬ぞりの使い方を習った／単独で北極点に到達した最初の人になった

問1＜適語(句)選択＞本文より，植村直己は登山や北極圏横断など，さまざまな冒険をした人だとわかる。adventurer「冒険者」は adventure「冒険」の語尾に人を表す -er をつけたもの。

問2＜語句解釈＞下線部②と同じ表現が第2段落第3文にある。次の文がその具体例なので，それをまとめればよい。

問3＜語句解釈＞下線部③と同じ表現が第5段落第1文にある。This の具体的な内容は第3，4段落で述べられているので，第3段落最終文と第4段落第2文の内容に一致するウ．「彼はしょっちゅう転び，それが上級生の部員たちを怒らせた」が適切。

問4＜適語句選択＞空欄④を含む文中の became ready to climb mountains という表現が第5段落最終文にある。そのために彼がした努力がその前文で述べられているので，それと一致するウを選ぶ。

問5＜適語句選択＞植村直己の人生が時系列に書かれた文章なので，文章に出てきた順番に並べればよい。イ(第7段落第2文)→ウ(第9段落第2，3文)→ア(第11段落第2～4文)

問6＜要旨把握＞ア.「植村は松浦輝夫をどのようにして知ったか」とウ.「植村は人生でいくつの山に登ったか」は本文に記述がない。

6〔長文読解総合―説明文〕

≪全訳≫❶ビーバーがつくれるダムの大きさはどのくらいかわかるだろうか。ビーバーのダムは，数メートルの長さのものもあれば，数百メートルの長さのものもある。ビーバーによってつくられた最大のダムはカナダにあり，それは850メートルの長さだ。ビーバーはとても上手なダムの建造者だ。まず，鋭い歯で木を切り倒し，枝を切り取り，それらを川に運ぶ。次に，石，泥，草，葉，そして植物なども集める。それら全てを使ってダムをつくる。ビーバーのダムは水の流れを止め，大きな池をつくる。ビーバーは，環境に大きな変化をもたらす力を持つ，唯一の動物だ。❷ビーバーがダムをつくるのは，自分たちの安全を確保するためだ。ビーバーはとても泳ぎが上手だが，陸上では動きが遅く，クマやオオカミに簡単に捕まる。安全なすみかをつくるために，彼らは池の中央に家をつくる。それは，島の上にある小さな山のようなものだ。彼らの家は島の上にあるが，入り口は全て水面下にあるので，水面下の

トンネルを通って乾いた生活圏から行ったり来たりできるのだ。❸かつて北アメリカやヨーロッパにはビーバーがたくさんいた。しかし17世紀から，ビーバーの毛皮でできた帽子が金持ちの紳士の間で大変な人気になった。そのため，19世紀初頭まで毛皮を求めて多くのビーバーが殺され，ビーバーはほとんど死に絶えた。その後，シルクハットが発明され，それはビーバーの毛皮の代わりに絹でつくられた。そのため，人々は毛皮を求めてビーバーを殺す必要がなくなった。その結果，ビーバーの数は再び増え始めた。❹最近になり，ビーバーが森の生態系にとってとても重要であることがいくつかの研究でわかった。ビーバーがダムをつくると，鳥や魚やカエルが池に来る。カナダでのある研究は，ビーバーの池には他の川や池の約30倍ものカエルがいることを示した。❺また，そこには多くの種類の植物が育ち，それを食べに動物が来る。長い年月の後に池は土で満たされ，水は失われる。すると，そこに住んでいたビーバーが他の場所に移動する。後に湿った土地が草原になり，シカやリスなどの植物を食べる動物が草を食べにそこに来る。環境を変えることで，ビーバーは森にさまざまな種類の生物を引き寄せる。彼らは森の生態系のエンジニアなのだ。❻アメリカでは，ビーバーを使って地元の川を守る実験が行われている。科学者が他の地域からビーバーを連れてきて，その川に多くの種類の野生生物を引き寄せることによって生物の多様性を取り戻すためにビーバーを使う。いくつかの川では以前にサケがほとんど消えてしまったが，そこにビーバーが連れてこられて以来，その数が増え始めた。ビーバーがつくる池は，若いサケにとっての安全な場所も提供するのだ。❼ビーバーは自然環境を変えられる。私たち人間が自然環境を守りたいなら，ビーバーに十分な居住地域を与えなくてはならない。そうすることで，多くの動物や他の生き物にとって豊かな環境が取り戻せるかもしれない。

問１＜指示語＞下線部①の them は，ビーバーが川まで運ぶものである。切り倒した木から切り取った枝を川まで運んでダムをつくるのである。

問２＜文脈把握＞ビーバーが環境を変化させることの具体例は第１段落の第５～８文で述べられているので，その内容をまとめればよい。　bring about ～「～を引き起こす」

問３＜要旨把握＞ビーバーが巣をつくる理由や巣の具体的な様子は第２段落で述べられている。第３，４文参照。

問４＜文脈把握＞ビーバーの数の変化については第３段落に書かれている。ウ．「なぜなら北アメリカやヨーロッパの人々はもはや毛皮を求めてビーバーを必要とすることがなくなったから」はこの段落の内容に一致する。　as a result「結果として」

問５＜要旨把握＞第４段落最終文参照。‘存在’を表す‘There＋be動詞＋主語 …’「～がいる〔ある〕」の構文。

問６＜要旨把握＞第５段落参照。ビーバーの池が時間をかけて草原に変化し，そこに動物が集まってくる。

問７＜要旨把握＞第６段落第２，３文参照。　bring back ～「～を取り戻す」　‘attract ～ to …’「～を…に引き寄せる」

問８＜語句解釈＞「『生物多様性』という表現は(　　)という意味だ」―ア．「ある場所で見つかる生物の多様性」　第６段落第２文参照。生物の多様性を取り戻す方法が by 以下に述べられている。variety「変化，多様性」

問９＜主題＞第４～６段落では，ビーバーのつくるダムが多くの生物を引き寄せることが具体的に書かれており，最終段落ではそれが自然保護にとって重要であると述べられているので，イ．「ビーバーのダムは最終的に野生動物を連れてくるので，ビーバーを保護することが重要だ」が適切。

数学解答

1 (1) 1　(2) $12x^4y$　(3) $\dfrac{-2a-b}{6}$
(4) $\sqrt{3}+3\sqrt{2}$
(5) $a^2-4ab+4b^2-16c^2$

2 (1) $x=-3$　(2) $x=10$，$y=8$
(3) $x=\dfrac{3\pm\sqrt{17}}{2}$

3 (1) $(x-6)^2$　(2) 7　(3) 32
(4) $\dfrac{7}{36}$　(5) 75°　(6) $18\sqrt{6}$

4 (1) $\dfrac{1}{2}$　(2) (4，8)　(3) (6，2)

5 (1) $36\sqrt{3}$　(2) $18\sqrt{2}$　(3) $\sqrt{6}\,\pi$

1〔独立小問集合題〕

(1)＜数の計算＞与式 $=-\dfrac{1}{8}\times16+\dfrac{1}{9}\times27=-2+3=1$

(2)＜式の計算＞与式 $=12x^3y\times4x^5y^2\div4x^4y^2=\dfrac{12x^3y\times4x^5y^2}{4x^4y^2}=12x^4y$

(3)＜式の計算＞与式 $=\dfrac{2(a+2b)-(4a+5b)}{6}=\dfrac{2a+4b-4a-5b}{6}=\dfrac{-2a-b}{6}$

(4)＜数の計算＞与式 $=\sqrt{2\times6}+2\sqrt{2}+\dfrac{\sqrt{6}}{\sqrt{3}}-\dfrac{3}{\sqrt{3}}=\sqrt{2^2\times3}+2\sqrt{2}+\sqrt{\dfrac{6}{3}}-\dfrac{3\times\sqrt{3}}{\sqrt{3}\times\sqrt{3}}=2\sqrt{3}+2\sqrt{2}+\sqrt{2}$ $-\dfrac{3\sqrt{3}}{3}=2\sqrt{3}+2\sqrt{2}+\sqrt{2}-\sqrt{3}=\sqrt{3}+3\sqrt{2}$

(5)＜式の計算＞$a-2b=A$ とおくと，与式 $=(A+4c)(A-4c)=A^2-(4c)^2=A^2-16c^2$ となる。A をもとに戻して，与式 $=(a-2b)^2-16c^2=a^2-4ab+4b^2-16c^2$ である。

2〔独立小問集合題〕

(1)＜一次方程式＞両辺を6倍して，$2(x+4)=3(x+2)-(2x+1)$，$2x+8=3x+6-2x-1$，$2x-3x+2x=6-1-8$　$\therefore x=-3$

(2)＜連立方程式＞$2x-0.75y=14$……①，$x:y=20:16$……②とする。①×4より，$8x-3y=56$……①′　②より，$x\times16=y\times20$，$4x=5y$，$4x-5y=0$……②′　①′−②′×2より，$-3y-(-10y)=56-0$，$7y=56$　$\therefore y=8$　これを②′に代入して，$4x-5\times8=0$，$4x=40$　$\therefore x=10$

(3)＜二次方程式＞$9x^2-12x+4=x^2+12x+20$，$8x^2-24x-16=0$，$x^2-3x-2=0$　解の公式を用いて，$x=\dfrac{-(-3)\pm\sqrt{(-3)^2-4\times1\times(-2)}}{2\times1}=\dfrac{3\pm\sqrt{17}}{2}$ である。

3〔独立小問集合題〕

(1)＜式の計算―因数分解＞与式 $=x^2-15x+36+3x=x^2-12x+36=(x-6)^2$

(2)＜二次方程式の応用＞連続する4つの自然数の中で最も小さい数を x とすると，連続する4つの自然数は，x，$x+1$，$x+2$，$x+3$ と表せる。それぞれを2乗した数の和が294になるので，$x^2+(x+1)^2+(x+2)^2+(x+3)^2=294$ が成り立つ。これを解くと，$x^2+x^2+2x+1+x^2+4x+4+x^2+6x+9=294$，$4x^2+12x-280=0$，$x^2+3x-70=0$，$(x-7)(x+10)=0$ より，$x=7$，-10 となる。x は自然数だから，$x=7$ であり，最も小さい自然数は7である。

(3)＜数の計算＞与式 $=xy(x^2-2xy+y^2)=xy(x-y)^2$ となる。これに $x-y=-2$，$xy=8$ を代入して，与式 $=8\times(-2)^2=8\times4=32$ である。

(4)＜確率―サイコロ＞大小2個のサイコロを同時に投げるとき，それぞれ6通りの目の出方があるから，目の出方は全部で $6\times6=36$(通り)ある。出た目の数の積は最大で，$6\times6=36$ であるから，出た目の数の積が12の倍数になるのは，積が12，24，36になるときである。積が12になるとき，(大，小)＝(2，6)，(3，4)，(4，3)，(6，2)の4通り，積が24になるとき，(4，6)，(6，4)の2通り，積が36になるとき，(6，6)の1通りより，出た目の数の積が12の倍数になる場合は，$4+2+1=7$(通り)だから，求める確率は$\frac{7}{36}$である。

(5)**＜平面図形―角度＞**右図1で，線分BCは円Oの直径だから，半円の弧に対する円周角より，$\angle BAC=90^\circ$である。また，$\overset{\frown}{BD}$に対する円周角と中心角の関係より，$\angle BAD=\frac{1}{2}\angle BOD=\frac{1}{2}\times30^\circ=15^\circ$である。よって，$\angle EAC=\angle BAC-\angle BAD=90^\circ-15^\circ=75^\circ$となるので，△AECで，$\angle AEC=180^\circ-\angle EAC-\angle ACE=180^\circ-75^\circ-30^\circ=75^\circ$となる。

図1

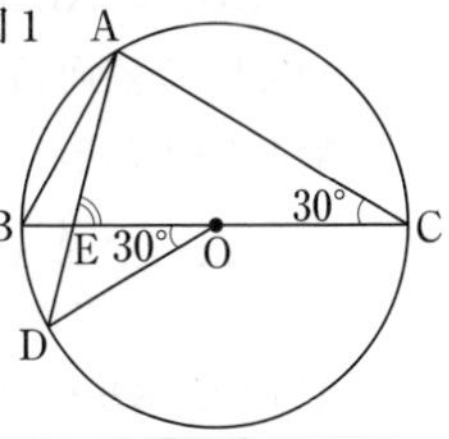

(6)**＜空間図形―面積＞**右図2で，2点P，Qはそれぞれ，立方体ABCD-EFGHの辺BF，DHの中点だから，$BP=FP=DQ=HQ=\frac{1}{2}BF=\frac{1}{2}\times6=3$である。また，$AB=GF=AD=GH=6$，$\angle ABP=\angle GFP=\angle ADQ=\angle GHQ=90^\circ$だから，△ABP，△GFP，△ADQ，△GHQは合同となり，$AP=GP=AQ=GQ$である。よって，四角形APGQはひし形である。これより，2点A，G，2点P，Qをそれぞれ結ぶと，線分AGと線分PQはひし形APGQの対角線となり，$AG\perp PQ$である。さらに，2点B，Dを結ぶと，四角形BPQDは長方形となり，△ABDは直角二等辺三角形だから，$PQ=BD=\sqrt{2}AB=\sqrt{2}\times6=6\sqrt{2}$となる。2点E，Gを結ぶと，AE⊥〔面EFGH〕より，$\angle AEG=90^\circ$となり，$EG=BD=6\sqrt{2}$だから，△AEGで三平方の定理を用いて，$AG=\sqrt{AE^2+EG^2}=\sqrt{6^2+(6\sqrt{2})^2}=\sqrt{108}=6\sqrt{3}$となる。したがって，〔ひし形APGQ〕$=\frac{1}{2}\times PQ\times AG=\frac{1}{2}\times6\sqrt{2}\times6\sqrt{3}=18\sqrt{6}$となる。

図2

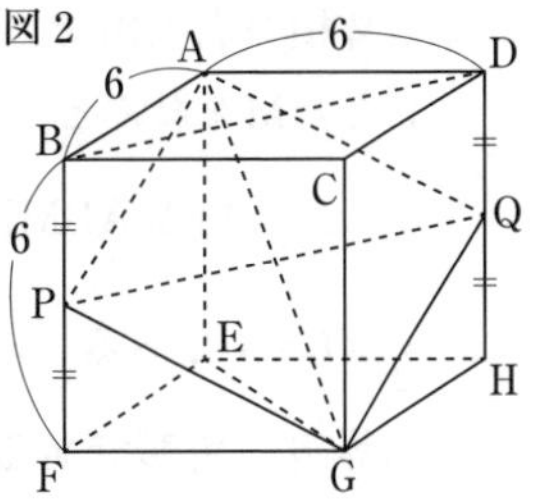

4 〔関数―関数$y=ax^2$と一次関数のグラフ〕

≪基本方針の決定≫(2)　点Eは線分ACの中点となる。　(3)　CDはx軸に平行で，$AB=CD$である。

(1)**＜比例定数＞**右図で，関数$y=ax^2$のグラフはC$(-2,\ 2)$を通るので，$x=-2$，$y=2$を代入して，$2=a\times(-2)^2$より，$a=\frac{1}{2}$である。

(2)**＜座標＞**右図で，四角形ABCDは平行四辺形なので，点Eは線分ACの中点となる。よって，点Aのx座標をtとおくと，点Cのx座標が-2，点Eのx座標が1より，点Eのx座標について，$\frac{t+(-2)}{2}=1$が成り立ち，$t-2=2$，$t=4$となる。これより，点Aのx座標は4であり，(1)より，点Aは関数$y=\frac{1}{2}x^2$のグラフ上の点だから，$y=\frac{1}{2}\times4^2=8$となり，A$(4,\ 8)$である。

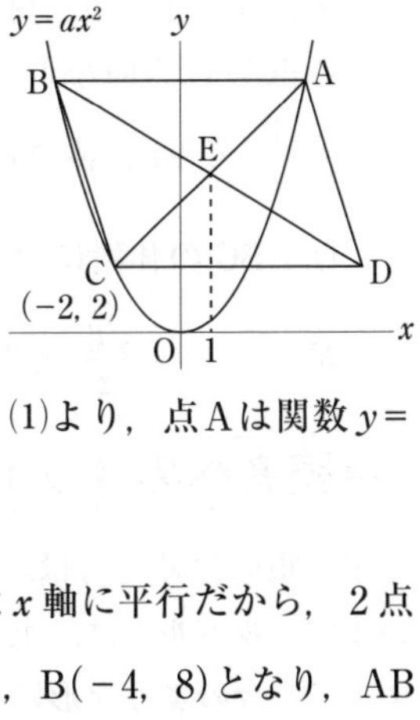

(3)**＜座標＞**右上図で，2点A，Bは関数$y=\frac{1}{2}x^2$のグラフ上にあり，ABはx軸に平行だから，2点A，Bはy軸について対称な点となる。よって，(2)より，A$(4,\ 8)$だから，B$(-4,\ 8)$となり，$AB=4-(-4)=8$である。四角形ABCDは平行四辺形なので，CDはx軸に平行となり，$CD=AB=8$となる。よって，C$(-2,\ 2)$だから，点Dのx座標は$-2+8=6$となり，y座標は2なので，D$(6,\ 2)$である。

5〔空間図形―正四面体と球〕

≪基本方針の決定≫(3)　球の中心と4点A，B，C，Dをそれぞれ結ぶと，正四面体ABCDは，4個の合同な正三角錐に分けられる。

(1)**<面積>**右図で，立体ABCDは正四面体だから，4つの面△ABC，△ACD，△ABD，△BCDは合同な正三角形である。つまり，正四面体ABCDの表面積は△ABCの面積の4倍である。点Aから辺BCに垂線AMを引くと，△ABMは3辺の比が$1:2:\sqrt{3}$の直角三角形になるので，$\mathrm{AM}=\frac{\sqrt{3}}{2}\mathrm{AB}=\frac{\sqrt{3}}{2}\times6=3\sqrt{3}$となる。よって，$\triangle\mathrm{ABC}=\frac{1}{2}\times\mathrm{BC}\times\mathrm{AM}=\frac{1}{2}\times6\times3\sqrt{3}=9\sqrt{3}$となるので，表面積は$4\triangle\mathrm{ABC}=4\times9\sqrt{3}=36\sqrt{3}$である。

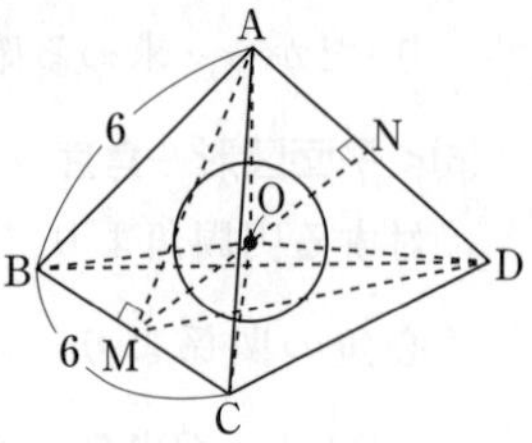

(2)**<体積>**右上図で，△ABCは正三角形であり，AM⊥BCだから，点Mは辺BCの中点となる。点Dと点Mを結ぶと，△BCDが正三角形より，DM⊥BCである。よって，BC⊥〔平面AMD〕となるから，三角錐ABMDと三角錐ACMDは，△AMDを底面と見ると，高さは，$\mathrm{BM}=\mathrm{CM}=\frac{1}{2}\mathrm{BC}=\frac{1}{2}\times6=3$である。△ABC，△BCDが合同な正三角形より，$\mathrm{DM}=\mathrm{AM}=3\sqrt{3}$だから，△AMDは二等辺三角形である。点Mから辺ADに垂線MNを引くと，点Nは辺ADの中点となり，$\mathrm{AN}=\mathrm{DN}=\frac{1}{2}\mathrm{AD}=\frac{1}{2}\times6=3$となる。△AMNで三平方の定理より，$\mathrm{MN}=\sqrt{\mathrm{AM}^2-\mathrm{AN}^2}=\sqrt{(3\sqrt{3})^2-3^2}=\sqrt{18}=3\sqrt{2}$となるので，$\triangle\mathrm{AMD}=\frac{1}{2}\times\mathrm{AD}\times\mathrm{MN}=\frac{1}{2}\times6\times3\sqrt{2}=9\sqrt{2}$である。これより，〔三角錐ABMD〕=〔三角錐ACMD〕$=\frac{1}{3}\times\triangle\mathrm{AMD}\times\mathrm{BM}=\frac{1}{3}\times9\sqrt{2}\times3=9\sqrt{2}$となるので，正四面体ABCDの体積は，2〔三角錐ABMD〕$=2\times9\sqrt{2}=18\sqrt{2}$となる。

(3)**<体積>**右上図で，球の中心をO，球Oの半径をrとして，点Oと4点A，B，C，Dをそれぞれ結ぶ。三角錐O-ABC，三角錐O-ACD，三角錐O-ABD，三角錐O-BCDの底面を，それぞれ，△ABC，△ACD，△ABD，△BCDと見ると，球Oが正四面体ABCDの全ての面に接していることより，4つの三角錐の高さは球Oの半径となり，rである。また，△ABC，△ACD，△ABD，△BCDは合同な正三角形だから，4つの三角錐の体積は等しくなり，(2)より，〔三角錐O-ABC〕$=\frac{1}{4}$〔正四面体ABCD〕$=\frac{1}{4}\times18\sqrt{2}=\frac{9\sqrt{2}}{2}$となる。(1)より，$\triangle\mathrm{ABC}=9\sqrt{3}$だから，三角錐O-ABCの体積について，$\frac{1}{3}\times\triangle\mathrm{ABC}\times r=\frac{9\sqrt{2}}{2}$より，$\frac{1}{3}\times9\sqrt{3}\times r=\frac{9\sqrt{2}}{2}$が成り立つ。これを解くと，$r=\frac{\sqrt{6}}{2}$となるので，球Oの体積は，$\frac{4}{3}\pi r^3=\frac{4}{3}\pi\times\left(\frac{\sqrt{6}}{2}\right)^3=\sqrt{6}\,\pi$である。

＝読者へのメッセージ＝

平方根の記号($\sqrt{\ }$)は，ドイツの数学者ルドルフによる1525年の著書で使われたのが最初といわれています。ルドルフは，上の横線のない記号(√)を使っていました。後に，フランスの数学者デカルトによって，今のような形になりました。

2023年度／文教大学付属高等学校

国語解答

一

問１　a　てんぽ　b　混雑　c　提供　d　おお　e　保障

問２　イ　　問３　ウ　　問４　エ

問５　ア　　問６　ア

問７　Ⅰ…イ　Ⅱ…ア　Ⅲ…エ

問８　フードコートには，世界中から輸入した食品と，外国人労働者による接客が欠かせないから。(42字)

問９　ウ

二

問１　a　あお　b　尊敬　c　後悔　d　むだ　e　辞儀

問２　エ

問３　職人になるのではなく，中学に進学するよう浩太を説得してほしいということ。(36字)

問４　イ　　問５　A　目　B　首

問６　ウ　　問７　ア

一〔論説文の読解─社会学的分野─現代社会〕出典；藤原辰史『食べること考えること』。

≪本文の概要≫安価なファストフード店の集合したオーソドックスなフードコートには，老若男女，外国人などさまざまな人々が，客やスタッフとして集まっている。フードコートは，あらゆる人々に対し，ほとんどの自由が認められた個人主義の極致である。市民社会の理念の中核は，自由と平等である。フードコートの発明者は不動産業兼慈善家で，客がその財布で投票する公共空間としてのコミュニティー・ピクニックのようなものを目指して，フードコートをつくった。これは，福祉が民間に委ねられる時代の到来と，食べるという人間の本源的な生命および社会行為までもが，経済活動が円滑に回転する空間の中に組み込まれつつあることを意味する。市民社会とそれを支える公共空間は，飲食をもともと伴っていた。カフェやサロンは知識人の政治討論の場，居酒屋は労働者の逃げ場としての公共空間であった。だが，フードコートには政治が存在しない。かといって，フードコートは，孤立した人間や家族の集合体ではない。フードコートは，世界中の人間，組織，社会のつながりの末端に位置し，生産，流通，販売を通じて世界中のさまざまな人間をつないでいるが，そのことに客は無関心である。

問１＜漢字＞a．商品を並べて売るための建物のこと。　b．多くの人が集まって混み合うこと。　c．相手に役立ててもらうために差し出すこと。　d．音読みは「覆面」などの「フク」。　e．ある状態が損なわれないように保護し守ること。

問２＜四字熟語＞「旧態依然」は，昔のままで変化や進歩がないさま。「一目瞭然」は，一目見ただけではっきりわかるさま。「渾然一体」は，全てがとけ合って一つになっているさま。「不易流行」は，芭蕉俳論の理論の一つで，新しみを求めてたえず変化する流行性が実は俳諧の不易の本質であり，不易と流行とは根元において一つであるとするもの。

問３＜文章内容＞フードコートは，「タバコ，宿泊，ペット連れ込み以外は，ほぼすべてが可能」で，「食器を返すという最低限のルールさえ守れば，食卓マナーを守る必要はほとんど」ない，個人が徹底的に尊重される「自由な空間」である。

問４＜表現＞「主婦たちや主夫たち」や「老いも若きも，男も女もそのどちらにも属さない性の人も，貧しい人も富める人も」などの表現から，性別や年齢，貧富などによる差別なく，平等に表していることがわかる。

問５＜文章内容＞フードコートは，「財布の金が投票用紙＝市民社会の入場券」となって，「入場料」をせいぜい「七〇〇円」も払えば利用できる，「市民に開かれた自由で平等な空間」である。

問6＜文章内容＞「カフェやサロン」は「知識人たちが討論する場」で，「居酒屋」が「労働者の公共空間」として「議論」する場でもあったというように，コーヒーや紅茶や酒を「飲みながら世論を形成する場所」が「市民社会とそれを支える公共空間」であった。

問7＜接続語＞Ⅰ．知識人は「カフェやサロン」で討論してきたけれども，知識人ばかりでなく，労働者も「居酒屋」という公共空間を持っていた。　Ⅱ．「自由と平等に満ちた」フードコートには「政治が存在しない」し，それ以前の問題として，「長居をする客」自体が少ない。　Ⅲ．「孤立した人間や家族」の集合体を言い換えると，「プライベートな空間の集合体」である。

問8＜文章内容＞フードコートの商品に使われている食品は，「コメと一部の野菜をのぞけばほぼ輸入品」であり，フードコートの接客には「外国人労働者」が雇われているので，フードコートは，世界中の人間，組織，社会とつながっているといえる。

問9＜文章内容＞フードコートは「市民に開かれた自由で平等な空間」として生み出されたが，「市民社会とそれを支える公共空間」には，もともと飲食しながら世論を形成する場という政治的機能があった。しかし，自由と平等が実現しているフードコートには「政治が存在」しない。また，フードコートは，輸入食品や外国人労働者など「世界とつながることができる」場でもある。それなのに，客は，そのことを特に意識せずに，飲食しているのである。

二〔小説の読解〕出典；伊集院静『親方と神様』。

問1＜漢字＞a．音読みは「仰天」などの「ギョウ」。　b．その人の人格を尊いものと認めて敬うこと。　c．自分のしたことを後になって失敗だったと思い悔むこと。　d．役に立たないこと。　e．「お辞儀」は，頭を下げて礼をすること。

問2＜文章内容＞浩太の母と担任の先生は，中学へ進学するよう浩太を説得してくれと，六郎に頼んだ。その頼みを受けて，六郎は，「彼がかつて少年の時，親方が彼に鍛冶職人がいかに素晴らしい職業かを教えてくれた，あの山径に二人で出かけ，親方が言ったことと同じ話をしてみよう」と考えたが，「それは説得とはまったく逆の話」だった。

問3＜文章内容＞六郎は，浩太の担任の先生が，「鍛冶屋になる夢を捨て」て中学校に進学するよう，浩太の説得を頼みに来たと思った。

問4＜文章内容＞六郎は「口下手」であるため，進学を説得しても，浩太が聞き入れてくれずに「自分に裏切られたと思うに違いない」と考えた。そのため，六郎は，自分のできる，かつて親方から「鍛冶職人がいかに素晴らしい職業か」を教わったときと「同じ話」をしてみようと思ったのである。

問5＜慣用句＞A．「目を覚ます」は，眠っていて起きる，という意味。　B．「首をかしげる」は，何かを不思議だと感じて首を傾ける，という意味。

問6＜心情＞「ぼくも親方のようにいつかなれるんですね」という問いかけに直接答えず，「わしだけがおまえの親方ではない」と言った親方の言葉に，浩太は，自分が鍛冶職人になれるように弟子入りさせてもらえないことや，親方が中学進学を勧めようとしていることを悟っていた。そして，親方が大人になったときに「誰かを連れて行って，あの滝を見せてやれ」と言ったので，浩太は，親方と山登りをするのはこれが最後だと感じ，おえつ混じりの声で，「親方」と呼んだのである。

問7＜表現＞「口下手な六郎」が浩太に話す言葉は，口数少ないが，「――いや，そのかわりにこの子に逢えた」「きっとおまえは……」など，「――」や「……」を用いることで，六郎が浩太をいとおしく思っていることが表現されている。

2022年度 文教大学付属高等学校

【英　語】（50分）〈満点：100点〉

1 リスニングテスト

（注意）リスニングテストの問題は試験開始５分後に放送されます。放送中にメモを取っても構いません。

第　1　部
これから放送される英文を聞いて、その説明に合う英単語を書きなさい。問いはNo.1からNo.5までであり、英文は1度だけ放送されます。

【例題】 放送される英文： It's meat from a cow. What is it? 【解答】 beef

No.1 ＿＿＿＿＿＿＿＿＿＿＿＿

No.2 ＿＿＿＿＿＿＿＿＿＿＿＿

No.3 ＿＿＿＿＿＿＿＿＿＿＿＿

No.4 ＿＿＿＿＿＿＿＿＿＿＿＿

No.5 ＿＿＿＿＿＿＿＿＿＿＿＿

第　2　部

これから放送される対話文に続くものとして、最も適切な英文を選択肢の中から1つずつ選び、記号で答えなさい。対話文はNo.6からNo.10まであり、それぞれ2度放送されます。

No.6　ア　After school.
　　　イ　More than 30 students.
　　　ウ　Three times a week.
　　　エ　It's really hard.

No.7　ア　It takes three minutes.
　　　イ　I like Ebaramachi Station.
　　　ウ　No problem.
　　　エ　It's near the hospital.

No.8　ア　In New York.
　　　イ　21 years old.
　　　ウ　Three years ago.
　　　エ　For three years.

No.9　ア　Oh, I'm sorry.
　　　イ　OK, I'll call back later.
　　　ウ　The line is busy.
　　　エ　I don't know.

No.10　ア　I'm not hungry.
　　　イ　Yes, let's.
　　　ウ　Yes, it's delicious.
　　　エ　Have you had any snacks?

第　3　部

Yokoが、短期留学で日本に来たカナダ人のJaneについて、クラスのみんなの前で話します。Yokoのスピーチを聞いて、その後の問いに対する答えとして最も適切なものを選択肢の中から1つずつ選び、記号で答えなさい。問いはNo.11からNo.15まであり、英文と問いはそれぞれ2度放送されます。

No.11 ア For a week.
イ For a month.
ウ For a year.
エ Last month.

No.12 ア Pictures of her family and her school.
イ Pictures of her country.
ウ Pictures of her hobbies.
エ Japanese *manga.*

No.13 ア Yoko's brother.
イ Jane's brother.
ウ Jane's friend.
エ Jane's dog.

No.14 ア Yoko and Tom did.
イ Jane and Max did.
ウ Yoko and Jane did.
エ Jane and Tom did.

No.15 ア She is going to join the basketball tournament.
イ She is going to go back to Canada.
ウ She is going to have a meeting for a party.
エ She is going to have a party.

※＜リスニングテスト放送原稿＞は英語の問題の終わりに付けてあります。

2 次の各英文が日本語の意味を表すように、（　　）に適切な語を書きなさい。
1つの（　　）には1語のみ入れること。

① 彼女は傷ついた鳥の世話をしました。
She (　　　)(　　　)(　　　) the injured bird.

② ご親切にどうも。
That's very (　　　)(　　　) you.

③ 一緒に行きませんか。
(　　　)(　　　) you come with us?

④ 駅前で待っていてください。
Please wait for me (　　　)(　　　)(　　　) the station.

⑤ 私はいつも忙しいわけではありません。
I'm (　　　)(　　　) busy.

3 次の各英文の（　　）内の語を、適切な形に直しなさい。ただし、必要がなければそのままの形で答えなさい。

① My father has an interesting picture (draw) by Okamoto Taro.

② Next Saturday is my brother's (five) birthday.

③ I'm looking forward to (get) your e-mail.

④ He can speak English (well) than I.

⑤ Please let me (know) when you get to the station.

4 **日本語の意味を表すように（　　）内の語（句）を並べかえ、英文を完成させなさい。ただし、解答は（　　）内で3番目と5番目に来るものを記号で答えなさい。**

① 私は今朝からずっと、その本を探し続けています。
I（ア been　イ for　ウ have　エ looking　オ since　カ that book）this morning.

② あなたが今撮った写真を私に見せてください。
Please show（ア have　イ just　ウ me　エ taken　オ the pictures　カ you）.

③ サッカーは日本で最も人気があるスポーツの１つです。
Soccer is（ア most　イ of　ウ one　エ popular　オ sports　カ the）in Japan.

④ 彼女は私に京都を訪れたいと言いました。
She（ア me　イ she　ウ to　エ told　オ visit　カ wanted）Kyoto.

⑤ 私の父が本を何冊持っていると思いますか。
Can you（ア books　イ guess　ウ has　エ how　オ many　カ my father）?

5 **次の対話文の下線部を英文に直しなさい。**

ケイコ：おはよう、ポール。どうしたの？元気がないみたいだけど。
ポール：友達と口喧《くちげん》嘩《か》してしまったんだ。
「もう会いたくない」なんて言ってしまったんだ。
ケイコ：①私があなただったら、そんなことは言わないわ。
ポール：僕だって後悔しているよ。
②彼になんて言えばいいのか教えてよ。
ケイコ：素直に「ごめんね」と言えばいいんじゃない？
彼だって、仲直りしたいと思っているはずよ。
ポール：ありがとう。勇気を出して、明日謝るよ。

6 看護師であり統計学者（statistician）でもあるフローレンス・ナイチンゲールについての伝記を読み、あとの問いに答えなさい。

Florence Nightingale was a British nurse who saved many lives. She was named after ①the city of Florence. She was born there in 1820 while her parents were traveling in Italy. Her father was so rich that her family was able to travel to foreign countries. He gave her a classical education, such as foreign languages, history, and math. She was very interested in math and even asked him to give her more math education.

②Florence was a unique young woman for her time because she didn't want to go to parties and get married. She wanted to be a nurse and help people. Her family didn't want her to become a nurse because hospitals in those days were dirty and terrible places. *Nursing was not a good job. Her family tried to stop her from doing ③it, but she decided to become a nurse. In 1851, Florence went to Germany and learned all about nursing. It was hard work, but she loved it.

In October 1853, *the Crimean War began in Russia. Thousands of British *soldiers were sent to fight the next year. The hospitals for soldiers were full of injured men, but there were no nurses and many men died. ④Florence and a team of nurses went to help.

Florence worked very hard, but many soldiers died under her care. The death *rate was higher than other hospitals. She wanted to find the reason for the high death rate. She started to collect a lot of data to know the reason. Then she made a graph from the data.

⑤Her graph was a pie chart which was divided into twelve parts. Each part shows the number of deaths every month of the year. Florence found that the soldiers didn't die from damage in the war. They died because of *cholera, *typhus, and *dysentery. Florence became sure about the reason for the high death rate. She made the hospital a cleaner place. She brought the men fresh food, cleaned the hospital beds, and used clean *bandages on the soldiers. Soon（ ⑥ ）men were dying.

Florence returned to the U.K. People called her a hero because of ⑦her amazing work in the Crimean War. Queen Victoria wrote her a letter to say thank you. Florence continued to work hard in the U.K. to improve hospitals. In 1858, she was chosen as the first woman in *the Royal Statistical Society. She was so good at data and numbers.

Florence is now known as a nurse. People have called her "The Lady with the Lamp." She walked with a lamp around the hospital at night to talk to the injured soldiers. In fact, we should call her "The Lady of Data," because she helped the soldiers to get well with her data.

注： nursing 看護　the Crimean War クリミア戦争　soldier 兵士
rate 割合　cholera コレラ　typhus 発疹チフス　dysentery 赤痢
bandage 包帯　the Royal Statistical Society 王立統計学会

問１　下線部①について適切なものを１つ選び、記号で答えなさい。

ア　Florence が生まれた町
イ　多くのイギリス人の命が救われた町
ウ　Nightingale 一家の別荘があった町
エ　Florence の父親が数学を学んだ町

問２　下線部②のように言える理由として適切なものを１つ選び、記号で答えなさい。

ア　結婚が決まっていたから。
イ　医者になりたかったから。
ウ　パーティーに興味がなかったから。
エ　両親に甘やかされていたから。

問３　下線部③について適切なものを１つ選び、記号で答えなさい。

ア　入院すること
イ　ドイツで暮らすこと
ウ　家族の面倒を見ること
エ　看護職に就くこと

問４　下線部④の理由として適切なものを１つ選び、記号で答えなさい。

ア　戦争が終わったから。
イ　病院が作られたから。
ウ　ドイツで働けなくなったから。
エ　看護師がいなかったから。

問5　下線部⑤はどんなグラフか。適切なものを１つ選び、記号で答えなさい。

ア

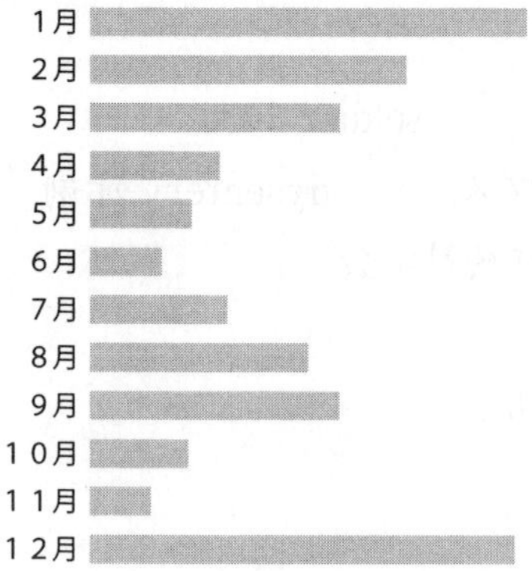

イ

ウ

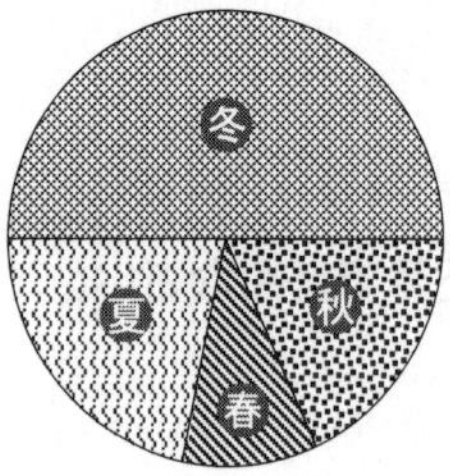

エ

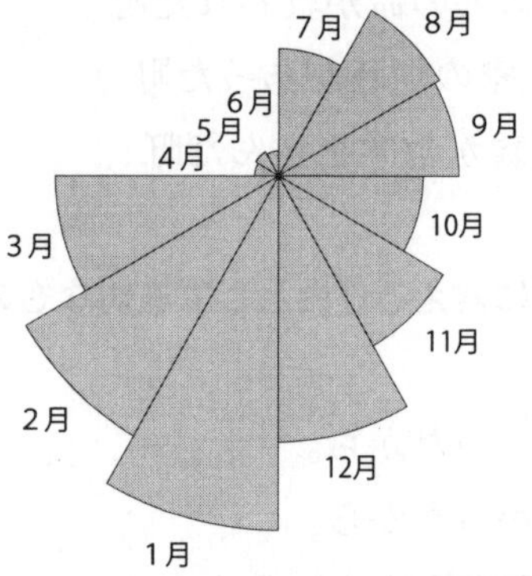

問6　（　⑥　）に入れるのに、適切なものを１つ選び、記号で答えなさい。

ア　British　　イ　injured　　ウ　fewer　　エ　more

問7　下線部⑦に含まれないものは何か。適切なものを１つ選び、記号で答えなさい。

ア　teaching math
イ　improving the hospital
ウ　creating a pie chart
エ　cleaning the beds

問8　本文の内容と一致するものとして適切なものを２つ選び、記号で答えなさい。

ア　Many hospitals were clean and comfortable in the 19th century.
イ　Florence's family was worried about her because she was in poor health.
ウ　Thanks to data, the reason for the high death rate was found out.
エ　Many nurses helped the soldiers to write letters to their family.
オ　Florence carried a lamp around the hospital at night.
カ　Queen Victoria received a letter from Florence during the Crimean War.

7 次の英文は日本の懐石料理の由来やマナーについて説明したものです。これを読み、あとの問いに答えなさい。

Today' s topic is about 'stone on a stomach.' *Kaiseki* is a meal before enjoying tea in the tea ceremony. After the *kaiseki*, a tea called *koicha* was served. First, it was only a simple meal that is served before the main tea. It is written as 懐石 , and at first the word *kaiseki* was used for the habit of *Zen Buddhist monks. It was born from the tea ceremony of Zen Buddhism.

①<u>Sen no Rikyū</u> (1522–91) used the simple *kaiseki* in his tea ceremony, and *kaiseki* became popular. To express the feeling of '*wabi sabi*,' dishes are prepared by the host to welcome guests. It is based on these three points:

1. *seasonal ingredients
2. simple *seasoning
3. welcoming guests

Zen Buddhist monks cook the best part of the seasonal ingredients with simple seasoning and serve them on the plates.

Kaiseki has a relationship with Zen Buddhism. Zen Buddhist monks had only one meal a day. When they got hungry, their body temperature dropped. Then they put a warm stone on their stomach to get warm. At the same time, they controlled their hunger with the stone. That stone was called ②<u>*onjaku*</u>. *Onjaku* makes the body warm and controls hunger. In the tea ceremony, a simple meal called *kaiseki* works the same way.

Today, if you are invited to a *kaiseki* dinner, remember that the main point for the host is 'welcoming guests.' Also, the goal of a *kaiseki* dinner now is to enjoy eating good food with others. You don't have to think too hard about it, but it is good to know the manners in a Japanese-style room. Here I'll tell you some of the tips:

- In a Japanese-style room, you should wear socks or stockings. Be sure your socks do not have any holes in them, too!
- Also, some dishes or cups are with *urushi*, and many *matcha* cups are very expensive. When you touch them, you should not wear rings and other things. Then you won't damage the cups.
- In a Japanese-style room, do not stand on *the edge of the *tatami* mat or the *shikii* under the *shoji* or *fusuma*.
- When you move around the room, do not stand on the cushion. When you want to sit on the cushion, you should sit down from the side of the cushion.

Now are you ready to try *kaiseki* and enjoy a traditional Japanese meal?

注： Zen Buddhist monks 禅僧　　seasonal ingredients 季節の素材
seasoning 味付け　　the edge of the *tatami* mat 畳の「ふち」や「へり」

問１　次の語は本文中でどのように説明されているか、適切なものを１つ選び、記号で答えなさい。

① Sen no Rikyū：

ア　He made the *kaiseki* popular because he used it in his tea ceremony.

イ　He paid a lot of money for *kaiseki* and it became very popular with tea.

ウ　He enjoyed tea ceremony with beautiful *kaiseki* with rich people.

エ　He was the host who was welcomed in the tea ceremony by his guests.

② *onjaku*：

ア　It was the body which makes you warm.

イ　It was the stone which makes you warm.

ウ　It was the sound which was heard from the stomach.

エ　It was the stomach which made sounds before meal.

問２　本文の内容に合うように、空欄に適切な日本語を入れて答えなさい。

懐石料理の「わびさび」の心は、季節の素材を単純な味付けで、お客を（　　①　　）ために料理を用意するということの中に表される。 「懐石」とは、かつて禅僧が（　　②　　）時に身体を（　　③　　）ために石を懐へ入れ、その場をしのいだことから、懐石料理もそれと同じ働きをするものである。

問３　懐石料理の席に呼ばれたときに知っておいた方が良いマナーについて、以下の英文が本文の内容に合うように、（　①　）～（　③　）に適語を入れて答えなさい。

✓ You should prepare socks（　　①　　）holes.

✓ You need to remove rings or other things from your（　　②　　）.

✓ When you are in a Japanese style room, please walk over the edge of the *tatami* mat.

✓ Do not（　　③　　）on the cushion.

問4　日本に遊びに来ているあなたの友人（外国人）が、以下のようにあなたに言いました。
あなたは何と回答しますか。15～25語程度の英語で答えなさい。

I'm interested in Japanese *kaiseki*, but I don't know anything about the manners.
Can you please take me to a Japanese restaurant to eat *kaiseki*?

＜リスニングテスト放送原稿＞

第1部

No.1 It is the month after August.　What is it?

No.2 It has a stick and a handle.　You use it in the rain.　What is it?

No.3 It is a part of a tree and usually its color is green .　What is it?

No.4 It is a place and you can enjoy movies there.　What is it?

No.5 It is a person.　He or she is the child of your uncle or aunt.　Who is it?

第2部

No.6

M：Are you in any clubs at school?

F：Yeah, I'm in the tennis club.

M：How often do you practice?

No.7

M：Excuse me.　I'm looking for the train station.

F：Hatanodai or Ebaramachi?

M： Hatanodai station.　Where is it?

No.8

M：I heard your brother is in New York.

F：Yes. He's studying at a university.

M：How long has he lived there?

No.9

M：Hello?

F：Hi, this is Alecia speaking.　May I speak to Kathy?

M：I think you have the wrong number.

No.10

M：I'm hungry now.

F：Me, too.

M：Shall we go to the Italian restaurant at the corner?

第3部

Hello, everyone. I'm Yoko. I'm going to talk about my friend from Canada today. Her name is Jane. She has been staying with my family for about 4 weeks. We talked a lot about our own countries and she showed me some pictures of her family and her school. Her parents and her brother, Tom look really kind, and I like the picture of her dog, Max, the most. He is so big and looks cute. The pictures of her school are also nice. The campus and the playground of her school are really big and everything is so beautiful. I want to visit her family and school someday. We talked about our hobbies and she said she likes Japanese *manga* very much. Did you know Japanese *manga* is popular in foreign countries? I'm so happy to hear that.

I'm on the basketball team at school, and she also plays basketball, so she joined my team. On weekends we practice basketball together. We also joined the basketball tournament in our town. We won two matches so we were really happy.

Jane is going back to her country next weekend. I'm thinking about having a party for her tomorrow so if you have any ideas, please let me know. I hope she will enjoy the rest of her stay with us. Thank you for listening.

Question:

No.11 How long has Jane stayed in Japan?

No.12 What did Jane show Yoko?

No.13 Who is Max?

No.14 Who joined the basketball tournament in the town?

No.15 What is Yoko going to do tomorrow?

【数　学】 （50分）〈満点：100点〉

1　次の計算をしなさい。

(1)　$\left(-\frac{3}{5}\right)^2 \div 1.2-(-1^2)\times\left(-\frac{2}{5}\right)$

(2)　$\frac{2x-1}{8}-\frac{2x+5}{24}$

(3)　$\left(\frac{1}{3}x^2y^3\right)^3 \div \left(-\frac{3}{4}x^3y^5\right)\times 9xy^2$

(4)　$\frac{\sqrt{6}-\sqrt{3}}{\sqrt{2}}-\sqrt{\frac{2}{3}}-\frac{\sqrt{27}}{3}$

(5)　$(2x+3y)(8x-3y)-(4x-3y)^2$

2　次の方程式を解きなさい。

(1)　$2x+\frac{3x-1}{6}=1$

(2)　$\begin{cases} 0.4x+0.5y=1 \\ 3x-4y=23 \end{cases}$

(3)　$x^2-2x=2(3x-1)$

3　次の各問いに答えなさい。

(1)　$x^2-6x+9-16y^2$ を因数分解しなさい。

(2)　$\frac{12}{\sqrt{3}}$ より大きく $6\sqrt{3}$ より小さい整数をすべて求めなさい。

(3)　関数$y=-3x^2$について，xの変域が$-2\leqq x\leqq 1$のとき，yの変域を求めなさい。

(4)　7枚のカード$\boxed{1}$，$\boxed{2}$，$\boxed{3}$，$\boxed{4}$，$\boxed{5}$，$\boxed{6}$，$\boxed{7}$から，同時に2枚のカードを取り出すとき，2枚のカードに書いてある数の和が4の倍数となる確率を求めなさい。

(5)　下の図で，A，B，C，D，E，F，G，H，Iは，円周を9等分する点である。$\angle x$の大きさを求めなさい。

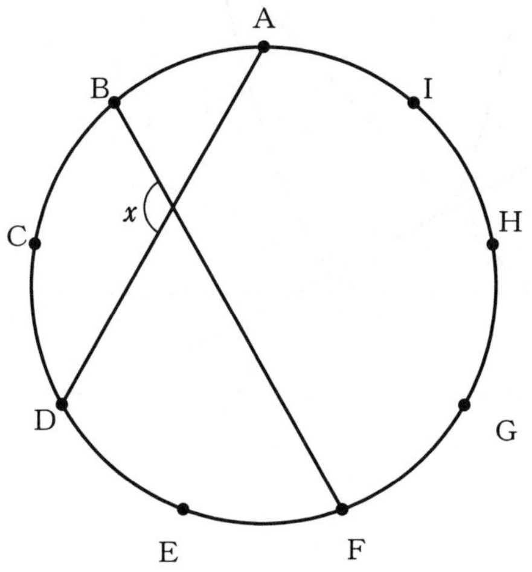

(6)　下の図は，ある立体の投影図です。この立体の高さおよび，表面積を求めなさい。ただし，円周率はπとする。

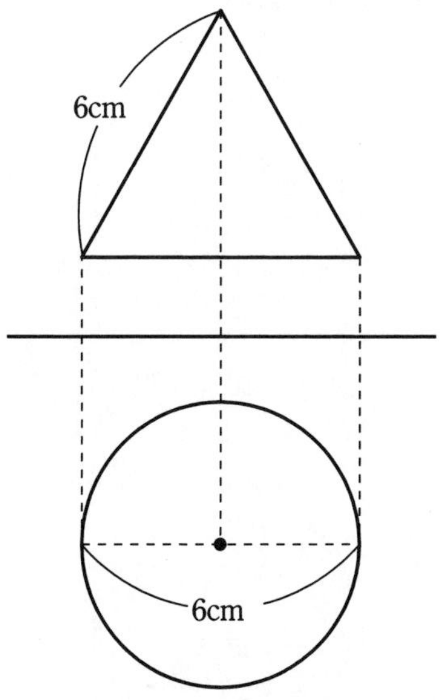

4 下の図のように，関数 $y=ax^2$ $\cdots$①，関数 $y=-\frac{1}{2}x+1$ $\cdots$②，関数 $y=x+4$ $\cdots$③のグラフがある。点A，B，Cの x 座標がそれぞれ $-2, 1, 4$ であるとき，次の問いに答えなさい。

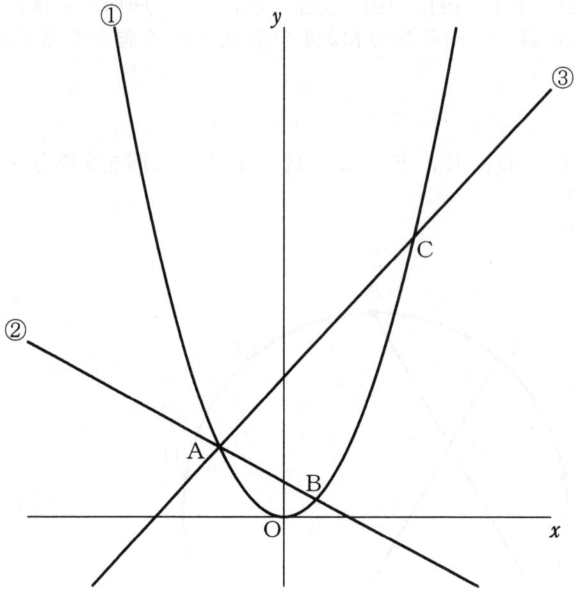

(1) 定数 a の値を求めなさい。

(2) 点Cを通り，△ＡＢＣの面積を2等分する直線の式を求めなさい。

(3) 関数①上の $x<-2$ の部分に点Pをとり，点Pを通り y 軸に平行な直線と関数②，関数③との交点をそれぞれQ，Rとするとき，ＰＱ＝２ＱＲとなる点Pの座標を求めなさい。
また，どのように求めたか，その過程もかきなさい。

5　下の図のように，1辺の長さが12の立方体ＡＢＣＤ－ＥＦＧＨがある。辺ＦＧを2:1に分ける点をＰ，辺ＤＨを3:1に分ける点をＱとするとき，次の問いに答えなさい。

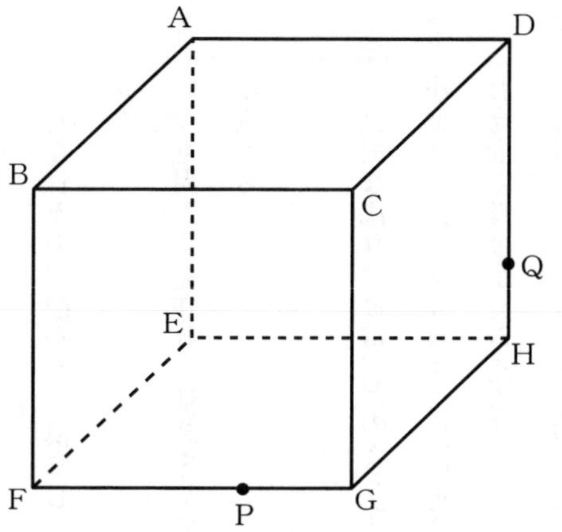

(1)　ＰＱの長さを求めなさい。

(2)　この立方体を3点Ａ，Ｐ，Ｑを通る平面で切ったとき，下の問いに答えなさい。

①　切り口はどのような図形になりますか。

②　切り分けられた2つの立体のうち，点Ｅを含む立体の体積を求めなさい。
また，どのように求めたか，その過程もかきなさい。

問8 ——⑤「メジロは明らかに興奮し、羽をばたつかせたり宙返りをしたりして元気一杯だった」について、このメジロを見ているときの「小父さん」の気持ちとして、最も適切なものを次から選び、記号で答えなさい。

ア 急に来た素性《すじょう》のよくわからない男に対し、何の屈託《くったく》もなく一生懸命歌を披露《ひろう》し、元気な様子を惜しみなく見せるメジロを心配する気持ち。

イ 命の恩人である自分を差し置いて、素性のよくわからない男に対し、惜しみなく歌声を聞かせ、愛想をふりまくメジロに落胆《らくたん》する気持ち。

ウ 平凡《へいぼん》な日々を、穏やかに慎《つつ》ましく生きる自分とは正反対に、天性の才能を認められ、人から求められているメジロをうらやむ気持ち。

エ いつも温かく見守り、世話をしている自分をなおざりにし、突然現れた男の方にすぐに好意的な素振《そぶ》りを見せるメジロにあきれる気持ち。

問9 ——⑥「強引な流れ」とは、どのような流れになっていることについて言っているのですか。最も適切なものを選び、記号で答えなさい。

ア 小父さんが、メジロを自然に返す時機で悩んでいたときに、偶然、近所の男が現れ、メジロを高く買い取る話をしたり、鳴き合わせ会で賞金がもらえる話をしたりする中で、小父さんにとって、好ましい方向に事態が進んでいること。

イ 小父さんは、メジロの怪我が治ったら、放すつもりでいたが、以前からメジロを欲しがっていた男が現れ、メジロの価値を値踏《ねぶ》みしたり、鳴き合わせ会の会員になることを勧めたりするなど、小父さんにとって予想外のことが起きていること。

ウ 小父さんは、メジロと平穏に生活していたが、突如《とつじょ》、知らない男が現れ、メジロの売買の交渉《こうしょう》をしたり、鳴き合わせ会に出場させることを勧めたりした挙句、話が進んでしまい、小父さんにとって、望まない方向に事態が進んでいること。

エ 小父さんが、メジロとの生活に寂《さび》しさを感じていたときに、突然、物好きな男が現れ、メジロがどのくらいの価格で売れるかという話をしたり、鳴き合わせ会での審査《しんさ》基準を教えたりし、小父さんにとって、次々と興味深いことが起きていること。

問4 ――②「質問の意味」について、「男」は、「小父さん」のメジロの鳴き声についてどのように考えていたのですか。最も適切なものを次から選び、記号で答えなさい。

ア 家の外でも鳴き声が聞こえる場所にいるメジロが一番良いメジロではなく、一番良いメジロを隠しているはずである。
イ メジロは集団で生活する習性をもつため、一羽で飼育できるはずはなく、多くの種類の鳥を飼っているはずである。
ウ 一羽のメジロにすばらしい鳴き声を習得させるためには、他のメジロも必要であり、一緒に飼っているはずである。
エ ここにいるすべてのメジロの鳴き声を把握すれば、一番すばらしい声のメジロがどれだったかがわかるはずである。

問5 ――③「まるで自分の小鳥を自慢するかのように」に用いられている修辞法として正しいものを選び、記号で答えなさい。

ア 擬人法　イ 直喩　ウ 隠喩　エ 漸層《ぜんそう》法

問6 ――④「男の目にはひんやりとした一点があり、そこから発せられる隙のない視線でメジロを観察していた」について、「男」は、どのような思いで「小父さん」のメジロを見ていたのですか。文章全体を読み、三十字以内で答えなさい。

問7 ――A「間違いなく十年に一羽の才能だな」B「メジロなら皆、誰でも上手に歌います」について、ここに表れている「男」と「小父さん」のメジロに対する見方の違いを説明したものとして最も適切なものを選び、記号で答えなさい。

ア 「男」は、野生としての才能があるか否かでメジロを区別し、評価しているのに対し、「小父さん」は、自分の好みか否かで一羽一羽のメジロの個性を評価している。
イ 「男」は、長く鳴くことができるか否かでメジロを峻別《しゅんべつ》し、判断しているのに対し、「小父さん」は、美しい声で鳴くことができるか否かでメジロを評価し、大切にしている。
ウ 「男」は、才能のある鳴き方をするか否かでメジロを比較し、評価しているのに対し、「小父さん」は、才能のないメジロもいつかは美しく鳴けると信じ、温かく見守っている。
エ 「男」は、人間が高い評価をする鳴き方をするか否かでメジロを比較し、格付けしているのに対し、「小父さん」は、一羽一羽の個性を認め、すべてのメジロを慈《いつく》しんでいる。

男は慌《あわただ》しく去って行った。その後姿が木々の向こうに消え、車のエンジン音が遠ざかってゆくのを確かめてから、小父さんは鳥籠を家の中へ仕舞《しま》った。

「一体、誰だったんでしょう」

メジロはそんな目をして小父さんを見つめていた。

（小川洋子『ことり』）

問1 ——①「頭抜けた歌い手だね」とは、どういうことですか。主語を補って、三十五字以内で説明しなさい。

問2 〔Ⅰ〕の部分からわかる「男」の様子についての説明として、**あてはまらないもの**を選び、記号で答えなさい。

ア 粗野　イ 一方的　ウ 無作法　エ 寛大

問3 〰〰a〜cの語句のここでの意味として最も適切なものを次から選び、記号で答えなさい。

a くたびれて
ア 時代遅れであかぬけなくて　イ 古びてみすぼらしくて
ウ 安物でむさくるしくて　エ 破れて汚らしくて

b 文句
ア 歌の歌詞、文章の文言や語句　イ 改善が必要な部分
ウ 相手に対する苦情や言い分　エ 余計な文言や語句

c 野暮
ア 厳しくとがめる様子　イ 慎重で疑い深い様子
ウ 細かい所にこだわる様子　エ 融通《ゆうずう》の利かない様子

ていなかった。
「お前ならきっと、鳴き合わせ会でチャンピオンになれる」
小父さんの指とは違うと気づいたのか、メジロは興味津々《しんしん》で男の節くれだった関節を突《つつ》いていた。
「相場《そうば》の五割り増しは出す」
「別にお金の問題では……」
「自分のメジロがどれほどの歌い手か自覚すれば、考えも変わるよ」
「もちろん私にだって分かりますよ。子供の頃からずっと、兄と一緒に小鳥の声を聞き続けてきたんですから」
「ふうん」
男は一つうなずき、しばらく考えてから続けた。
「どう？　今度の日曜、あんたも一緒に行ってみない？　鳴き合わせ会。きっと気に入ると思うよ。メジロを譲ってもらえるかどうかは、そのあとに決心してくれればいいや」
「鳴き合わせ会って何ですか？」
「言葉のとおりだよ。メジロの鳴き声を聞いて皆で楽しむのさ」
「はあ……」
「難しく考えることはない。小鳥好きが大勢集まるよ。本当は飛び入りの見学は受け付けてないんだけど、俺が一緒なら大丈夫。一応、副理事長やってるから」
なぜ急にこのような成り行きに巻き込まれてしまったのか、小父さんは混乱していた。とにかく今は一刻も早く男に引き取ってもらい、メジロと二人きりになりたかった。
「こいつの歌が引き寄せてくれたせっかくの縁だから、まあ一緒に楽しもうじゃないか。何と言ってもあんたは、小鳥の小父さんなんだからさ。で、今度の日曜日、空いてる？」
⑥強引な流れに押され、きっぱり断る気力もなく、小父さんは弱々しくうなずいていた。
「よかった。じゃあ、朝、七時に迎えに来るよ。あっ、いけない。そろそろ配達に戻らないと。邪魔《じゃま》したね。日曜、楽しみにしてるから」

小父さんは質問をした。

「まあね」

歌が途切《とぎ》れるのを待ってから、男は答えた。

「野鳥なのに、飼ってもいいんですか？」

「c野暮なことを聞くね」

男はメジロが落ちていたステップに足を載《の》せ、断りもなく鳥籠の脇《わき》に腰を下ろした。

「俺はメジロを可愛がる。メジロは俺のために歌う。それで何の不都合《ふつごう》もないよ」

籠はもう一回り小さいのでいい、トカゲを刻んで食べさせるともっと声に艶《つや》が出る、鳴きすぎて喉を痛めないよう練習にも加減が大事だ、まれに野鳥を守る会の人が聞きつけて文句をつけに来るから注意した方がいい、などと男が得意げに喋《しゃべ》っている間、小父さんは何も口を挟《はさ》めなかった。⑤メジロは明らかに興奮し、羽をばたつかせたり宙返りをしたりして元気一杯だった。いいんだよ、そんなに愛想を振りまかなくてもいいんだ、と小父さんは声にならない声で言い聞かせていた。

「ところで……」

男はキャップを被《かぶ》り直し、無精《ぶしょう》ひげを撫《な》でながら、相変《あいか》わらず小父さんには視線を向けないまま切り出した。

「この子、譲ってもらえないだろうか」

「譲る？」

思いがけない申し出に小父さんは驚いた。

「もちろん、相応の金は払《はら》わせてもらいますよ」

「譲るも何も、もうすぐ外へ放すんです。あと少し、体力が回復すれば……」

「どうせ手放すなら、同じじゃないか。俺に任せてもらえれば、もっともっといい声に仕上げられる」

「何のために？」

「美しいものを愛《め》でたいと思って、何が悪い？」

男は鳥籠に更《さら》に顔を寄せ、竹の隙間《すきま》に指先を入れて誘うように舌を鳴らした。恐れもせずメジロは上機嫌《きげん》な声を上げ、ひとときもじっとしを温めたあと、得意の歌を披露《ひろう》した。瞬く間にその声は二人を包み、庭にあふれ出し、風に乗って遠くへ運ばれていった。
③「どうだい。素晴らしいじゃないか」
まるで自分の小鳥を自慢するかのように男は言った。
「上品に甘くて、朗らかで、のびのびしている」
しかし小父さんは男の褒《ほ》め言葉を素直に受け止められず、なぜそうなのか自分でも分からないままに、もやもやとしていた。見ず知らずの人のために一生懸命歌っているのがもったいなく感じられ、心の中でメジロに向《むか》い、もうそれくらいにしておけばいいじゃないか、とつぶやいていた。
「ほら、今、b文句が変わった。節回しも微妙に変化させてる。自分でバリエーションを増やして、楽しんでるよ。すごいねえ」
メジロの歌を称《たた》えるための言葉を男はたくさん持っていた。けれどうっとりしているふうを装いながら、④男の目にはひんやりとした一点があり、そこから発せられる隙《すき》のない視線でメジロを観察していた。メジロの声とは対照的に男の声は野太《のぶと》く、しわがれ、息は煙草《たばこ》のにおいがした。手は小鳥を可愛《かわい》がるには不似合いにゴツゴツとし、指先はささくれ立ち、あちこち傷だらけだった。
「A間違いなく十年に一羽の才能だな。五百羽飼ってきた俺《おれ》が保証する」
「才能なんて、関係あるのですか。Bメジロなら皆、誰でも上手に歌います」
小父さんは言った。
「あんた、小鳥の小父さんのくせに素人《しろうと》だね」
男は作り笑いを浮かべた。
「下手なやつはいくらでもいる。単調で細切れな歌しかうたえない、しかも声のよくないメジロだ。あんただって聴いてて分かるだろう?」
「上手いか下手かなんて、考えたこともありません」
「どんな世界にも落ちこぼれはいるし、天才もいる。どうせなら天才の歌を聴きたいじゃないか。なあ」
男は鳥籠に向って同意を求めた。それに応じるように再びメジロは歌い出した。
「人間にも、人間が作る楽器にも出せない音を、こんなちっちゃな鳥が一生懸命鳴らしてる。飼い主になればそれを独り占《じ》めできる」
「メジロを、飼っているのですか?」

〔Ⅰ〕

言い訳をするように男は付け足し、崩れた離れや、そこに設《しつら》えられたバードテーブルに目をやった。

「どちら様でしょう」

「私もメジロを飼っているのでね」

名乗らないままに男は言った。そのこと以上に大事な事情は他にない、という口調だった。

「二、三日前、仕事で通りかかった時に気づいたんだ。鉄工所をやってるんで、時々このあたりを営業してる。それにしても随分《ずいぶん》大っぴらに鳴いてたね。すぐに分かったよ、この家だって。いかにも小鳥が好みそうな住まいじゃないか。おたく、〝小鳥の小父さん〟って呼ばれてるらしいね。近所の人がそう言ってた」

久しぶりにその呼び名を耳にし、小父さんは一瞬身構えたが、男は最初からメジロにしか興味がない様子だった。無遠慮に近寄ってくると腰をかがめ、鳥籠《とりかご》を覗《のぞ》き込んだ。くたびれて体に馴染《なじ》んだ灰色の作業着を着て、同じ色のキャップを被り、工事現場用の頑丈《がんじょう》な靴《くつ》を履《は》いていた。胸ポケットには軍手が押し込められ、ズボンは油染みで汚れ、小父さんよりは幾分《いくぶん》若く見えるものの、キャップからはみ出した髪には白いものが目立った。作業着の胸元には会社の名前の入ったワッペンが縫い付けられていたが、小さすぎて文字は読み取れなかった。

「他のメジロはどこに?」

②質問の意味がよくつかめず、小父さんは「はっ?」と聞き返したきり言葉に詰《つ》まった。

「これ、一羽きりかい?」

「ええ……」

「驚いた。たった一羽でこれほどの歌い手を育てられるとは。俺なんか二十五年間、五百羽以上飼い続けても、ここまでのメジロに巡り合えたのはせいぜい、二羽か、三羽、そんなところだね」

「私は別に、飼っているわけじゃありません。怪我《けが》をしていたのを保護したんです」

そう小父さんが言うと、男は意外な表情を浮かべ、いっそう興味深げな視線を鳥籠に送った。

「へえ、そうか。偶然手に入れたのか。で、怪我はもう治ったの?」

「はい、大方《おおかた》」

自分が話題に上っていると気づいたらしいメジロは、もっとよく見てもらおうとするように止まり木を端から端まで移動し、短く鳴いて喉《のど》問6 ――④「この仮説が正しいとすると、なぜ英語話者や中国語話者も濁音に対して『大きい』というイメージを持っているか説明がつきます」とありますが、それはなぜですか。「物理的」「言語」の二語を用いて、四十字以内で説明しなさい。

問7 本文の表現上の特徴として最も適切なものを次から選び、記号で答えなさい。

ア 「?」を多く用いることで、筆者よりも深い考察をしてほしいという読者への期待を表している。

イ 本文の構成を図式化することで論の展開を整理し、読者の理解を助ける工夫をしている。

ウ 身近な例や筆者自身の体験をとりあげることで、専門的な内容をわかりやすく伝えている。

エ 読者に語りかける言葉づかいによって、音声学が言語学よりも取り組みやすいものであることを示唆している。

問8 ═══a～eについて、カタカナは漢字に直し、漢字は読み方をひらがなで答えなさい。

二

次の文章は、小川洋子『ことり』より一部抜粋《ばっすい》したものである。主人公の男性（「小父《おじ》さん」）は幼いときから小鳥を深く愛している。彼は、ある日、自分の庭で巣から落ちて怪我《けが》をしていたメジロのひなを見つけ、手当てをしながら大切に育てていた。本文は、そのあとに続く部分である。これを読んで、後の問いに答えなさい。

「①頭抜けた歌い手だね」

何の挨拶《あいさつ》もなく、いきなり男がそう言って姿を見せたのは、普段どおり小父《おじ》さんが南向きの掃き出し窓を開け放ち、メジロを日光浴させていた昼下がりだった。

「春メジロだろう? まだうんと若い。巣立ったばかりかい?」

伸び放題の木々をかき分けながら、男はずんずんと庭を横切ってきた。

「あまりの美声につられて、つい、失礼を承知で。呼び鈴を押したんだが、壊れているみたいだったから……」

問5　**3** の範囲の、〰〰「図Ⅲ」から〰〰「図Ⅴ」にあたるものを、次からそれぞれ選び、記号で答えなさい。

ア

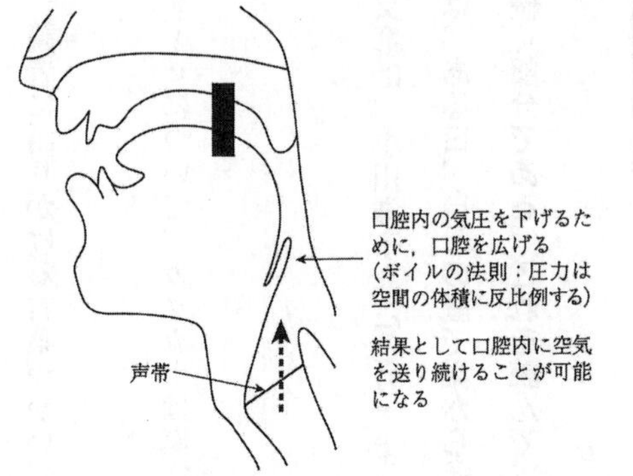

イ

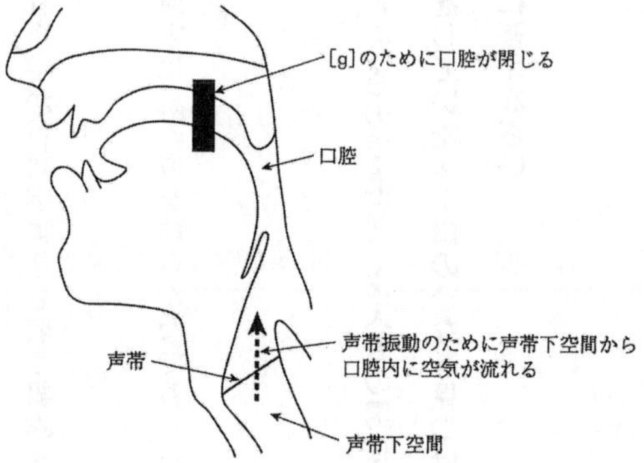

ウ

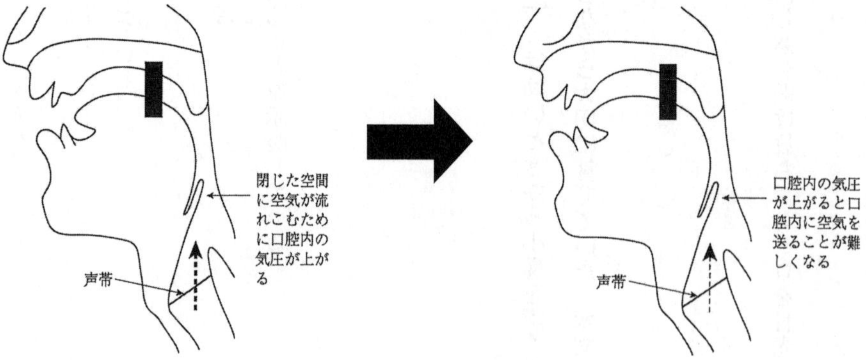

問1　――①とありますが、「ゴジラ」の例によって筆者が伝えようとしていることを、**1**の範囲から、十一字で抜き出しなさい。

問2　A ～ D に入るものとして最も適切なものを、次からそれぞれ選び、記号で答えなさい。

ア　たとえば　　イ　つまり　　ウ　では　　エ　ところが　　オ　また

問3　X に入るものとして最も適切なものを次から選び、記号で答えなさい。

ア　原理上　　イ　想像上　　ウ　慣習上　　エ　便宜上

問4　――②「[mal]と[mil]」と――③「『ゴジラ』や『ガンダム』」の二つの例から、筆者はどのようなことを伝えようとしていますか。最も適切なものを次から選び、記号で答えなさい。

ア　言葉の中に[a]という母音を含むことで、大きなイメージを与えられること。

イ　濁点がつくかどうかによって、その言葉に対して抱くイメージが決まること。

ウ　言語による表記の違いによって、その言葉に対して抱くイメージが変わり得ること。

エ　言葉を発するときの口腔内の広さが、その言葉に対して抱くイメージに影響を与えること。

ましょう。図Ⅱを見てください。これは私たちの顔を横から見たときの口の中の空間を表したものです。

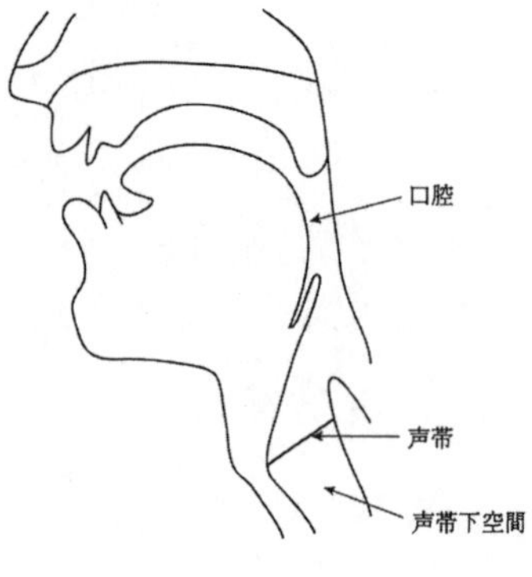

図Ⅱ

私たちが濁音を発音するときには、口の中では実際にどんなことが起こっているのでしょうか。濁音というのは、声帯振動を伴います。声帯を振動させるには、肺から口の中（口腔《こうくう》）に空気を流しながら、喉の中の声帯を震わせる必要があります。声帯の下の空間は「声帯下空間」、上の空間は「口腔」と呼ばれます。濁音が発音される際、肺から来た空気は声帯下空間から口腔内に流れ込みますが、同時にその流れは、唇や舌で阻害されます。このような阻害を伴う音は「閉鎖音」と呼ばれます。

「ゴジラ」や「ガンダム」に出てくる［g］を例にとって、空気の流れを考えてみましょう。図Ⅲのように、「ゴ」を発音しようとするときも「ガ」を発音しようとするときも、空気の流れが舌で止められ、口腔は閉じた空間になります。そして、その閉じた空間にさらに、声帯下空間から来た空気が流れ込もうとします。

閉じた空間（口腔）に空気が流れ込むと、図Ⅳで示しているように、その空間内の気圧は上がります。ところが空気というものは気圧の高いところから低いところに流れますから、口腔内の気圧が上がってしまうと、その空間に声帯下空間から空気を送ることが難しくなり、声帯の振動は止まってしまいます。そこで、話者はどうするかというと口腔を広げるのです（図Ⅴ）。具体的には、喉頭（声帯が入っている骨）を下げたり、口腔の上の壁を持ち上げたりします。そうすると、口腔内の気圧が下がって、さらに空気を送ることが可能になるわけです。このように、濁音を発音するときには、口の中が実際に広がるのです。

この説明を読んで「なんだか難しいなぁ」と思った人は、「あっっっっっっっっっば」というふうに、口を閉じたまま「っ」の部分を長く発音しようとしてみてください。そうすると、ほっぺたが自然に広がっていくと思います。それが口腔の膨張です。ほっぺたが限界まで広がると、声帯振動が止まってしまうのが感じられる人もいるかもしれません。

もし、④濁音を発音するときの物理的・身体的な口腔の膨張によって「濁音＝大きい」というイメージが作られているのだとしたら、面白いですね。この仮説が正しいとすると、なぜ英語話者や中国語話者も濁音に対して「大きい」というイメージを持っているか説明がつきます。

（川原繁人『音とことばのふしぎな世界』）

いている感じがしますし、「ちょこちょこ」は「少しずつ」という意味になりますよね。

［D］、なぜこのような音象徴パターンが見られるのでしょうか？　ためしに「あ、い、あ、い、あ、い」と発音してみてください。「あ」（＝［a］）を発音するとき、私たちの顎《あご》は大きく開きます。でも、「い」（＝［i］）を発音するときには、顎は小さくしか開きませんね。このような顎の動き（またはそれにd伴う口の開き）が、その音のイメージそのものにつながっている可能性があります。

3 次に、最初にお話しした「ゴジラ」という名前について考えてみましょう。もし、「ゴジラ」が濁点なしの「コシラ」だったらどうでしょうか。あの大きな怪獣にはふさわしくない名前のように感じませんか？　なんだか小さいような弱いような感じがしてしまうと思います。同じように、「ガンダム」が「カンタム」だったらどうでしょう。これまた急に、小さく弱々しくなったように感じませんか？

実は、あの「ゴジラ」という名前は、「ゴリラ」の「ゴ」と「クジラ」の「ジラ」をとったものです。ですから、あの怪獣の名前は、［X］は「クジラ」の「ク」と「ゴリラ」の「リラ」を合わせた「クリラ」でもよかったわけです。でも、「クリラ」だと、なんだか強そうな感じがしませんね。どちらかというと「クリラちゃん」という小さな女の子の名前のようです。どう考えても、あの怪物の名前にはふさわしくありません。

では、「ゴジラ」と「クリラ」の違いはどこにあるのでしょうか？　やはり「ゴジ」の部分ではないでしょうか。この2文字には濁点が付いています。「ゴジラ」が大きくて強そうなのは、この濁点のせいかもしれません。みなさんの知っている悪者や怪獣の名前も思い浮かべてみてください。もしや、濁音が多く含まれていませんか？　それらの名前から濁点をとってみたら、どのようなイメージになってしまうでしょうか？

③「ゴジラ」や「ガンダム」以外でも、日本語の他のe語彙を見ると、やはり濁音には「大きくて、力強い」というイメージ、つまり音象徴パターンがあるようです。さらには、この「濁音＝大きい」という音象徴パターンは、濁音を持つ他の言語の話者でも観察されることが、研究の結果わかっています。この音象徴パターンが生まれた理由も、先ほど触れた「［a］＝大きい」という音象徴パターンと同じく、音声学的に説明することができます。

実は、私たちが濁音を発音するときには、「口の中が大きく広がって」います。これは簡単な空気力学的な問題なので、一緒に考えていき

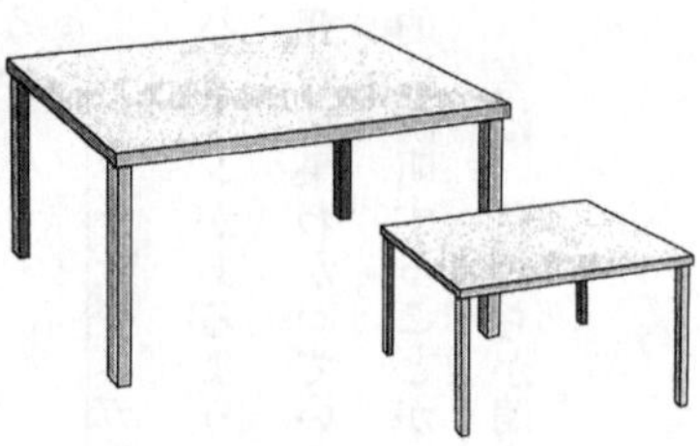

図Ⅰ

2 音象徴の研究の歴史は、実にとても古いものです。紀元前5世紀の哲学者であるプラトンは、『クラテュロス』という対話篇の中で、音象徴について議論しています。音と意味のつながりというものは、なんと古代ギリシャ時代からの問題なのです！ しかし、本格的に音象徴の研究が始まったのは、クラテュロスの時代からはるか後の20世紀、エドワード・サピアの1929年の論文からです。

このサピアの論文では、次のような実験が報告されています。みなさんも一緒に考えてみてください。とある未知の言語では、図Ⅰのような「小さなテーブル」と「大きなテーブル」を表す単語が別々に存在するとします。その2つの単語とは②[mal]と[mil]なのですが、みなさんは、どちらの単語がどちらのテーブルを表すと思いますか？

どうですか？「[mal]の方が大きいテーブルを指す」と思った人が多いのではないでしょうか。サピアの実験では、多くの英語話者が「[mal]=大きいテーブル」と答えました。サピアの実験では英語話者が対象となりましたが、後の実験で、日本人や韓国人、中国人でも「[a]が大きくて[i]が小さい」と考える人が多い、という結果が出ています。これは、多くの人が「[a]が大きくて[i]が小さい」という感覚を持っている、ということです。

[A]、「[a]が大きくて[i]が小さい」という音象徴は、様々な言語の話者の感覚の中に存在するわけです。この音象徴パターンは、[mal]や[mil]といった実際には使われない単語を使った実験だけでなく、実際に使用される単語でもよく見受けられます。たとえば、英語では「-y」という幼児語の接辞（発音は[i]）を単語の後ろにくっつけると「子ども向けの、可愛い」という意味になります。たとえば、blanket（毛布）をblankyと言うと、急に可愛らしく聞こえるようになるという具合です。

私はアメリカで大学院生として勉強していたころ、私の名前が「しげと」なので、小さい子どもに「Shiggy」と呼ばれることがありました。やや複雑なcシンキョウにもなるのですが……、これは「-y」の接辞の[i]という発音が「小さい、可愛い」という音象徴を持っているために起こった現象の例としてあげられるでしょう。

[B]、日本語の拗音《ようおん》（小さい「ゃ、ゅ、ょ」）というものは[i]に非常に近い音なのですが、オノマトペ（擬声語／擬態語）を見てみても、拗音が入ると「小さい」というイメージが付与されることが多いことがわかります。[C]、「ぴょこぴょこ」は小さいものが動

二〇二二年度 文教大学付属高等学校

【国語】（五〇分）〈満点：一〇〇点〉

《注意》解答の字数には、。「」その他の記号を含《ふく》みます。

一 次の文章を読んで、あとの問いに答えなさい。なお、出題の都合上、省略した部分があります。

1 [①]みなさん、「ゴジラ」という怪獣はご存知ですね。あれがもし、「コシラ」という濁点なしの名前だったら、みなさんはどう感じますか？　同じように、もし、「ガンダム」が「カンタム」だったらどうでしょうか。濁点があるのとないのとでは、イメージがガラッと変わってしまいます。

現代言語学では、「音自体には意味がない」ということが人間言語の原則の1つであるとされてきました。たとえば、「［r］という音そのものには意味がない」ということです（音を表すときには［　］で囲むことが言語学の約束ごとになっています）。また、「音と意味のつながりは恣意《しい》的である」と言われたりもします。〝現代言語学の父〟と呼ばれるフェルディナン・ド・ソシュールはこの点をかなり[a]メイカクに打ち出し、この「意味と音のつながりの恣意性」の原理は、現代言語学ではほぼ当然のこととして受け止められてきました。

しかし[b]ハたして、本当にそうでしょうか？　先ほどの例のように、音そのものに意味があるのではないかと思われる現象が、実際には多く見られます。音声学では、このような音から意味の連想が直接起きる現象を「音象徴《おんしょうちょう》」と呼び、音から連想されるイメージのパターンを「音象徴パターン」と呼びます。

様々な音象徴のパターンをよくよく観察してみると、音象徴には音声学的に考えてこそ納得がいくものが多いことがわかります。

英語解答

1 No.1 September
No.2 umbrella No.3 leaf
No.4 theater No.5 cousin
No.6 ウ No.7 エ No.8 エ
No.9 ア No.10 イ No.11 イ
No.12 ア No.13 エ No.14 ウ
No.15 エ

2 ① took care of
② kind〔nice〕of ③ Why don't
④ in front of ⑤ not always

3 ① drawn ② fifth
③ getting ④ better
⑤ know

4 ① 3番目…エ 5番目…カ
② 3番目…カ 5番目…イ
③ 3番目…カ 5番目…エ
④ 3番目…イ 5番目…ウ
⑤ 3番目…オ 5番目…カ

5 ① (例) If I were you, I wouldn't say such a thing〔so〕.
② (例) Please tell me what to say to him〔tell him〕.

6 問1 ア 問2 ウ 問3 エ
問4 エ 問5 エ 問6 ウ
問7 ア 問8 ウ，オ

7 問1 ①…ア ②…イ
問2 ① もてなす
② 空腹な〔体温が下がった〕
③ あたためる
問3 ① without
② hands〔hand〕／bodies〔body〕
③ stand
問4 (例) Sure. You don't have to worry about Japanese manners. I'll show you how to do them. Let's go and enjoy *kaiseki* together. Shall we arrange the schedule ? (27語)

1 〔放送問題〕解説省略

2 〔和文英訳―適語補充〕

①「～の世話をする」は take care of ～ で表せる。

②「ご親切にどうも」を「あなたはとても親切だ」と読み換える。That's very kind〔nice〕で「とても親切だ」を表せる。人の‘性質’や‘評価’は，形容詞の後に‘of＋人’をつけて表すことができる。

③「～しませんか，～してはどうですか」は‘Why don't you＋動詞の原形？’で表せる。

④「～の前で」は in front of ～ で表せる。

⑤always「いつも」を not で否定すると，「いつも～というわけではない」という意味になる。

3 〔語形変化〕

①「岡本太郎によって描かれた」という受け身の意味で前の名詞 picture を後ろから修飾する形にする(過去分詞の形容詞的用法)。 draw－drew－drawn 「私の父は，岡本太郎によって描かれた興味深い絵を持っている」

②fifth「5番目の」 「次の土曜日は弟〔兄〕の5歳の誕生日だ」

③look forward to ～ing で「～するのを楽しみにしている」。この to は前置詞なので，後ろの動詞

は動名詞(～ing)の形にする。　「私はあなたのメールが届くのを楽しみにしている」

④後ろに than「～より」があるので比較級にする。well の比較級は better，最上級は best である。「彼は私よりも上手に英語を話すことができる」

⑤'let＋人＋動詞の原形' で「〈人〉に～させる」。let には相手が相手の意志で何かをすることを許すというニュアンスがある。　「駅に着いたら私に知らせてください」

4〔整序結合〕

①「(ずっと)～している」のように，過去のある時点から現在まである動作が継続していることを表すときは，'have/has been＋動詞の～ing' の現在完了進行形で表す。「～を探す」は look for ～。「～から〔～以降〕」は since。　I have been looking for that book since this morning.

②「〈人〉に〈物事〉を見せる」は 'show＋人＋物事' の形を使って Please show me the pictures とまとめる。the pictures を先行詞として，後ろに目的格の関係代名詞 which または that が省略されていると考え，'主語＋動詞' の形を置く。「今撮った」は「ちょうど撮ったところ」と読み換え，'have/has＋just＋過去分詞' の現在完了で表す。　Please show me the pictures you have just taken.

③「最も〈形容詞〉な〈名詞〉のうちの1つ」は 'one of the＋最上級＋複数名詞' で表せる。popular の最上級は前に most をつけて most popular とする。　Soccer is one of the most popular sports in Japan.

④「〈人〉に～ということを言う」は 'tell＋人＋(that) ～' で表せる。that の後は '主語＋動詞' を続ける。ここでは，that が省略されている。「～したい」は want to ～。　She told me she wanted to visit Kyoto.

⑤「本を何冊持っていると思いますか」を「本を何冊持っているか想像できますか」と読み換え，「想像できますか」を Can you guess ～？とまとめる。「本を何冊持っているか」は guess の目的語になるので，'疑問詞＋主語＋動詞...' の間接疑問の語順にする。「何冊(いくつ)の～」と '数' を尋ねるときは 'how many＋複数名詞' で表す。　Can you guess how many books my father has？

5〔和文英訳―完全記述〕

①「もし～なら，…ないだろう(に)」と，現実とは違うことや可能性がとても低いことを表すときは，'If＋主語＋動詞の過去形，主語＋would not＋動詞の原形...' という仮定法過去の形を用いる。前半と後半の順序を入れ替えてもよい。一般的に，仮定法過去の文では be動詞は were を使うので，「私があなただったら」は If I were you となる。「そんなこと」は such a thing か，「そう(は言わない)」と考えて so としてもよい。

②「教えてよ」は「私に教えて(ください)」と考え，(Please) tell me ～ の形にする。「何を～したらいいか」は 'what to＋動詞の原形' あるいは，'疑問詞＋主語＋動詞...' の間接疑問を用いて，Please tell me what I should say to him〔tell him〕. としてもよい。「〈人〉に言う」は'say to＋人' または 'tell＋人' で表し，tell は直後に目的語をとる。

6〔長文読解総合―伝記〕

≪全訳≫❶フローレンス・ナイチンゲールは多くの命を救ったイギリス人看護師だった。彼女はフローレンスという都市にちなんで名づけられた。1820年，両親がイタリアを旅行している間に，彼女はそこで生まれた。父親はとても裕福だったので，家族は外国へ旅行することができたのだ。彼は彼女に外国語，歴史，数学のような古典教育を受けさせた。彼女は数学にとても興味があり，もっと数学の教育を受けさせてほしいと頼むほどだった。❷フローレンスは，パーティーに行ったり結婚したりすることを望まなかったので，当時としてはユニークな若い女性だった。彼女は看護師になって人々を助けたかった。当時の病院は汚くてひどい場所だったので，家族は彼女に看護師になってほしくなかった。看護はよい仕事ではなかった。家族は彼女がそれをするのをやめさせようとしたが，彼女は看護師になると決心した。1851年，フローレンスはドイツに渡り，看護についての全てを学んだ。看護は大変な仕事だったが，彼女はそれが大好きだった。❸1853年10月，ロシアでクリミア戦争が始まった。翌年には，何千ものイギリス兵が戦闘に派遣された。兵士のための病院は負傷した男たちでいっぱいだったが，看護師がおらず，多くの男たちが死んでいった。フローレンスと看護師チームは助けに行った。❹フローレンスは懸命に働いたものの，彼女の世話のもとで多くの兵士が亡くなった。死亡率は他の病院より高かった。彼女は死亡率が高い理由を見つけたかった。その理由を知るために，彼女は多くのデータを集め始めた。そしてデータからグラフをつくった。❺彼女のグラフは12の部分に分けられた円グラフだった。各部分は，その年の月ごとの死亡者数を示している。フローレンスは，兵士たちが戦争の負傷で亡くなるのではないことを発見した。彼らはコレラ，発疹チフス，赤痢が原因で死亡していた。フローレンスは死亡率が高い理由を確信した。彼女は病院をより清潔な場所にした。兵士たちに新鮮な食べ物を届け，病院のベッドをきれいにし，兵士たちに清潔な包帯を使った。まもなく，死亡する人は減っていった。❻フローレンスはイギリスに戻った。人々は，クリミア戦争でのすばらしい仕事から彼女を英雄と呼んだ。ビクトリア女王は彼女にお礼の手紙を書いた。フローレンスは病院を改善するためにイギリスで懸命に働き続けた。1858年，彼女は王立統計学会における最初の女性として選ばれた。データと数字にとても強かったのだ。❼現在，フローレンスは看護師として知られている。人々は彼女を「ランプの女性」と呼んできた。彼女は夜，ランプを持って病院内を歩き回り，負傷した兵士たちと話をした。実際には，彼女を「データの女性」と呼ぶべきだろう。なぜなら彼女は，データで兵士たちがよくなる手助けをしたのだから。

問１＜語句解釈＞次の文に「彼女はそこで生まれた」とあり，「そこ」は the city of Florence を指している。フローレンスという生まれた都市の名が，彼女の名前の由来になっている。

問２＜文脈把握＞下線にある unique は「ユニークな，独特な」という意味で，for her time は「彼女の時代にしては」。当時，フローレンスが他の若い女性と違っていた点は，直後の‘理由’を表す because 以下から読み取れる。　didn’t want to ～「～したくなかった」

問３＜指示語＞下線を含む文は‘stop＋人＋from＋～ing’の構文で「〈人〉が～するのをやめさせる」という意味。直前の３文から，フローレンスは看護師になりたかったが，家族はそれを望んでおらず，彼女が看護職につくのをやめさせようとしたことがわかる。

問４＜文脈把握＞前の文に「病院は負傷した男たちでいっぱいだったが，看護師がいなかった」とあり，これが看護師であるフローレンスたちが戦場に向かった理由となっている。　be full of ～「～でいっぱいである」　there is/are no ～「～が(い)ない」

問５＜語句解釈＞下線を含む文の a pie chart とは「円グラフ」のこと。which 以下は関係代名詞のまとまりで，先行詞の a pie chart を後ろから修飾している。be divided into ～「～に分割されている」が用いられているので，12の項目に分割されている円グラフが当てはまる。

問6＜適語選択＞第5段落第3文以降の内容から，フローレンスは，高い死亡率の原因がコレラなどの感染症であることを発見し，病院の衛生環境を改善したとわかる。きれいになった環境で，感染症で死亡する人の数は「減った」と考えられる。　fewer「より少数の～」

問7＜要旨把握＞amazingは「驚くべき，すばらしい」。彼女の戦場での仕事ぶりは，第4，5段落からわかる。単に看護をするだけでなく，データを集めて死亡原因を探り，病院の衛生を改善して死者数の減少に貢献したのである。その仕事の中に，アの「数学を教えること」は含まれていない。

問8＜内容真偽＞ア．「19世紀には多くの病院が清潔で快適だった」…×　第2段落第3文参照。dirty「汚い」　terrible「ひどい」　イ．「フローレンスの家族は，彼女の健康状態が悪かったので心配していた」…×　このような記述はない。　ウ．「データのおかげで，高い死亡率の理由が解明された」…○　第4段落後半～第5段落前半に一致する。　エ．「多くの看護師は，兵士たちが家族に手紙を書くのを手伝った」…×　このような記述はない。　オ．「フローレンスは夜，病院のあちこちにランプを持ち運んだ」…○　第7段落第3文に一致する。　carry「～を持ち運ぶ」　カ．「ビクトリア女王はクリミア戦争中にフローレンスから手紙を受け取った」…×　第6段落第3文参照。フローレンスがビクトリア女王から手紙を受け取った。　receive「～を受け取る」

7〔長文読解総合─説明文〕

≪全訳≫❶今日の話題は，「懐の石」についてだ。懐石とは，茶道でお茶を楽しむ前の食事のことである。懐石の後，濃茶と呼ばれるお茶が出された。初めは，懐石はメインのお茶の前に出される簡素な食事にすぎなかった。「懐石」と書かれるが，懐石という言葉は当初，禅僧の習慣に使われていた。禅宗の茶道から生まれたのだ。❷千利休(1522-91)が茶道において簡単な懐石を用い，懐石が一般的になった。「わびさび」の気持ちを表現するために，主人によって客をもてなす料理が用意される。これは，次の3点に基づいている。1．季節の素材　2．単純な味つけ　3．お客様をもてなすこと　禅僧は，季節の素材の一番いいところを単純な味つけで調理し，皿に盛って出す。❸懐石は禅宗と関係している。禅僧は1日に1食しか食べなかった。彼らは空腹になると体温が下がった。そこで，温かい石を懐に入れて温まったのだ。同時に，その石で空腹をコントロールした。その石は温石と呼ばれた。温石は体を温め，空腹をコントロールする。茶道では，懐石と呼ばれる簡素な食事が同じように機能する。❹今日，もし懐石ディナーに招待されたら，主人にとっての主なポイントは「ゲストをもてなすこと」だと覚えておくように。また，今日の懐石ディナーの目的は，他の人とおいしい料理を楽しんで食べることである。あまり難しく考える必要はないが，和室での作法は知っておくとよい。ここでいくつかヒントを教えよう。─和室では，靴下かストッキングを履くべきである。靴下に穴が開いていないか必ず確かめること。─また，皿や器には漆が使われているものもあり，抹茶用の器はとても高価なものが多い。触るときは，指輪やその他のものを身に着けない方がよい。そうすれば，器を傷つけないだろう。─和室では，畳の「ふち」や「へり」，障子やふすまの下部にある「敷居」に立たないこと。─部屋の中を動き回るときは，座布団の上に立たないこと。座布団に座りたいときは，座布団の横から座るとよい。❺さあ，懐石に挑戦し，日本の伝統料理を楽しむ準備はできただろうか。

問1＜語句解釈＞①第2段落第1文参照。千利休は，茶道で客をもてなすために簡単な懐石を用意し，これが一般的になったのである。よってア.「彼は茶道で懐石を用いて，それを一般的にした」が適切。 ‘make＋目的語＋形容詞’「～を…(の状態)にする」 ②第3段落第4～6文参照。「その石は『温石』と呼ばれた」とあるので，温石とは stone「石」である。よってイ.「それは，人をあたためてくれる石だった」が適切。which 以下は先行詞 stone を修飾している。

問2＜適語補充＞①第2段落第2文参照。to welcome guests は to不定詞の副詞的用法で「客をもてなすために」という意味。 welcome「～を歓迎する，もてなす」 ②・③第3段落第3，4文参照。石を懐に入れるのは，hungry「空腹な」ときである。そうする目的は，空腹によって体温が下がった身体を温めるためである。 temperature「体温」 drop「下がる，落ちる」 put ～ on ～'s stomach「～を懐に入れる」 to get warm「温かくなるために」

問3＜適語補充＞≪全訳≫穴の開いていない靴下を用意した方がいい。指輪や他のものを手〔体〕から外す必要がある。和室にいるときは，畳の「ふち」や「へり」を踏まないで歩くように。座布団の上に立たないこと。

＜解説＞①第4段落のヒント1つ目に your socks do not have any holes「靴下に穴が開いていない」とある。これを without「～のない」を用いて socks without holes「穴のない靴下」と書き換える。 ②第4段落のヒント2つ目に，「(器を)触るときは指輪やその他のものを身に着けない方がよい」とある。これを remove ～ from …「…から～を外す」で書き換える。指輪を外すのは「手」からである。または，外す範囲を広くとらえて「体」から外すとしてもよい。 ③第4段落のヒント4つ目参照。do not は否定の命令形で「～してはいけない」。

問4＜条件作文＞友人が話した内容は「日本の懐石料理に興味があるが，作法について何も知らない。懐石を食べるために日本料理店に連れて行ってくれないか」である。2文目の Can you please ～？は「～してくれない？」と相手に依頼する表現。また，‘take＋人＋to＋場所’で「〈人〉を〈場所〉に連れていく」。これに対して快く応じる場合は，Sure〔Of course〕. などと答える。「作法を教えてあげる」は I'll show〔teach〕 you the manners. などで表せる。「作法を気にしすぎなくてもよい」と伝えるときは，don't have〔need〕 to ～「～しなくてもよい，する必要はない」を使って，You don't have to worry about it. や You don't need to think about it too much. などと表せる。友人の依頼に応えられない場合には，I'm sorry I can't. や I'm afraid I can't. などと答えてから，理由を述べるとよい。

2022年度／文教大学付属高等学校

数学解答

1 (1) $-\frac{1}{10}$　(2) $\frac{x-2}{6}$

(3) $-\frac{4}{9}x^4y^6$　(4) $-\frac{5\sqrt{6}}{6}$

(5) $42xy-18y^2$

2 (1) $x=\frac{7}{15}$　(2) $x=5,\ y=-2$

(3) $x=4\pm\sqrt{14}$

3 (1) $(x+4y-3)(x-4y-3)$

(2) 7，8，9，10

(3) $-12\leqq y\leqq 0$　(4) $\frac{5}{21}$

(5) 120°

(6) 高さ…$3\sqrt{3}$cm　表面積…27πcm²

4 (1) $\frac{1}{2}$　(2) $y=\frac{3}{2}x+2$

(3) $\left(-5,\ \frac{25}{2}\right)$

5 (1) 13　(2) ① 五角形　② 660

1〔独立小問集合題〕

(1)＜数の計算＞与式 $=\frac{9}{25}\div\frac{6}{5}-(-1)\times\left(-\frac{2}{5}\right)=\frac{9}{25}\times\frac{5}{6}-\frac{2}{5}=\frac{3}{10}-\frac{4}{10}=-\frac{1}{10}$

(2)＜式の計算＞与式 $=\frac{3(2x-1)-(2x+5)}{24}=\frac{6x-3-2x-5}{24}=\frac{4x-8}{24}=\frac{x-2}{6}$

(3)＜式の計算＞与式 $=\frac{1}{27}x^6y^9\times\left(-\frac{4}{3x^3y^5}\right)\times 9xy^2=-\frac{x^6y^9\times 4\times 9xy^2}{27\times 3x^3y^5}=-\frac{4}{9}x^4y^6$

(4)＜数の計算＞$\frac{\sqrt{6}-\sqrt{3}}{\sqrt{2}}=\frac{\sqrt{6}}{\sqrt{2}}-\frac{\sqrt{3}}{\sqrt{2}}=\sqrt{3}-\frac{\sqrt{3}\times\sqrt{2}}{\sqrt{2}\times\sqrt{2}}=\sqrt{3}-\frac{\sqrt{6}}{2}$，$\sqrt{\frac{2}{3}}=\frac{\sqrt{2}\times\sqrt{3}}{\sqrt{3}\times\sqrt{3}}=\frac{\sqrt{6}}{3}$，$\frac{\sqrt{27}}{3}=\frac{\sqrt{3^2\times 3}}{3}=\frac{3\sqrt{3}}{3}=\sqrt{3}$ より，与式 $=\sqrt{3}-\frac{\sqrt{6}}{2}-\frac{\sqrt{6}}{3}-\sqrt{3}=-\frac{3\sqrt{6}}{6}-\frac{2\sqrt{6}}{6}=-\frac{5\sqrt{6}}{6}$ である。

(5)＜式の計算＞与式 $=(16x^2-6xy+24xy-9y^2)-(16x^2-24xy+9y^2)=16x^2+18xy-9y^2-16x^2+24xy-9y^2=42xy-18y^2$

2〔独立小問集合題〕

(1)＜一次方程式＞両辺を6倍して，$12x+3x-1=6$，$12x+3x=6+1$，$15x=7$　$\therefore x=\frac{7}{15}$

(2)＜連立方程式＞$0.4x+0.5y=1$……①，$3x-4y=23$……②とする。①×10より，$4x+5y=10$……①′　①′×3－②×4より，$15y-(-16y)=30-92$，$31y=-62$　$\therefore y=-2$　これを①′に代入して，$4x-10=10$，$4x=20$　$\therefore x=5$

(3)＜二次方程式＞$x^2-2x=6x-2$，$x^2-8x+2=0$ となるので，二次方程式の解の公式を用いると，$x=\frac{-(-8)\pm\sqrt{(-8)^2-4\times 1\times 2}}{2\times 1}=\frac{8\pm\sqrt{56}}{2}=\frac{8\pm 2\sqrt{14}}{2}=4\pm\sqrt{14}$ である。

3〔独立小問集合題〕

(1)＜式の計算―因数分解＞与式 $=(x-3)^2-(4y)^2$ として，$x-3=A$ とおくと，与式 $=A^2-(4y)^2=(A+4y)(A-4y)$ となる。A をもとに戻して，与式 $=(x-3+4y)(x-3-4y)=(x+4y-3)(x-4y-3)$ である。

(2)＜数の性質＞$\frac{12}{\sqrt{3}}=\frac{12\times\sqrt{3}}{\sqrt{3}\times\sqrt{3}}=\frac{12\sqrt{3}}{3}=4\sqrt{3}=\sqrt{48}$ だから，$\sqrt{36}<\sqrt{48}<\sqrt{49}$ より，$6<\frac{12}{\sqrt{3}}<7$ となり，$\frac{12}{\sqrt{3}}$ より大きい整数は7以上の整数である。また，$6\sqrt{3}=\sqrt{108}$ だから，$\sqrt{100}<\sqrt{108}<\sqrt{121}$ より，$10<6\sqrt{3}<11$ となり，$6\sqrt{3}$ より小さい整数は10以下の整数である。よって，$\frac{12}{\sqrt{3}}$ より大き

く$6\sqrt{3}$より小さい整数は，7以上10以下の整数だから，7，8，9，10となる。

(3)<関数―変域>関数$y=-3x^2$のグラフは，右図1のように下に開く放物線となるから，xの変域が$-2\leqq x\leqq 1$より，絶対値が最大の$x=-2$のときyは最小となり，$y=-3\times(-2)^2=-12$である。また，絶対値が最小の$x=0$のときyは最大となり，$y=0$である。よって，yの変域は$-12\leqq y\leqq 0$となる。

図1

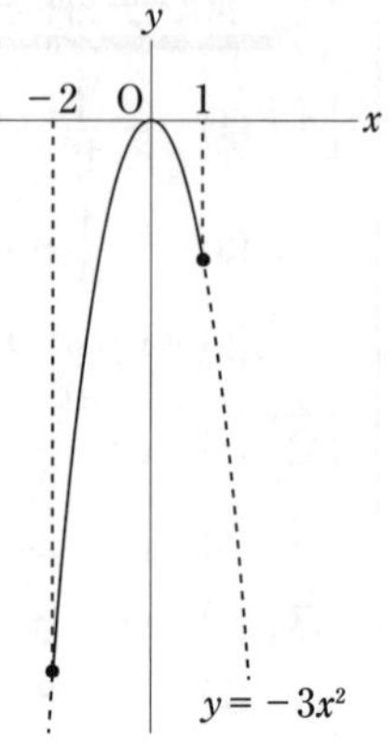

(4)<確率―カード>7枚のカードから順番に2枚のカードを取り出すとすると，1枚目は7通り，2枚目は1枚目に取り出したカード以外の6通りの取り出し方があるので，取り出し方は$7\times6=42$(通り)となるが，同時に取り出す場合は，順番が入れかわっているものも同じ取り出し方とするので，この42通りの中には同じ取り出し方が2通りずつあることになり，同時に取り出すときの取り出し方は，$42\div2=21$(通り)となる。このうち，2枚のカードの数の和が4の倍数となる場合は，(1，3)，(1，7)，(2，6)，(3，5)，(5，7)の5通りだから，求める確率は$\frac{5}{21}$である。

(5)<平面図形―角度>右図2のように，線分ADと線分BFの交点をP，円の中心をOとし，中心Oと4点A，B，D，F，点Dと点Fをそれぞれ結ぶ。9点A～Iが円Oの周を9等分していることより，$\overset{\frown}{\mathrm{AF}}$の長さは円Oの周の長さの$\frac{4}{9}$だから，$\angle\mathrm{AOF}=360^\circ\times\frac{4}{9}=160^\circ$となる。$\overset{\frown}{\mathrm{AF}}$に対する円周角と中心角の関係より，$\angle\mathrm{PDF}=\frac{1}{2}\angle\mathrm{AOF}=\frac{1}{2}\times160^\circ=80^\circ$である。また，$\overset{\frown}{\mathrm{BD}}$の長さは円Oの周の長さの$\frac{2}{9}$だから，$\angle\mathrm{BOD}=360^\circ\times\frac{2}{9}=80^\circ$となり，$\overset{\frown}{\mathrm{BD}}$に対する円周角と中心角の関係より，$\angle\mathrm{PFD}=\frac{1}{2}\angle\mathrm{BOD}=\frac{1}{2}\times80^\circ=40^\circ$である。よって，△PDFで内角と外角の関係より，$\angle x=\angle\mathrm{PDF}+\angle\mathrm{PFD}=80^\circ+40^\circ=120^\circ$となる。

図2

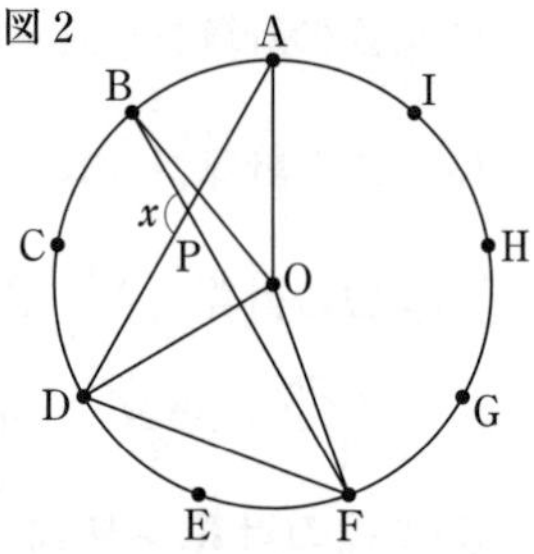

(6)<空間図形―高さ，表面積>投影図で表された立体は，右図3のような円錐である。頂点をP，底面の直径をAB，底面の中心をOとすると，PA＝AB＝PB＝6より，△PABは正三角形となるから，△PAOは3辺の比が$1:2:\sqrt{3}$の直角三角形である。よって，円錐の高さは$\mathrm{PO}=\frac{\sqrt{3}}{2}\mathrm{PA}=\frac{\sqrt{3}}{2}\times6=3\sqrt{3}$(cm)である。次に，円錐を右下図4のように展開する。側面を展開したおうぎ形PAA′の$\overset{\frown}{\mathrm{AA'}}$の長さは，円Oの周の長さと等しいから，$\overset{\frown}{\mathrm{AA'}}=6\pi$となる。半径が6cmの円の周の長さは，$2\pi\times6=12\pi$だから，おうぎ形PAA′は半径が6cmの円の$\frac{6\pi}{12\pi}=\frac{1}{2}$である。よって，おうぎ形PAA′の面積は，$\pi\times6^2\times\frac{1}{2}=18\pi$である。また，円Oの半径は$\frac{1}{2}\times6=3$だから，円Oの面積は，$\pi\times3^2=9\pi$である。以上より，円錐の表面積は，〔おうぎ形PAA′〕＋〔円O〕$=18\pi+9\pi=27\pi$ (cm²)である。

図3

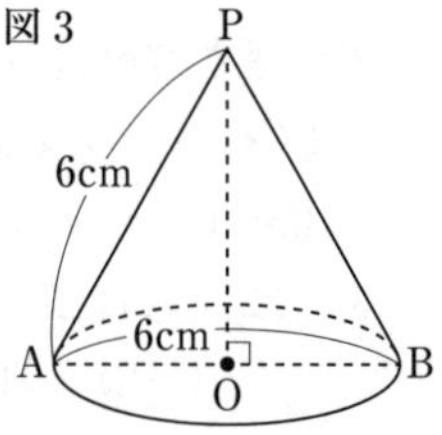

図4

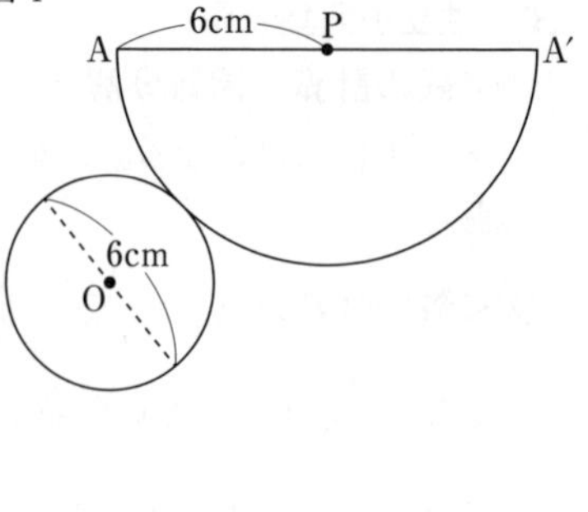

4 〔関数―関数$y=ax^2$と一次関数のグラフ〕

≪基本方針の決定≫(3)　点Pの x 座標を文字で表し，PQ，QRの長さをその文字を使って表す。

(1)<**比例定数**>右図で，点Aは直線 $y=x+4$ 上にあり，x 座標が -2 なので，$y=-2+4=2$ より，$A(-2,\ 2)$ となる。点Aは放物線 $y=ax^2$ 上の点でもあるから，$x=-2$，$y=2$ を代入して，$2=a\times(-2)^2$ より，$a=\frac{1}{2}$ となる。

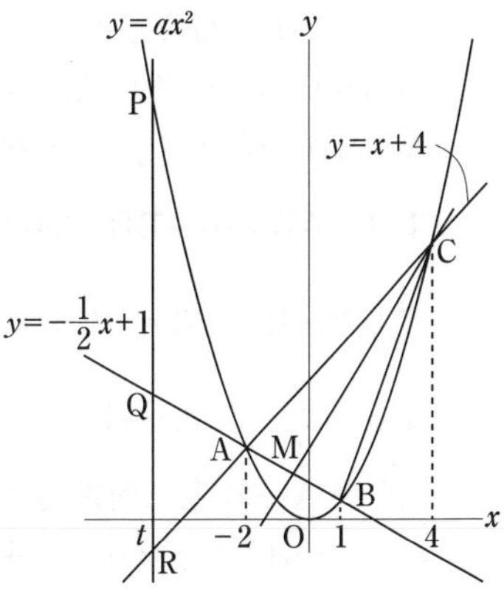

(2)<**直線の式**>右図で，点Cを通り△ABCの面積を2等分する直線と線分ABの交点をMとすると，△ACM＝△BCMだから，AM＝BMである。よって，点Mは線分ABの中点となる。点Bは直線 $y=-\frac{1}{2}x+1$ 上にあり，x 座標が1なので，$y=-\frac{1}{2}\times1+1=\frac{1}{2}$ より，$B\left(1,\ \frac{1}{2}\right)$ となる。(1)より，$A(-2,\ 2)$ なので，点Mの x 座標は $\frac{-2+1}{2}=-\frac{1}{2}$，$y$ 座標は $\left(2+\frac{1}{2}\right)\div2=\frac{5}{4}$ となり，$M\left(-\frac{1}{2},\ \frac{5}{4}\right)$ である。また，点Cは直線 $y=x+4$ 上にあり，x 座標が4なので，$y=4+4=8$ より，$C(4,\ 8)$ となる。2点C，Mの座標より，直線CMの傾きは $\left(8-\frac{5}{4}\right)\div\left\{4-\left(-\frac{1}{2}\right)\right\}=\frac{3}{2}$ であり，その式は $y=\frac{3}{2}x+b$ とおける。点Cを通るから，$x=4$，$y=8$ を代入して，$8=\frac{3}{2}\times4+b$，$b=2$ となり，求める直線の式は $y=\frac{3}{2}x+2$ である。

(3)<**座標**>右上図で，点Pの x 座標を $t(t<-2)$ とすると，(1)より点Pは放物線 $y=\frac{1}{2}x^2$ 上にあるので，$P\left(t,\ \frac{1}{2}t^2\right)$ と表せる。2点Q，Rは，点Pを通り y 軸に平行な直線上にあるので，2点Q，Rの x 座標も t である。点Qは直線 $y=-\frac{1}{2}x+1$ 上，点Rは直線 $y=x+4$ 上にあるから，$Q\left(t,\ -\frac{1}{2}t+1\right)$，$R(t,\ t+4)$ と表せる。よって，$PQ=\frac{1}{2}t^2-\left(-\frac{1}{2}t+1\right)=\frac{1}{2}t^2+\frac{1}{2}t-1$，$QR=\left(-\frac{1}{2}t+1\right)-(t+4)=-\frac{3}{2}t-3$ となる。PQ＝2QRより，$\frac{1}{2}t^2+\frac{1}{2}t-1=2\left(-\frac{3}{2}t-3\right)$ が成り立つ。これより，$t^2+7t+10=0$，$(t+2)(t+5)=0$ となり，$t=-2$，-5 となる。$t<-2$ だから，$t=-5$ であり，$\frac{1}{2}t^2=\frac{1}{2}\times(-5)^2=\frac{25}{2}$ となるから，$P\left(-5,\ \frac{25}{2}\right)$ である。

5〔**空間図形—立方体**〕

(1)<**長さ—三平方の定理**>右図で，FP：PG＝2：1より，$PG=\frac{1}{2+1}FG=\frac{1}{3}\times12=4$ となり，DQ：QH＝3：1より，$QH=\frac{1}{3+1}DH=\frac{1}{4}\times12=3$ となる。2点Q，Gを結ぶと，∠QHG＝90°だから，△QGHで三平方の定理より，$QG^2=QH^2+GH^2=3^2+12^2=153$ である。よって，∠PGQ＝90°だから，△PGQで三平方の定理より，$PQ=\sqrt{PG^2+QG^2}=\sqrt{4^2+153}=\sqrt{169}=13$ となる。

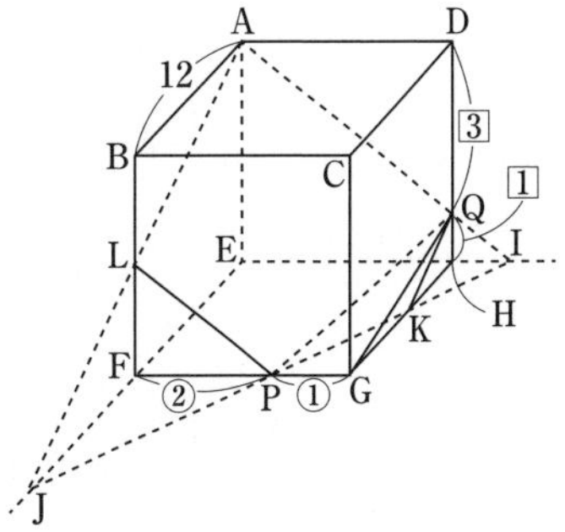

(2)<**切り口，体積**>①右図で，2点A，Qを通る直線と辺EHの延長との交点をI，2点I，Pを通る直線と辺EFの延長との交点をJとすると，3点A，P，Qを

通る平面は，点Ｉ，点Ｊを通る。よって，IJと辺GHの交点をK，AJと辺BFの交点をLとすると，３点A，P，Qを通る平面は，辺GHと点Kで交わり，辺BFと点Lで交わるので，この平面による切り口は，五角形ALPKQとなる。　②前ページの図で，点Eを含む立体の体積は，三角錐A-EJIの体積から，三角錐Q-HKI，三角錐L-FJPの体積をひいて求められる。$\triangle AQD \backsim \triangle IQH$より，AD：IH＝DQ：QH＝3：1だから，$IH=\frac{1}{3}AD=\frac{1}{3}\times 12=4$となる。また，$\triangle HKI \backsim \triangle GKP$であり，IH＝PG＝4だから，$\triangle HKI \equiv \triangle GKP$となる。これより，$HK=GK=\frac{1}{2}GH=\frac{1}{2}\times 12=6$となる。よって，三角錐Q-HKIの体積は，$\frac{1}{3}\times \triangle HKI\times QH=\frac{1}{3}\times\left(\frac{1}{2}\times 4\times 6\right)\times 3=12$である。次に，三角錐A-EJIと三角錐Q-HKIは相似であり，相似比はAE：QH＝12：3＝4：1だから，体積比は$4^3:1^3=64:1$となり，三角錐A-EJIの体積は，64〔三角錐Q-HKI〕＝64×12＝768となる。さらに，三角錐A-EJIと三角錐L-FJPも相似であり，EI＝EH＋IH＝12＋4＝16，FP＝FG－PG＝12－4＝8より，相似比はEI：FP＝16：8＝2：1だから，体積比は$2^3:1^3=8:1$である。したがって，三角錐L-FJPの体積は，$\frac{1}{8}$〔三角錐A-EJI〕＝$\frac{1}{8}\times 768=96$となる。以上より，求める立体の体積は，〔三角錐A-EJI〕－〔三角錐Q-HKI〕－〔三角錐L-FJP〕＝768－12－96＝660である。

＝読者へのメッセージ＝

5では，立方体の切り口が五角形になりました。立方体を１つの平面で切断したとき，切り口は，三角形，四角形，六角形になることもありますが，七角形以上になることはありません。その理由はわかりますか。立方体の面の数は６個ですね。理由はわかりましたか。

国語解答

一 問１　音そのものに意味がある

問２　A…イ　B…オ　C…ア　D…ウ

問３　ア　　問４　エ

問５　図Ⅲ…イ　図Ⅳ…ウ　図Ⅴ…ア

問６　濁音の発音の仕方は物理的な事柄であり，使用する言語に関わらないから。（34字）

問７　ウ

問８　a　明確　b　果　c　心境　d　ともな　e　ごい

二 問１　小父さんの家のメジロがとてもすばらしい鳴き方をしているということ。（33字）

問２　エ

問３　a…イ　b…ア　c…エ

問４　ウ　　問５　イ

問６　このメジロは，鳴き合わせ会で優勝するかもしれないという思い。（30字）

問７　エ　　問８　ア　　問９　ウ

一〔**説明文の読解―芸術・文学・言語学的分野―言語**〕出典；川原繁人『音とことばのふしぎな世界』。

≪本文の概要≫現代言語学では，音自体には意味がないということが人間言語の原則の一つとされてきた。しかし，音そのものに意味があるのではないかと思われる現象が実際には多く見られる。音から意味の連想が直接起きる現象を「音象徴」と呼ぶ。[a]が大きくて[i]は小さいという音象徴は，さまざまな言語の話者の感覚の中に存在する。日本語の「拗音」も[i]と非常に近い音であり，オノマトペに「拗音」が入ると，小さいというイメージが付与される。[a]を発音するとき私たちの顎は大きく開くが，[i]を発音するときは小さくしか開かない。発語の時の顎の動きが，その音のイメージにつながっている可能性があると考えられるのである。「ゴジラ」や「ガンダム」という名前は，大きくて力強いというイメージがある。濁点は大きいという音象徴パターンがあるのである。音声学的な説明をすると，私たちが濁音を発音するときには，口の中が実際に広がる。発音するときの物理的・身体的な口腔の膨張によって，音のイメージがつくられているとすると，他言語話者も濁音に対して大きいというイメージを持っていることの説明がつくのである。

問１＜**文章内容**＞現代言語学では，「音自体には意味がない」ということが人間言語の原則であるとされてきたが，「ゴジラ」に濁点がなかったらイメージがガラッと変わってしまうというように，「音そのものに意味があるのではないかと思われる現象が，実際には多く」見られるのである。

問２＜**接続語**＞A．英語話者のみならず，日本人，韓国人，中国人でも「『[a]が大きくて[i]が小さい』という感覚」をもっており，要するに，さまざまな言語の話者の感覚の中に「[a]が大きくて[i]が小さい」という音象徴が存在しているのである。　B．[i]の発音は「小さい，可愛い」という音象徴を持っているが，同様に，日本語の「拗音」も，小さいというイメージが付与されることが多い。　C．「拗音」は小さいというイメージを付与されることが多く，例を挙げると，「ぴょこぴょこ」は小さいものが動く様子，「ちょこちょこ」は少しずつ，という意味になるのである。　D．音から意味の連想が直接起きる現象を音象徴といい，さまざまな音象徴のパターンを，実例を挙げてみてきたが，それならば，なぜ音象徴パターンが見られるのだろうか。

問３＜**文章内容**＞「ゴジラ」という名前は，「ゴリラ」と「クジラ」からつけられたものである。「ゴリラ」と「クジラ」から名前の一部を取るという根本法則があるのなら，怪獣の名前は「クリラ」でもよかったはずである。

問４＜文章内容＞音象徴パターンが見られるのは，発音のときの顎の動き，またはそれに伴う口の動きが，音のイメージそのものにつながっている可能性があるからだと考えられる。「[a]が大きくて[i]が小さい」という音象徴が存在するのは，[a]を発音するとき，私たちの顎が大きく開き，[i]を発音するとき，顎は小さくしか開かないことと，関係があると考えられる。また，私たちが濁音を発音するときは，口腔が広がるので，濁音が大きくて強そうなイメージを持つと考えられるのである。

問５＜文章内容＞図Ⅲ．[g]を発音するときは，空気の流れが舌で止められ，口腔が閉じた状態になる。その閉じた空間に，さらに声帯下空間から，空気が流れ込もうとするのである。　図Ⅳ．閉じた状態の口腔に空気が流れ込むと，口腔内の気圧が上がり，声帯下空間から空気を送ることが難しくなる。　図Ⅴ．声帯下空間から空気を送ることが難しくなると，話者は，喉頭を下げたり口腔の上の壁を持ち上げたりして，口腔を広げるのである。

問６＜文章内容＞音声学的な説明によると，私たちが濁音を発音するときには，口の中が実際に広がる。発音するときの物理的・身体的な口腔の膨張によって，「濁音＝大きい」というイメージがつくられているのだとすれば，使用する言語の種類にかかわらず，音のイメージは同様になるはずである。

問７＜表現＞「ゴジラ」や「ガンダム」という名前に表れるイメージや，オノマトペ，筆者の学生時代の体験などを挙げたうえで，音象徴のパターンが口腔や顎の物理的な動きによって生まれている可能性について，わかりやすく説明している。

問８＜漢字＞ａ．「明確」は，はっきりしていて確かなこと。　ｂ．音読みは「結果」などの「カ」。　ｃ．「心境」は，心の状態のこと。　ｄ．音読みは「同伴」などの「ハン」。または「伴奏」などの「バン」。　ｅ．「語彙」は，ある言語体系などで用いられる語の全体のこと。

二　〔小説の読解〕出典；小川洋子『ことり』。

問１＜文章内容＞小父さんは，怪我をしたメジロを世話していたのだが，そのメジロが美声で節回しも素晴らしくさえずっているのを，男は聞きつけて声をかけてきたのである。

問２＜文章内容＞男は，何の挨拶もなくいきなり姿を見せ，ずんずんと庭を横ぎってきた。小父さんに「どちら様でしょう」ときかれても名乗りもせず，男は無遠慮に鳥籠をのぞきこんだのである。

問３＜語句＞ａ．「くたびれる」は，ここでは，長く使ったため，古ぼけてみすぼらしくなる，という意味。男が着ていた灰色の作業着は，油染みで汚れて古ぼけていて，みすぼらしかったのである。　ｂ．「文句」は，ここでは，歌詞や文章中の文言のこと。メジロの歌は，まるで歌詞があるようで，節回しも微妙に変化しているように聞こえたのである。　ｃ．「野暮」は，人の心の微細な動きに通じないこと。無粋であること。男は，メジロを飼っていると言った。小父さんが野鳥は飼ってはいけないはずだと指摘すると，男は，融通の利かない厳しいことを言う必要はないと答えたのである。

問４＜文章内容＞男は，二十五年間，五百羽以上のメジロを飼い続けていると言った。すばらしい声のメジロがいるのであれば，他にも多くのメジロが飼育されているはずだと，男は思っていたのである。

問5＜表現技法＞「まるで」「あたかも」「たとえば」「～ようだ」などの語を用いて，一つの事物を他の事物に直接たとえる修辞法を「直喩」という。「擬人法」は，人間以外のものの様子を，人間にたとえて表現する修辞法。「隠喩」は，「～ようだ」「～ごとし」などの語を用いずに，一つの事物を他の事物に直接たとえる修辞法。「漸層法」は，語句を重ねて用いることで表現を盛り上げていき，結論を強調する修辞法。

問6＜文章内容＞すばらしい鳴き声のメジロを，「もっともっといい声に仕上げ」て，「鳴き合わせ会でチャンピオンになれる」ように育てたい，というのが男の本心だったのである。

問7＜文章内容＞男は，「単調で細切れな歌しかうたえない，しかも声のよくないメジロ」はいくらでもいると言った。鳴き合わせ会でチャンピオンになれるような才能のあるメジロがすばらしいのであって，それ以外のメジロに男は興味がなかったのである。しかし小父さんは，才能の有無ではなく，どんなメジロでもさえずりを楽しんでいると考え，「上手いか下手かなんて」考えたこともなかったのである。

問8＜心情＞突然やってきた男の前で，元気いっぱいなメジロは，何の心配もなさそうに楽し気に歌を歌った。男にとってのメジロは，明確に優劣のある，自分の欲望を満足させるための道具であるように小父さんには思われて，小父さんは，愛想よく一生懸命さえずるメジロが心配になっていたのである。

問9＜文章内容＞小父さんは，けがをしたメジロを保護し，もうすぐ外へ放すことができるまでに回復させた。小父さんは，メジロとの生活を楽しんでいたのである。ところが突然現れた男は，このメジロが鳴き合わせ会でチャンピオンになれる才能を持っていると言い，「俺に任せてもらえれば，もっともっといい声に仕上げられる」とメジロの譲渡の話を持ち出した。本当の意味で鳥の歌を楽しんでいない男との会話は不本意なもので，小父さんは，男の話に巻き込まれたくなかったのである。

＝読者へのメッセージ＝

「鳥獣の保護及び管理並びに狩猟の適正化に関する法律」いわゆる「鳥獣保護法」では，学術調査や生態系の保護等の目的以外での野鳥の捕獲・飼育が規制されています。小説での「小父さん」の「野鳥なのに，飼ってもいいんですか？」という質問は，この法律をふまえているのでしょう。

2021年度 文教大学付属高等学校

【英　語】（50分）〈満点：100点〉

1　リスニングテスト

（注意）リスニングテストの問題は試験開始５分後に放送されます。放送中にメモを取っても構いません。

第　1　部

これから放送される英文を聞いて、その説明に合う英単語を書きなさい。問いはNo.1からNo.5までであり、英文は1度だけ放送されます。

【例題】　放送される英文：　It's meat from a cow.　What is it?　　【解答】　beef

No.1 ＿＿＿＿＿＿＿＿＿＿

No.2 ＿＿＿＿＿＿＿＿＿＿

No.3 ＿＿＿＿＿＿＿＿＿＿

No.4 ＿＿＿＿＿＿＿＿＿＿

No.5 ＿＿＿＿＿＿＿＿＿＿

第　２　部

これから放送される対話文に続くものとして、最も適切な英文を選択肢の中から1つずつ選び、記号で答えなさい。対話文はNo.6からNo.10まであり、それぞれ２度放送されます。

No.6 ア I don't like this.
イ Here you are.
ウ A lunch box, if you like.
エ Sure, no problem.

No.7 ア I'm fine.
イ I'm wearing white ones.
ウ That's great.
エ Black would be nice.

No.8 ア Mike is a good boy.
イ Then, have fun!
ウ Then, you can't go.
エ Don't forget to bring your homework.

No.9 ア Please help yourself.
イ Five dollars, please.
ウ Enjoy your tea.
エ Just black.

No.10 ア That's fine.　I'll call back later.
イ I'm sorry to hear that.
ウ Me, too.
エ You did a good job.

第　3　部

短期留学で日本に来た、オーストラリア人のSteveが日本での生活などについて、クラスのみんなの前で話します。Steveのスピーチを聞いて、その後の問いに対する答えとして最も適切なものを選択肢の中から１つずつ選び、記号で答えなさい。問いはNo.11からNo.15まであり、英文と問いはそれぞれ２度放送されます。

No.11 ア For a month.
イ For three months.
ウ For three weeks.
エ For a year.

No.12 ア Because he didn't like the school.
イ Because he missed his friends in Australia.
ウ Because he couldn't eat Japanese food.
エ Because he didn't have any friends.

No.13 ア Kyoto.
イ Nara.
ウ Osaka.
エ Hiroshima.

No.14 ア Building buildings.
イ Visiting Hiroshima.
ウ Talking with the taxi driver.
エ Looking at temples and shrines.

No.15 ア To study building buildings.
イ To go back to Australia.
ウ To build a building in Kyoto.
エ To study about Hiroshima.

※＜リスニングテスト放送原稿＞は英語の問題の終わりに付けてあります。

2 **次の各英文が日本語の意味を表すように、(　　　) に適切な語を書きなさい。1つの (　　　) には1語のみ入れること。**

① 多くの生徒がAIに興味を持っています。
Many students are (　　　) (　　　) AI.

② 彼が誰だか知っていますか。
Do you know who (　　　) (　　　)?

③ これらの動物はオーストラリアで見られます。
These animals (　　　) (　　　) in Australia.

④ 旗の台駅への行き方を教えていただけますか。
Could you tell me (　　　) (　　　) get to Hatanodai Station?

⑤ 私の母はとても疲れていたので、早く寝ました。
My mother was (　　　) tired (　　　) she went to bed early.

3 **次の各英文の (　　　) 内の語を、適切な形に直しなさい。ただし、1語であるとは限りません。**

① This problem is the (easy) of all.

② We (clean) our classroom when our teacher came back.

③ September is the (nine) month in a year.

④ I usually enjoy (talk) with my friends.

⑤ I want (he) to make lunch for me.

4 **日本語の意味を表すように（　　）内の語（句）を並べかえ、英文を完成させなさい。ただし、解答は（　　）内で3番目と5番目に来るものを記号で答えなさい。なお、文頭に来る語も小文字で始めています。**

① このバスには何人の生徒が乗ることが出来ますか。
（ア can　イ get　ウ how　エ many　オ on　カ students）this bus?

② もし明日雨なら、卓球をしよう。
（ア if　イ it　ウ let's　エ play　オ rains　カ table tennis）tomorrow.

③ もうコーヒーを飲みましたか。
（ア coffee　イ had　ウ have　エ yet　オ you　カ your）?

④ 私に何か温かい飲み物をください。
Please（ア drink　イ give　ウ hot　エ me　オ something　カ to）.

⑤ これはジョンが壊した窓です。
This（ア broken　イ by　ウ is　エ John　オ the　カ window）.

5 **次の対話文の下線部を英文に直しなさい。ただし数字は算用数字で構いません。**

アン先生：パソコンで何をしてるの、ジョン？
ジョン：読書感想文を書くために読む本をネットで探しているんですよ。
アン先生：ここの近所の図書館は蔵書数が多いから、実際に図書館に行った方がいいよ。
ジョン：①僕と一緒に図書館に行ってくれますか。　案内してください。
アン先生：いいわよ。どういう本がいいの？
ジョン：バスケットボールに関する本があったらいいな。
アン先生：バスケ、やってるの？
ジョン：はい。②僕は5年やっています。
アン先生：そうなんだね。

6 次の英文を読み、あとの問いに答えなさい。

In 1993, a young American boy, Danny, decided to have a small summer *adventure with his friend, Willy. This was before the Internet or smart phones. This was a long time ago.

They never went outside of their small town. They often dreamed about other places. So, they decided to build a *raft and go down the river near their houses to see another world. On the first day, they drew many pictures of the raft. They didn't have the Internet, so they had to use their *imagination.

On the second day, they tried to build the raft. They used the pictures from the day before. They worked all day long, and finally finished the raft.

The next day, they took the small raft to the river, but together they were too (①) for the raft. Willy walked in the river and Danny sat on the raft. The river wasn't deep, and it was very slow. Thirty minutes later, Willy in the river asked, "What can you see from up there? ②<u>Can I sit on the raft?</u> You can walk in the river this time."

The boys *switched and continued to go down the river. On the side of the river, many cows watched them while they were eating their grass. The sun was hot and the wind was soft.

They saw many things. They saw baby frogs swimming in the river next to their raft. They saw a big old tree. They even saw a car in the river. The boys were surprised (③) there were no roads near the river.

The boys were very excited to start their adventure, so they forgot to bring any snacks from home. They found some wild blackberries and ate them. On the side of the river, the boys could eat many berries, and talked about their lives.

Soon the boys decided they should go home before night. This time Danny sat on the raft again. Willy asked Danny to find a place to put the raft. He ④<u>agreed</u> and started to look very carefully. They found the perfect place for their raft. They put it carefully on the side of the river and decided to come back some day to continue their summer adventure.

注： adventure 冒険　raft いかだ　imagination 想像　switched 交代した

問１　少年たちが、いかだで旅をすることにしたのはなぜか。適切なものを１つ選び、記号で答えなさい。

ア　外の世界を見てみたかったから
イ　その年の夏は暑かったから
ウ　Willy が父親とけんかしたから
エ　隣の街に用事があったから

問２　少年たちは、いかだを完成させるのにどれくらいかかったか。適切なものを１つ選び、記号で答えなさい。

ア　１日
イ　２日
ウ　３日
エ　４日

問３　（　①　）に入れるのに、適切なものを１つ選び、記号で答えなさい。

ア　cold
イ　hot
ウ　light
エ　heavy

問４　下線部②について、Willyがこのように言ったと思われる理由は何か。適切なものを１つ選び、記号で答えなさい。

ア　いかだの上で眠りたかったから
イ　半日も川の中を歩いて疲れていたから
ウ　いかだから見える風景が気になったから
エ　川が深くて流れが速く、歩きづらかったから問5　少年たちが旅の中で見なかったものは何か。適切なものを1つ選び、記号で答えなさい。

ア　牛
イ　赤ん坊
ウ　木
エ　車

問6　（　③　）に入れるのに、適切なものを1つ選び、記号で答えなさい。

ア　if
イ　when
ウ　because
エ　so

問7　Dannyは何回いかだに乗ることができたか。算用数字で答えなさい。

問8　下線部④について具体的に説明した、次の文の（　ア　）・（　イ　）に当てはまる適当な日本語を、それぞれ書きなさい。

（　　　ア　　　）ための（　　　イ　　　）ことに同意した。

問9　本文の内容と一致するものとして、適切なものを2つ選び、記号で答えなさい。

ア　They found a picture of the raft on the Internet.
イ　The river was not big or dangerous.
ウ　Danny was in the river in the end.
エ　They brought some snacks from home.
オ　They got hungry and went home.
カ　They decided to keep the raft for the future.

問10　もしあなたがこの少年たちのように、夏休みに好きなところに行けるとしたら、どこに行きたいですか。その場所と、そこに行きたい理由を英語で答えなさい。

7 次の英文を読み、あとの問いに答えなさい。

Many people in the world enjoy chocolate when they are tired or hot cocoa when it's cold outside. Chocolate is delicious, and it also has an interesting history.

Chocolate comes from cocoa beans. The cocoa beans are made from the *seeds of the cocoa tree. These trees grow in *Central America. Long ago, Central Americans *ground the cocoa beans together with chili peppers and other things. Then they mixed everything with hot water to make a drink called *chocolatl*. *Chocolatl* means "bitter water," so it was not (①). It was also spicy. The Central American people believed *chocolatl* was a gift from their god and made them strong. The drink was an important part of their culture.

In the 1500s, Spanish *explorers visited Central America and brought cocoa seeds back to Spain. One explorer, Hernando Cortez, didn't like the taste of *chocolatl*. It was too spicy for him, so he made it sweet with sugar and honey *instead of chili peppers. People in Europe liked the (①) drink made by Cortez. At first it was very expensive, so only rich people could drink it. But more and more chocolate was made and sold. By 1730, ②most people could buy a cup of chocolate, but it was still only a drink.

In 1828, ③the chocolate press was invented and greatly changed the history of chocolate. The chocolate press could *squeeze cocoa butter from cocoa beans and introduced fine cocoa powder to Europe for the first time. By using fine cocoa powder, the first chocolate candy bar was made in 1847. After that, chocolate bars became one of the most popular sweets in the world.

Now we have various kinds of chocolate. As you know, we have milk chocolate, dark chocolate, and white chocolate. In 2017, a new kind of chocolate, ruby chocolate, was released to the public. Ruby chocolate is made from ruby cocoa beans and its color is beautiful pink without coloring. Soon after it came out, ruby chocolate became popular in many countries and is called "④the fourth chocolate". Many products using ruby chocolate were invented here in Japan, too. Some people say that the taste of ruby chocolate is "sweet but sour".

In 2017, each person in Japan ate about 2 kilograms of chocolate. Do you think it's a lot or a little? In Switzerland, each person ate about 10 kilograms! And German people ate more than people in Switzerland that year! People in Germany ate more chocolate than people in any other country. How much chocolate do you eat?

注：　seed(s) 種　　Central America 中央アメリカ
　　　ground ～をすりつぶした（grind「～をすりつぶす」の過去形）
　　　explorer(s) 探検者　　instead of ～の代わりに　　squeeze ～を絞る

問1　本文中に2カ所ある（　①　）に共通して入る語を、本文から抜き出して1語で答えなさい。

問2　下線部②のようになったのはなぜだと考えられるか。適切なものを１つ選び、記号で答えなさい。

ア　改良されておいしくなったから
イ　値段がとても高くなったから
ウ　大量生産されるようになったから
エ　多くの人々に知られるようになったから

問3　下線部③は何をするためのものか。適切なものを１つ選び、記号で答えなさい。

ア　カカオの木から種を収穫する
イ　カカオ豆をすりつぶす
ウ　カカオパウダーを抽出する
エ　カカオバターからカカオ豆をつくる

問4　ruby chocolateが下線部④のように呼ばれているのはなぜか。日本語で簡潔に説明しなさい。

問5　最終段落で挙げられている国のチョコレートの消費量を多い順に並べるとどのようになるか。適切なものを１つ選び、記号で答えなさい。

ア　日本　—　スイス　—　ドイツ
イ　日本　—　ドイツ　—　スイス
ウ　スイス　—　日本　—　ドイツ
エ　スイス　—　ドイツ　—　日本
オ　ドイツ　—　スイス　—　日本
カ　ドイツ　—　日本　—　スイス

問6　次の質問（a），（b）の答えとして適切なものをそれぞれ１つ選び、記号で答えなさい。

（a） Why did Hernando Cortez change the taste of *chocolatl*?

ア He thought it was too sweet.
イ He thought it was too spicy.
ウ He thought it was hard to make.
エ He thought it was difficult to sell.

（b） What happened after 1847?

ア Explorers brought *chocolatl* to Europe.
イ *Chocolatl* began to be sold in Spain.
ウ Chocolate became a sweet drink.
エ Chocolate bars became popular everywhere.

問7　本文の内容と一致するものとして、適切なものを２つ選び、記号で答えなさい。

ア *Chocolatl* was first made in Central America.
イ Central Americans thought that *chocolatl* tasted very sweet.
ウ Cocoa beans were brought to Spain by Central Americans.
エ Hernando Cortez made chocolate drinks and chocolate bars.
オ The color of ruby chocolate is pink because it is colored.
カ Ruby chocolate is popular in Japan and many other countries.

問8　本文のタイトルとして、最もふさわしいものを１つ選び、記号で答えなさい。

ア The History of Chocolate
イ The Taste of Chocolate
ウ How to Make Chocolate
エ How People Enjoy Chocolate

＜リスニングテスト放送原稿＞

第1部　これから放送される英文を聞いて、その説明に合う英単語を書きなさい。問いは No.1 から No.5 まであり、英文は 1 度だけ放送されます。

No.1　It is the day after Tuesday after Thursday.　What is it?

No.2　It has two tires and one handle bar.　It doesn't need gasoline.
　　What is it?

No.3　It is a room and you can cook there.　What is it?

No.4　It is a subject and you can learn about the natural world in this class.　What is it?

No.5　It is a person.　He is your mother's brother.　Who is he?

第2部　これから放送される対話文に続くものとして、最も適切な英文を選択肢の中から 1 つずつ選び、記号で答えなさい。対話文は No.6 から No.10 まであり、それぞれ2度放送されます。

No. 6
M：Let' go on a picnic tomorrow!
F：Sounds nice.
M：What will you bring?

No. 7
M：May I help you?
F：Yes.　I'm looking for a pair of shoes.
M：What color do you want?

No. 8
M：Mom, can I go to Mike's house?
F：Sure, but after you finish your homework.
M：I've already done it!

No. 9
M：Would you like some tea, Ellen?
F：Yes, please.
M：With sugar or milk?

No. 10
M：Hello.　This is ABC Company.
F：Hello.　This is Cathy speaking.　May I speak to Mr. White?
M：Sorry.　He's out right now.　Would you like to leave a message?

第3部　短期留学で日本に来た、オーストラリア人のSteveが日本での生活などについて、クラスのみんなの前で話します。Steveのスピーチを聞いて、その後の問いに対する答えとして最も適切なものを選択肢の中から1つずつ選び、記号で答えなさい。問いはNo.11からNo.15まであり、英文と問いはそれぞれ2度放送されます。

Hi.　I'm Steve.　I'm going to talk about my life here in Tokyo, and my dream.

It's been three months since I came here from Australia.　At the beginning, I was lonely because no one would talk to me.　I didn't know many Japanese words, so I couldn't speak to people either.　But after a month in Japan it changed.　I went on a school trip to Kyoto, Nara and Hiroshima with you all.　During the trip, we walked around the city of Kyoto and Nara and enjoyed sightseeing as a group by taxi.　We chatted a lot during the trip.　We had language problems at first, but we finally had a wonderful time together.　Also, I found that Hiroshima was one of the best places to visit.　Although the history of Hiroshima was terrible, the museum tells us that there is hope for the future.　I enjoyed Hiroshima the most.　I also wanted to visit Osaka and eat *takoyaki* and *okonomiyaki* there.　Next time, I'll try them.

Do you have a dream?　During the school trip, I really enjoyed lots of beautiful buildings.　Originally, I liked looking at houses and other buildings, especially old ones. *Kiyomizu-dera* and *Todai-ji* were amazing.　After going back to Australia, I'm going to study about building buildings.　Thank you.

Questions:

No.11　How long has Steve stayed in Japan?

No.12　Why did Steve feel lonely at the beginning?

No.13　Where didn't Steve visit?

No.14　What was the best memory for Steve on the school trip?

No.15　What is Steve's dream?

Listen again.

これでリスニングの問題は終わりです。

【数　学】（50分）〈満点：100点〉

1 次の計算をしなさい。

(1)　$\left(-\frac{1}{3}\right)^2\times 9-8\div(-2)^3$

(2)　$a^3\times a^5\div(-a^2)^4$

(3)　$\frac{a+2b}{3}-\frac{4a+5b}{6}$

(4)　$\sqrt{8}+\sqrt{32}-\sqrt{72}$

(5)　$(a+b+c)(a-b+c)$

2 次の方程式を解きなさい。

(1)　$5\left(0.2x-\frac{4}{5}\right)+0.2(5x-25)=0.4\times\frac{5}{2}$

(2)　$\begin{cases}5x+4y=6\\4x+5y=3\end{cases}$

(3)　$2(2x-2)^2-2=0$

3 次の各問いに答えなさい。

(1)　$x+y=5$，$xy=11$ のとき，x^2+y^2 の値を計算しなさい。

(2)　連続する3つの自然数がある。最大の数の平方は他の2つの数の和の7倍より3小さい。この3つの自然数の中で最も小さいものを答えなさい。

(3)　$\sqrt{11}$ の整数部分をa，小数部分をbとするとき，$a+\sqrt{44}b+6b$ の値を求めなさい。

(4)　大小２個のサイコロを同時に投げるとき，出た目の数の和が5の倍数になる確率を求めなさい。

(5)　Ｐ＝$1\times2\times3\times\cdots\times10$ とする。Ｐの末尾にはいくつ続けて0が並ぶか求めなさい。

(6)　下の図は，ＡＢ＝25，ＢＣ＝17，ＡＣ＝26の三角形である。三角形の面積が204のとき，三角形の3辺に接する円の半径を求めなさい。

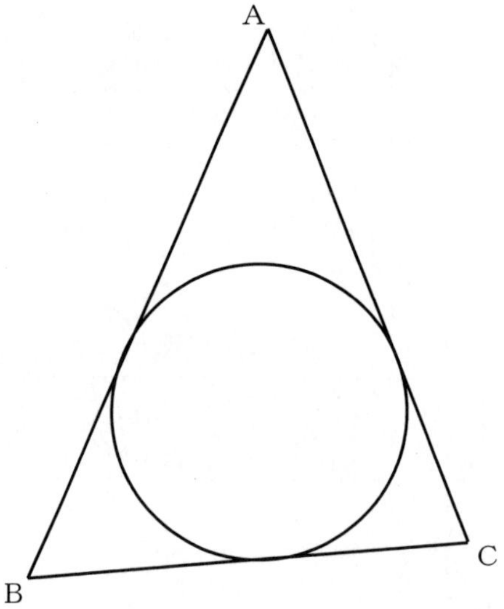

(7)　下の図は，平行四辺形ＡＢＣＤで，点Ｅは辺ＢＣを1:2に分ける点，点Ｆは辺ＤＣの中点である。辺ＡＥ，ＡＦが対角線ＢＤと交わる点をそれぞれＰ，Ｑとするとき，ＰＱ：ＢＤを求めなさい。

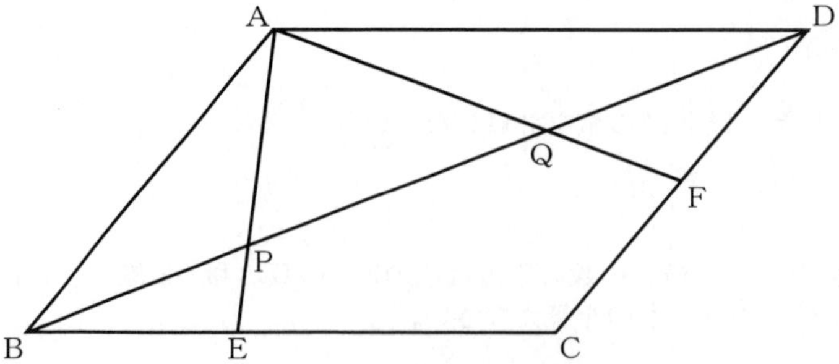

4　下の図のように，関数$y=ax^2$ $(a>0)$のグラフと，直線$y=x+12$が2点A，Bで交わっている。2点A，Bのx座標がそれぞれ-4，6であるとき，次の問いに答えなさい。

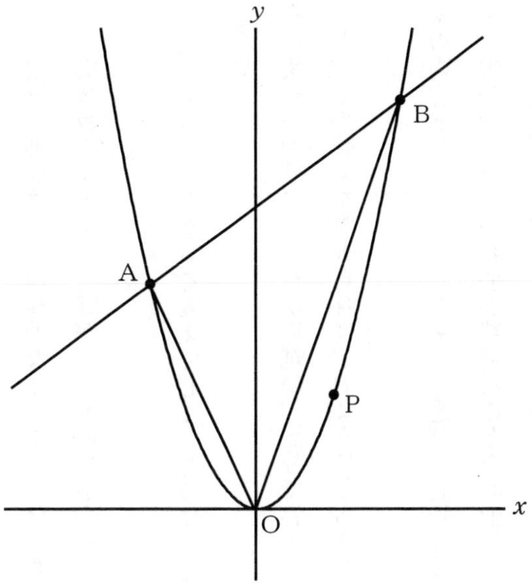

(1)　aの値を求めなさい。

(2)　点Aを通り，△ＯＡＢの面積を二等分する直線の式を求めなさい。

(3)　関数$y=ax^2$のグラフ上の点Aと点Bの間に，点Oと異なる点Pをとる。△ＰＡＢの面積が△ＯＡＢの面積と等しくなるとき，点Pの座標を求めなさい。また，どのように求めたか，その過程もかきなさい。

5　正四面体ＯＡＢＣの辺ＡＢの中点をMとする。辺ＢＣ上に，ＯＰ＋ＰＭが最小となる点Pをとる。次の問いに答えなさい。

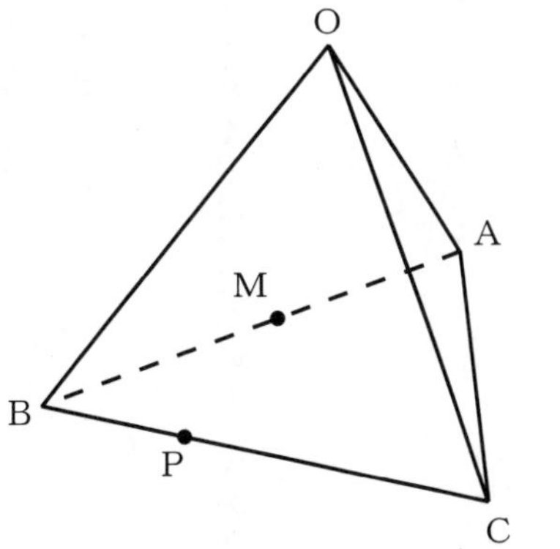

(1)　ＢＰ：ＰＣを求めなさい。

(2)　正四面体を3点O，P，Mを通る平面で切ったとき，頂点Aを含む立体の体積はもとの正四面体の体積の何倍か求めなさい。また，どのように求めたか，その過程もかきなさい。

問7　——⑤「愛媛での子供時代を通じて、雪野は周囲の誰よりも美しい少女であり、そしてその美しさは彼女をおおむね不幸にしていた」とはどういうことですか。その説明として**適切でないもの**を次から選び、記号で答えなさい。

ア　他人に出会うといつも驚いた顔をされたため、雪野は自分の顔が奇妙なんだろうかとずっと悩んでいた。
イ　雪野はたくさんの教師から心配されて声をかけられたので、それだけをたよりに学校生活を送っていた。
ウ　周囲の視線を気にしてうまく行動できないことが、かえって雪野を目立たせてしまうことになった。
エ　誰もがする失敗をしても、雪野だけは自身の容姿のせいで、同級生からの孤立を深める結果となった。

問8　——⑥「異物を排する正当な理由を得た」とはどういうことですか。その説明として最も適切なものを次から選び、記号で答えなさい。

ア　自分たちと極端に違う対象を、仲間ではないと見なして、それを態度で示してもよいということ。
イ　飛び抜けて美しい存在は、自分たちとは無縁な存在なので関わらなくてもよいということ。
ウ　雪野が仲間作りに消極的なせいで、自分たちが彼女につきあう理由がないのは仕方ないということ。
エ　実技教科が苦手な雪野が、学習の足手まといになるので、無視してもやむをえないということ。

問9　——⑦「雪野が場の空気を変えてしまいそうになると、陽菜子先生はいつも巧みにそれを抑えてくれるのだ」について、次の問いに答えなさい。

(1)　その実例をセリフⅠ～Ⅲから選び、記号で答えなさい。
(2)　また、その結果を雪野自身はどのようにとらえていますか。文中の表現を用いて六十字程度で説明しなさい。

問10　本文の内容として正しいものを一つ選び、記号で答えなさい。

ア　雪野は、自分の容姿が特別なことを心配して、陽菜子先生があれこれ気遣ってくれていることに感謝していた。
イ　陽菜子先生は、自分とは容姿が対照的な雪野に優越感を抱いていて、常に彼女を助けようと心がけていた。
ウ　雪野は自身の容姿の美しさを気にして、他の人からできるだけ目立たぬように小学校時代を過ごした。
エ　同級生たちは雪野の容姿にまだ違和感を感じてはいるが、それは少しずつだが着実に解消されつつあった。

（注）
※　憑依…霊などが乗り移ること

問1　═a～eについて、カタカナは漢字に直し、漢字は読み方をひらがなで答えなさい。

問2　――①とありますが、「朝焼け」を意味する古語を和歌中より抜き出して答えなさい。

問3　（　②　）にあてはまるものを次より一つ選び、記号で答えなさい。

ア　赤い月　　イ　黄色い三日月　　ウ　白い月　　エ　灰色の半月

問4　〰A～Dの中で、表現技法が他と異なるものを一つ選び、記号で答えなさい。

問5　――③「本当にホントにほんとうに素敵」とありますが、この部分の表現の工夫について、簡潔に説明しなさい。

問6　――④「世界と自分との間の空白にまたひとつ、カチン、という音を立てて歯車が差し込まれたような気がする」とはどういうことですか。その説明として最も適切なものを次から選び、記号で答えなさい。

ア　雪野は、自分の性格から周囲とは折り合いがつかないが、陽菜子先生とはうまくやっていけそうだと思っているということ。

イ　陽菜子先生は、雪野にピンチが訪れたらそれとなく助けるように、常に周囲に目を光らせてくれているということ。

ウ　雪野が陽菜子先生に助けられることで、雪野と先生との関係が親密になったと美術部員の生徒たちが感じているということ。

エ　陽菜子先生に助けられて、雪野と同級生たちとの人間関係が少しずつだがはっきりと良好になっているということ。

は消しゴムをかけていても給食を配膳《はいぜん》していても牛乳を飲んでいても解答を間違えても凄《すさ》まじく絵になるから、教師は皆無意識のうちに彼女に頻繁《ひんぱん》に声をかけたし、そのことが彼女をさらに周囲から孤立させた。その上、常に緊張《きんちょう》もしていたせいかあまり b キヨウでなく、体育や音楽は苦手だった。平均台さえまっすぐ歩けなかったし、カスタネットでさえ上手に叩《たた》けない。そういう他の子供であれば誰も気にしないような失敗も、雪野がすると全員の c インショウにどうしようもなく d 刻まれるのだ。そして ⑥ 異物を排する正当な理由を得たとでもいうように、子供たちは皆堂々とひそひそと囁《ささや》くのだ。あの子、ちいとおかしいよねと。すこしでも目につかぬよう、息を潜めるようにして雪野は生きた。

　だから中学生になって初めて陽菜子先生に会った時から、雪野は彼女が羨《うらや》ましくて仕方なかった。彼女は二十代半ばの国語教師で、雪野にないものをすべて持っていた。e 鋭さとは無縁のふくよかな優しい顔も、思わず抱きつきたくなるような柔らかく丸みを帯びた体つきも、誰のことも緊張させない穏《おだ》やかな物腰も。小川先生ではなく皆が自然に陽菜子先生と呼んでしまう、その素朴《そぼく》で親密な存在感も。

先生は世界とぴったりくっついている、と雪野は思った。自分の容姿は私を世界から遠ざけるけれど、陽菜子先生の丸い顔は世界の祝福そのもの。先生のような姿に生まれたかったと何度も願った。朝起きると陽菜子先生の姿になっている自分を、ばからしいくらいの真剣さで夜な夜な雪野は想像した。

　そして驚くべきことに、陽菜子先生は自分の非現実ささえもごく自然に薄めてくれるらしいことに、雪野はやがて気づく。⑦ 雪野が場の空気を変えてしまいそうになると、陽菜子先生はいつも巧みにそれを抑えてくれるのだ。意識してか無意識か、とにかく雪野に視線が集まりそうになるとまるでそっとたしなめるみたいに自然に言葉を差し込んで、皆の関心を逸《そ》らしてくれる。さらにそのことによって、クラスメイトたちも徐々に雪野の特別さへの接し方を学んでいってくれているようですらあった。

　陽菜子先生が担任だったら、と雪野は三年間願い続けそれは結局叶《かな》わなかったが、そのかわりに彼女が顧問《こもん》を務める美術部に入り、そこでの時間は大袈裟《おおげさ》ではなく雪野にとって救いとなった。ほとんど初めて、学校という場所が苦痛ではなくなった。不格好《ぶかっこう》なジャンパースカートの制服に包まれた垢抜《あかぬ》けない女子生徒たちの中で一人、それさえもまるで特別にあつらえたかのように着こなしてしまう雪野ではあったが、しかし同じ年齢の友人たちと話す喜びをその場所で初めて知ったのだった。そしてそのすべてが陽菜子先生のおかげだった。

（新海誠『言の葉の庭』）

身に鳥肌が立った。私が見たのと同じ風景！

放課後の美術室でそのことを陽菜子先生に話すと、彼女は少女のような声をあげてはしゃいでくれた。

Ⅱ「えええ、ウソ！　それってすごい、人麻呂《ひとまろ》が私たちに同時に※憑依《ひょうい》したんかもねえ！」

「げー、オカルト」と美術部の男子生徒。「陽菜子先生がアブないのは知っとったけど、ゆきのんもそっち系？」とからかうように女子生徒。

「違う違う、びっくりしたってだけの話よお」と思わず唇《くちびる》を尖《とが》らせて雪野は言う。雪野の表情にその場の全員が見とれ、一瞬後に敵意のような気配がかすかに立ち上がる。ああ、また、と雪野が絶望的に思ったその直後に、陽菜子先生の教師らしく整えた声が差し込まれる。

Ⅲ「千年たっても人間の心は変わらんわいねえ。古典って素敵じゃろ？」

まあそうかも、とか、でもちょっと難しいわい、とか生徒たちは答え、陽菜子先生はふふふ、と優しく笑う。Dその場は和やかに回る。窓からの低い夕日が、陽菜子先生のふっくらとした輪郭《りんかく》と、制服姿の生徒たちの姿を絵画のように浮き上がらせている。ホッとする心持ちで、その通りだと雪野は思う。また私を助けてくれた上に、そんなふうに言える陽菜子先生は③本当にホントにほんとうに素敵。④世界と自分との間の空白にまたひとつ、カチン、という音を立てて歯車が差し込まれたような気がする。陽菜子先生のおかげで、私はすごく救われている。

⑤愛媛での子供時代を通じて、雪野は周囲の誰よりも美しい少女であり、そしてその美しさは彼女をおおむね不幸にしていた。

非現実的なくらい、異様なくらい、雪野は美しかった。山と海と田んぼと貯水池《ちょすいち》とみかん畑に囲まれた小さな町の中で、どこにいても彼女は嫌というほど目についた。誰かとすれ違うたびに皆がaレイガイなく驚いた顔で雪野を見つめ、そのたびに雪野の心は傷ついた。自分はそんなに奇妙な顔をしているのだろうかと、幼い彼女は真剣に悩んだ。

過疎《かそ》化の進む小学校の中で、雪野の苦悩はなおさら深刻だった。頭はクラスメイトと並ぶと不自然なほど小さく華奢《きゃしゃ》で、手足は折れそうに細く長く白く、顔は作りものめいた精巧さで、二重《ふたえ》の誰よりも大きな瞳《ひとみ》は黒く神秘的に濡《ぬ》れていて、思慮深い長い睫毛《まつげ》には鉛筆だって乗りそうだった。おどおどと怯《おび》えたような態度は、幼さとは釣り合わぬ異様な色気となって逆に雪野を目立たせた。灰色の海原《うなばら》に浮かぶ真っ白な帆船《はんせん》みたいに、誰の目にも明らかな眩《まぶ》しい光のようなものを――彼女自身はちっとも望まなかったにもかかわらず、雪野は放っていた。

雪野がいると、とにかくその場の空気が変わるのだ。男子はどことなく落ちつかなくなるし、女子たちはそのせいで機嫌が悪くなる。雪野問7　筆者の主張として正しいものを二つ選び、記号で答えなさい。

ア「わかる」とは、客観的な事実ではなく、その人が納得したと感じるか否かである。

イ　自分が不利な状況にあるときは、自分以外の人間が有利になっているときである。

ウ「わからない」状態は、精神的に負荷《ふか》がかかるので、ストーリーを活用するとよい。

エ　人間は、達成できたことより、達成できなかったことに気を取られてしまう動物である。

オ　否定的な認識を克服《こくふく》するためには、よいストーリーを作って信じることが必要である。

二　次の文章を読んで、後の問いに答えなさい。

それは雪野が中学生の時、古典の授業中の出来事だった。

和歌の紹介として、万葉、古今、新古今からそれぞれ一首ずつが教科書に載っていた。そのうちの万葉の一首が、理由も分からぬまま十三歳の A雪野の目を吸い寄せた。

ひむがしの　野にかげろひの立つ見えて　かへり見すれば　月かたぶきぬ

歌の意味を考えるより先に B教科書の黒い活字が溶けて、草原のかなたに紫色の ①朝焼けが浮かんだ。その風景の中でくるりと反対を向くと、群青《ぐんじょう》の空の山際に、描き足したような（　②　）がぽつんとかかっている。文字からこんなにくっきりと情景が浮かぶなんて雪野には初めての経験で、いったいなにごと！と呆然《ぼうぜん》としていると、

Ⅰ「それはきっと、こんな眺めやったんかもしれんね」

と優しい声で陽菜子《ひなこ》先生がそう言って、チョークを手に黒板に楽しそうに絵を描き始めた。馬に乗った男の小さなシルエット。それを取り囲むようにして、ピンク、黄色、水色、青を重ねたグラデーションの空。最後に白のチョークで小さな月を描き足す。ぞくり、と C雪野の全

（2）本文の状況における「自分はいつもうまくいかない」という捉え方は、何をどのように考えた結果の捉え方だと考えられますか。次の（A）～（D）にあてはまる語をあとの選択肢《し》から選び、記号で答えなさい。

不本意な結果という個別例が重なったことについて、いつもうまくいかないだろうという（　A　）にいったん（　B　）したものを、だからこれからもうまくいかないだろうという（　C　）に（　D　）して考えた結果の捉え方だといえる。

ア　帰納　イ　演繹　ウ　一般論　エ　条件　オ　新たな個別例

問5　――③「あなたが不本意な状況にあるのは、お墓を掃除していないからだ」という説明に納得してしまう人がいるのは、なぜですか。五十字程度で答えなさい。

問6　Cの詩について、「すでに日常の階段をふみはずしている」とは、どういうことですか。最も適切なものを選び、記号で答えなさい。

ア　階段を踏《ふ》み外すことは、著しく注意が欠けていることの表れなのに、他の理由を見出そうとしている時点で異常な状態になっているということ。

イ　階段を踏み外すのは、明らかに不吉な前兆であるのに、それを認めようとせず理由を考えている時点で異常な状態になっているということ。

ウ　階段を踏み外すこととそれを問うこととは、異なることであるのに、共通の理由を探している時点で異常な状態になっているということ。

エ　階段を踏み外すことに、特別な理由などないのに、そこに理由を見出そうとしている時点ですでに異常な状態になっているということ。

（注）
※1　蓋然的…確からしさ。可能性の高いこと。
※2　自然の斉一性…自然界で起きるできごとは、何らかの秩序《ちつじょ》があり、同じような条件のもとでは、同じ現象がくりかえされるはずだという仮定。
※3　「本章第1節で…」…筆者は、前の部分でこのように述べている。

問1　══a～eのカタカナは漢字に直し、漢字は読み方をひらがなで答えなさい。

問2　――①「こういう態度」とは、どのような態度のことですか。五十字程度で答えなさい。

問3　――②「『間違い』」にカギかっこがついている理由として最も適切なものを次から選び、記号で答えなさい。
ア　将来的に望ましい結果につながるという特殊《とくしゅ》な意味での「間違い」だから。
イ　起きた出来事に対する認識の仕方という限定的な意味での「間違い」だから。
ウ　失敗のない人生はないという教訓を強調する意味での「間違い」だから。
エ　あらゆる物事を後ろ向きに捉《とら》えるのは道徳的な意味での「間違い」だから。

問4　～～A「帰納」、～～B「演繹」について、
(1)　本文の定義をふまえ、次の例のうち、「帰納」にあたるものはA、「演繹」にあたるものはBをつけなさい。
ア　りんごの実は下に落ちる。木の葉も下に落ちる。物体は下に落ちる。
イ　海の水は塩辛い。湘南の海の水も塩辛い。ハワイの海の水も塩辛い。
ウ　動物には、オスとメスがいる。猫にはオスとメスがいる。魚にもオスとメスがいる。
エ　雷は光が見えた後に音が聞こえる。花火も光の後に音が聞こえる。光は音より速く届く。

ネガティヴ情報の入力刺戟《しげき》はポジティヴ情報の入力刺戟よりも強く作動するといいます。宝くじで下二桁《しもふたけた》を当てて五等賞金三〇〇〇円もらったとしても、同じ日に一〇〇〇円落としたら、落とした一〇〇〇円のことをくよくよ考えてしまうかもしれません。

ネガティヴィティバイアスは現代の心理学の概念《がいねん》ですが、他の分野においても似たことは言われます。ノーベル経済学賞を受賞した行動経済学者ダニエル・カーネマンによれば、人間は利益から得る満足よりも、同額の損失から受ける苦痛のほうを大きく感じるということです。

哲学者には、このあたりの問題を経験的に報告している人もいます。一七世紀オランダの哲学者スピノザの『エティカ』第五部定理一〇注解では、つぎのようなことが書いてあります。

〈名誉の濫用《らんよう》、そのむなしさ、人間の移り気、〔……〕このようなことは不健康な心の持ち主のみが考えるのである。なぜなら野心家は、自分のもとめる名誉の獲得に絶望するとき、このような考えによってもっとも多く自分を傷つけ、怒りを発しながら自分を賢く見せたがるからである〉（工藤喜作＋斎藤博《さいとうひろし》訳、中公クラシックス）

ある種の人が挫折《ざせつ》すると人間のダメな部分をあげつらって〈怒りを発しながら自分を賢く見せたがる〉とは、どういうことでしょうか?

「渡る世間に鬼はなし」という諺《ことわざ》をもじった『渡る世間は鬼ばかり』という題のドラマがかつてありました。不本意な状況に置かれたときに、「世の中そうそう悪い人はいるものではない、人を信じよう」という人と、「人を見たら泥棒《どろぼう》と思え」という人に出会ったら、後者のほうが一見〈賢く見〉えてしまいます（見えるだけですが）。人間は、どんなナイスな状況に置かれていても、「不本意」な部分を見つけ出してしまいます。だから、後者のほうが〈賢く見〉えると感じる人のほうが多いのです。

ちなみに人間の心は逆に、ポジティヴな側面に焦点を当てる力も持っています。半世紀以上前ですが、クレイジーキャッツというグループに「どうしてこんなにもてるんだろう」（青島幸男《あおしまゆきお》作詞）という歌がありました。メンバーの植木等《うえきひとし》が映画『日本一の色男』のなかでモテモテになったときに歌うんじゃなかったかな。しかしこれはまたべつの働きで、これがあったからといってネガティヴィティバイアスとあわせてプラマイナスゼロになるという性質のものではありません。

多くのばあいには人間は、「どうして『あいつはあんなにもてる』んだろう」→「どうして『自分はこんなにもてない』んだろう」と問いたがるらしいのです。

（千野帽子『人はなぜ物語を求めるのか』）

「はじめに」で僕は、人間は〈ストーリーを使って自分を救ったり、苦しめたりすることがある〉と書きました。

では前記の「自分が不本意な状況にあるのは、特定の人たちに有利なふうに世の中がセッケイされているからだ」のような麻薬的な説明で「わかった」感を得ることは、自分を救うことになるのでしょうか？　それとも、自分を苦しめていることになるのでしょうか？　あなたはどう思いますか？

「自分が不愉快な状況にあるのは、××だからだ」というストーリー的な説明が起こるのは、人間が、「なぜ自分は不本意な状況にあるのか？」と問うて、その問に答えようとするからです。

電車の乗換情報を調べるためにスマートフォンを使おうとして、どこにもつながらないとき、僕は、「なぜ？」＝「なぜ自分は不本意な状況にあるのか？」と問い、自分が電波の圏外《けんがい》にいることがわかると、原因がわかって納得します。

いっぽう、思ったとおりにスマートフォンが機能して、無事に目的を達成したばあい、

「なぜ自分は思いどおりに目的を達成できたのか？」

とは問いません。高橋喜久晴《きくはる》の詩集『日常』（一九七三）に収録された同題の詩は、つぎのように始まります。

C

馴《な》れた階段をふみはずす
何故《なぜ》？
何故
と問うときには
すでに日常の階段をふみはずしている

「自分の都合どおりに運ぶこと」は、好もしいことですよね。その反対で、「不本意なこと」は、厭《いや》なことです。だれしも「不本意なこと」は嫌いです。人間だけでなく、動物もそれは同じです。

人間を含む動物は、ラッキーなことよりアンラッキーなことを強く記憶に刻みますし、チャンスを期待する以上にリスクを恐れて生きています。つまり僕らは、よくないことに注意が偏《かたよ》る生き物だということです。この傾向を「ネガティヴィティバイアス」と言います。

毎朝太陽が昇《のぼ》ることを疑う人はあまりいませんよね。そこを疑うと時刻表も時間割も組めない。人は、太陽は毎日昇るという一般論を演繹して生きています。でもほんとは太陽が毎日昇る保証はない、だから明日昇る保証もない、という内容のことをヒュームは言いました。

ヒュームに言わせると、人は、これまで二四時間間隔で昇ってきた（個別例の集合）から、毎日そうなんだろう（一般論）といったん帰納したものを、だから明日もそうなんだろう（新たな個別例）と演繹しているだけなのです。なんだか、知り合った個別の大阪人がたまたまふたり続けて「せっかちで納豆嫌い」だったせいで「大阪人（一般）はせっかちで納豆嫌い」という一般論を導き出してしまう東日本育ちの人、みたいな感じです。

※3 本章第1節で〈「わか（った気にな）る」ことはときに、お手軽な説明とセットであることがあるので要注意〉と書きました。

③「あなたが不本意な状況にあるのは、お墓を掃除していないからだ」

と霊能者に言われたとします。言われるがままご先祖のお墓を掃除するだけなら、それはいいことです。お墓がきれいになることそれ自体は、けっこうなことですからね。でも、c ススめられるまま、印鑑や壺《つぼ》などの高価な霊能グッズを買ってしまう人もいます。

「わからない」が続くということは、ばあいによっては苦しいことです。自分はできごとの原因や仕組を知らないと思うと、不安という不快な感情が生まれます。「ただ自分が不愉快な目に遭《あ》う。理由は不明」だと、たんに不愉快なだけでなく、解釈《かいしゃく》したくてもできない、という不安まで掻《か》き立ててしまう。

その反対に、脳の解釈機能が作り出す説明は「納得した感」という快感を与えます。「わかった」には、麻薬的な気持よさがあるのです。

繰り返しますが、「わかる」とは、知性というよりは感情の問題だからです。

自分は知っていると思うと、安心感が生まれます。たとえ、

「自分が不本意な状況にあるのは、特定の人たちに有利なふうに世の中が d セッケイされているからだ」

というような、怒りを掻き立てる説明でも、ないよりは「安心」なのです。

優遇されている特定の人たちは、要するに「敵」です。そこに自分が含まれない集団であればなんでも該当《がいとう》します。貴族、富裕な資本家、白人、ユダヤ人、先進諸国、男、女、子ども、老人、既婚《きこん》者、未婚者、子持ち、子なし、美人、イケメン、生活保護受給者、専業主婦……。

「わからない」から逃れたいと思うと、そういうストーリーにすがって狂信的な宗教に入信することもあれば、世論 e ソウサの得意な好戦的な政治家に投票することもあります。

二〇二一年度 文教大学付属高等学校

【国 語】〈五〇分〉〈満点：一〇〇点〉

《注意》解答の字数には、。「」その他の記号を含《ふく》みます。

一 次の文章を読んで、後の問いに答えなさい。

僕がなにかをしようとして、不本意な結果が何度か続いたとしましょう。

そのときに、行為の条件をチェックして、これが原因かもしれないと仮説を立てて、次回までにそこを改善してみる、また自分ではどうしようもないことであればそこについては断念する、というのであれば、僕がおこなっているのは適度な一般化であり、それは冷静な態度です。

いっぽうそこで僕は、「自分はいつもうまくいかない」と決めつけてしまう可能性もあります。あなたはどうでしょうか？

①こういう態度は、不本意な側面にだけ焦点を当てています。過度の一般化は、心理療法《りょうほう》では、精神の病理をもたらす「認知の歪《ゆが》み」のひとつに数えられています。

不本意なことに気を取られてしまうのはどうも人情らしい。ですから、だれしもこういう傾向《けいこう》は大なり小なりあるのでしょう。とくに、鬱《うつ》状態の人は、この思考パターンで自分をaシバってしまっているのだそうです。

「自分はいつもうまくいかない」

というのは、b端的に②「間違い」なのです。

人間は、個別の事例をもとに、もっと広範囲の現象に※1蓋然的《がいぜんてき》にあてはまる傾向や法則を導き出すことができます。これをA帰納《きのう》と言います。

逆に、一般論的な傾向・法則をべつの個物に適用することを、B演繹《えんえき》と言います。

〈帰納法の問題とは要するに※2自然の斉一性《せいいつせい》を信じることに根拠があるのかという問題です〉（ジュリアン・バッジーニ＋ピーター・フォスル『哲学の道具箱』長滝《ながたき》祥《しょう》司《じ》＋廣瀬《ひろせ》覚《さとる》訳、共立出版）。個人は世界や歴史の全体を体験できませんが、自分が知っている知識は他の時間・空間にも応用できる、と思うことで、人間はあやふやながらも、どうにかやってきました。だから帰納はとても役立つ思考です。

2021年度／文教大学付属高等学校

英語解答

1 No.1 Wednesday
No.2 bicycle〔bike〕
No.3 kitchen　No.4 science
No.5 uncle
No.6 ウ　No.7 エ　No.8 イ
No.9 エ　No.10 ア
No.11 イ　No.12 エ　No.13 ウ
No.14 イ　No.15 ア

2 ① interested in　② he is
③ are seen　④ how to
⑤ so, that

3 ① easiest　② were cleaning
③ ninth　④ talking　⑤ him

4 ① 3番目…カ　5番目…イ
② 3番目…カ　5番目…イ
③ 3番目…イ　5番目…ア
④ 3番目…オ　5番目…カ
⑤ 3番目…カ　5番目…イ

5 ① (例) Will〔Would/Can/Could〕 you go to the library with me ?
② (例)I have played it〔basketball〕 for five years.

6 問1 ア　問2 イ　問3 エ
問4 ウ　問5 イ　問6 ウ
問7 2
問8 ア いかだを置いておく
イ 場所を探す
問9 イ，カ
問10 (例)I want to visit Izumo Taisha in Shimane because I like Japanese history. My favorite food is soba, so I want to try Izumo soba there, too.

7 問1 sweet　問2 ウ　問3 ウ
問4 (例)ミルク，ダーク，ホワイトの3種類に続いて新しくつくられた第4のチョコレートだから。
問5 オ　問6 (a)…イ　(b)…エ
問7 ア，カ　問8 ア

1 〔放送問題〕解説省略

2 〔和文英訳─適語補充〕

①be interested in ～「～に興味を持つ」

②中に疑問文が入る場合は，‘疑問詞＋主語＋動詞...’という間接疑問の語順にする。

③「見られます」のような受け身は，‘be動詞＋過去分詞’で表す。主語が These animals という複数形で，時制は現在なので，be動詞は are になる。　see－saw－seen

④how to ～「～の仕方」

⑤‘so ～ that …’「とても～なので…」

3 〔語形変化〕

①前に the，後ろに of all「全ての中で」があるので，最上級にする。　easy－easier－easiest　「この問題は全ての中で最も簡単だ」

②when 以下は「私たちの先生が戻ってきたとき」という意味。過去の一時点で We がしていたことを表す文なので，過去進行形を使う。　「先生が戻ってきたとき，私たちは教室を掃除していた」

③ninth「9番目の」　「9月は1年の9番目の月だ」

④enjoy ～ing「～することを〔～して〕楽しむ」　「私はふだん友人たちと話して楽しむ」

⑤‘want＋人＋to ～’で「〈人〉に～してほしい」。want のような動詞の後には目的格がくる。　he－his－him　「私は彼に，私のために昼食をつくってほしい」

4 〔整序結合〕

①How many students「何人の生徒が」を主語として最初に置く。これに，can get on を続ける。get on ～「(バス・電車に)乗る」　How many students can get on this bus ?

②文末に tomorrow があるので，if it rains「もし明日雨なら」は文の後半に置く。前半は Let's play table tennis「卓球をしよう」とする。　Let's play table tennis if it rains tomorrow.

③「もう～を飲みましたか」は，'完了' を表す現在完了('have/has＋過去分詞')の疑問文で Have you had ～？とする。yet「もう」は文末に置く。　Have you had your coffee yet ?

④「私に～をください」は，'give＋人＋物'「〈人〉に〈物〉を与える」を使う。「何か～な飲み物」は，'something＋形容詞＋to drink' の語順になる。　Please give me something hot to drink.

⑤「ジョンが壊した窓」を「ジョンによって壊された窓」と読み換える。the window「窓」を broken by John「ジョンによって壊された」が後ろから修飾する形にする(過去分詞の形容詞的用法)。　This is the window broken by John.

5〔和文英訳―完全記述〕

①「～に行ってくれますか」は，Will〔Would/Can/Could〕you go to ～？で表す。to の後には '場所' を表す the library を続け，最後に with me「僕と一緒に」を置く。

②「５年やっています」は，現在完了('have/has＋過去分詞')を使って表す。「バスケットボールをやっている」ということなので，動詞には play を使う。また，「５年」は「５年間」ということなので，'期間' を表す for を使う。

6〔長文読解総合―物語〕

≪全訳≫❶1993年，若いアメリカ人の少年ダニーは，友達のウィリーと一緒にちょっとした夏の冒険をすることにした。これは，インターネットやスマートフォンが登場する前のことだった。これはずっと昔のことだった。❷彼らは小さな町から出たことが一度もなかった。よく他の場所を夢見ていた。そこで，彼らは別の世界を見るために，いかだをつくって家の近くの川を下っていくことにした。最初の日はいかだの絵をたくさん描いた。インターネットがなかったので，想像力を使わなくてはならなかった。❸２日目にはいかだを組み立てようとした。彼らは前日の絵を使った。１日中作業をして，とうとういかだを完成させた。❹翌日，彼らは小さないかだを川へ持っていったが，一緒だとそのいかだに乗るには重すぎた。ウィリーは川の中を歩き，ダニーがいかだに座った。川は深くなく，流れはとても緩やかだった。30分後，川の中のウィリーは尋ねた。「そこから何が見える？　僕がいかだに座ってもいい？　今度は君が川の中を歩けばいいよ」❺少年たちは交代して川を下り続けた。川の片岸では，たくさんの牛が草を食べながら彼らのことを見ていた。太陽は熱く，風は穏やかだった。❻彼らは多くのものを見た。川の中をいかだに並んでカエルの赤ちゃんが泳いでいるのを見た。大きな老木を見た。川の中に自動車さえ見えた。川の近くには道路がなかったので，少年たちは驚いた。❼少年たちは冒険を始めることにとても興奮していたので，家からおやつを持ってくることを忘れていた。彼らは野生のブラックベリーを見つけて食べた。川岸で少年たちはたくさんのベリーを食べることができ，人生について語り合った。❽やがて少年たちは，夜になる前に家に帰ることにした。今回はまたダニーがいかだに座った。ウィリーはダニーに，いかだを置いておくための場所を探すように頼んだ。彼は同意し，とても注意深く見始めた。彼らはいかだのための完璧な場所を見つけた。それを慎重に川岸につけ，夏の冒険を続けるためにいつか戻ってくることにした。

問１＜文脈把握＞第２段落第３文参照。another world とは，第２段落第１文にある their small town の外の世界を指す。

問２＜英文解釈＞the first day「最初の日」にはいかだの絵を描き(第２段落第４文)，the second day「２日目」にはいかだを組み立て(第３段落第１文)，その日１日作業して完成させているので，全部で２日となる。

問３＜適語選択＞２人一緒だとそのいかだに乗るには重すぎたので，ウィリーは川の中を歩き，ダニーがいかだに座ったのである。　heavy「重い」

問４＜文脈把握＞Willy がこのように言った理由は，前文の What can you see from up there ? から読み取れる。いかだの上から見える景色が気になったのである。

問５＜英文解釈＞第５，６段落に，少年たちが目にしたものが書かれており，cows(第５段落第２文)，baby frogs(第６段落第２文)，a big old tree(第３文)，a car(第４文)は見ているが，「赤ん坊」は見ていない。

問６＜適語選択＞空所の前後の「(自動車を見て)驚いた」「川の近くに道路はなかった」をつなぐ語として，‘理由’を表す because が適切。

問７＜英文解釈＞Danny がいかだに乗ったのは，第４段落第２文，第８段落第２文の計２回。

問８＜語句解釈＞同意した内容は，前文の find a place to put the raft。to put は to不定詞の形容詞的用法で，「置いておくための」という意味。

問９＜内容真偽＞ア．「彼らはいかだの絵をインターネットで見つけた」…×　第１段落第２文および第２段落最終文参照。　イ．「川は大きくも危険でもなかった」…○　第４段落第３文に一致する。　ウ．「最後にはダニーが川の中にいた」…×　第８段落第２文参照。　エ．「彼らは家からおやつを持ってきた」…×　第７段落第１文参照。　オ．「彼らはおなかがすいたので家に帰った」…×　第８段落第１文参照。　カ．「彼らはこの先のためにいかだを置いておくことにした」…○　第８段落最終文に一致する。

問10＜条件作文＞まず行きたい場所を挙げ，その後に because「なぜなら～」などを用いて理由を書けばよい。　(別解例) I want to visit Hokkaido in winter because I've never seen snow. I'd like to see the snow statues at the Sapporo Snow Festival.

7〔**長文読解総合―説明文**〕

≪全訳≫❶世界中の多くの人々が，疲れているときにチョコレートを，または外が寒いときに温かいココアを楽しむ。チョコレートはおいしく，また興味深い歴史を持っている。❷チョコレートはカカオ豆からできる。カカオ豆は，カカオの木の種からできる。これらの木は中央アメリカで育つ。昔，中央アメリカの人々は，カカオ豆をトウガラシやその他のものと一緒にすりつぶしていた。それから，全てをお湯と混ぜてショコラートルと呼ばれる飲み物をつくっていた。ショコラートルとは「苦い水」という意味なので，甘くなかった。それはスパイシーでもあった。中央アメリカの人々は，ショコラートルは神からの贈り物で，自分たちを強くすると信じていた。その飲み物は，彼らの文化の重要な一部だった。❸1500年代，スペインの探検者たちが中央アメリカへ行き，カカオの種をスペインに持ち帰った。探検者の１人，エルナン・コルテスは，ショコラートルの味が好きではなかった。彼にはスパイシーすぎたので，トウガラシの代わりに砂糖とハチミツを入れて甘くした。ヨーロッパの人々は，コルテスによってつくられた甘い飲み物が気に入った。当初，それはとても高価だったので，裕福な人々しか飲めなかった。しかし，ますます多くのチョコレートがつくられ，売られた。1730年までには，大部分の人々が１杯のチョコレートを買えるようになっていたが，それはまだ飲み物にすぎなかった。❹1828年，チョコレートプレス機が発明され，チョコレートの歴史を大きく変えた。チョコレートプレス機はカカオ豆からカカオバターを絞ることができ，ヨーロッパに初めて細かいカカオパウダーをもたらした。細かいカカオパウダーを使って，1847年には初めてのチョコレート・キャンディー・バーがつくられた。その後，チョコレート・バーは世界で最も人気のある菓子の１つになった。❺今では，さまざまな種類のチョコレートがある。知ってのとおり，ミルクチョコレート，ダークチョコレート，ホワイトチョコレートがある。2017年，新しい種類のチョコレートであるルビーチョコレートが一般に発売された。ルビーチョコレートはルビーカカオ豆からつくられ，その色は着色していないのにきれいなピンクだ。それが出て間もなく，ルビーチョコレートは多くの国で人気になり，「第４のチョコレート」と呼ばれている。ルビーチョコレートを用いた多くの製品が，ここ日本でも考案された。ルビーチョコレートの味は「甘いが酸味がある」と言う人もいる。❻2017年，日本人は１人当たり約２キログラムのチョコレートを食べた。多いと思うだろうか，それとも少ないと思うだろうか。スイスでは，１人当たり約10キログラム食べた。そしてその年，ドイツの人々はスイスの人々よりも多く食べた。ドイツの人々は，他のどの国の人々よりも多くのチョコレートを食べた。あなたはどれくらいのチョコレートを食べているだろうか。

問１＜適語補充＞１つ目の空所を含む文は，「『苦い水』という意味なので，(　　)なかった」という内容なので，空所には「苦い」の逆の意味を持つ語が入ると推測できる。２つ目の空所を含む the (　　) drink とは，前文で説明されている，砂糖とハチミツで甘くした飲み物のことを指している。

問２＜文脈把握＞下線部②のようになった理由は，前文で more and more chocolate was made and sold と説明されている。大量生産されて安くなったということである。

問３＜語句解釈＞the chocolate press がどのようなものであるかは，次の文に書かれている。cocoa beans「カカオ豆」から cocoa butter「カカオバター」を絞るもので，fine cocoa powder「細かいカカオパウダー」をヨーロッパにもたらした。ここでの fine は，「(粒などが)細かい」という意味。

問４＜文脈把握＞the fourth chocolate「第４のチョコレート」と呼ばれている理由は，それ以前に３種類のチョコレートが存在しているからで，第５段落第２文にその３種類が挙げられている。

問５＜英文解釈＞１人当たりの消費量は，日本人が年間２キログラム(第１文)，スイス人が10キログラム(第３文)で，ドイツ人はそれより多く(第４文)チョコレートを食べたとある。

問６＜英問英答＞(a)「エルナン・コルテスはなぜショコラートルの味を変えたのか」―イ．「スパイシーすぎると思ったから」　第３段落第３文参照。　(b)「1847年の後に何が起きたか」―エ．「あらゆる場所でチョコレート・バーが人気になった」　第４段落最後の２文参照。

問７＜内容真偽＞ア．「ショコラートルは中央アメリカで最初につくられた」…○　第２段落第４，５文に一致する。　イ．「中央アメリカの人々は，ショコラートルはとても甘いと思った」…×　第２段落第６，７文参照。　ウ．「カカオ豆は中央アメリカの人々によってスペインに持ち込まれた」…×　第３段落第１文参照。　エ．「エルナン・コルテスがチョコレート・ドリンクとチョコレート・バーをつくった」…×　第３段落第２，３文および第４段落第３文参照。　オ．「ルビーチョコレートの色は，着色しているのでピンクだ」…×　第５段落第４文参照。　カ．「ルビーチョコレートは日本や他の多くの国で人気がある」…○　第５段落第５，６文に一致する。

問８＜表題選択＞第１段落第２文でチョコレートには興味深い歴史があると前置きした後，続く第２～５段落でチョコレートの歴史が説明されている。

2021年度／文教大学付属高等学校

数学解答

1 (1) 2　(2) 1　(3) $\dfrac{-2a-b}{6}$

(4) 0　(5) $a^2+2ac+c^2-b^2$

2 (1) $x=5$　(2) $x=2,\ y=-1$

(3) $x=\dfrac{1}{2},\ \dfrac{3}{2}$

3 (1) 3　(2) 10　(3) 7

(4) $\dfrac{7}{36}$　(5) 2個　(6) 6

(7) $5:12$

4 (1) $\dfrac{1}{2}$　(2) $y=\dfrac{1}{7}x+\dfrac{60}{7}$

(3) $(2,\ 2)$

5 (1) $1:2$　(2) $\dfrac{5}{6}$倍

1 〔独立小問集合題〕

(1)＜数の計算＞与式$=\dfrac{1}{9}\times9-8\div(-8)=1-(-1)=1+1=2$

(2)＜式の計算＞与式$=a^3\times a^5\div a^8=\dfrac{a^3\times a^5}{a^8}=1$

(3)＜式の計算＞与式$=\dfrac{2(a+2b)-(4a+5b)}{6}=\dfrac{2a+4b-4a-5b}{6}=\dfrac{-2a-b}{6}$

(4)＜平方根の計算＞与式$=\sqrt{2^2\times2}+\sqrt{4^2\times2}-\sqrt{6^2\times2}=2\sqrt{2}+4\sqrt{2}-6\sqrt{2}=0$

(5)＜式の計算＞与式$=\{(a+c)+b\}\{(a+c)-b\}$として，$a+c=A$とおくと，与式$=(A+b)(A-b)=A^2-b^2$となる。Aをもとに戻すと，与式$=(a+c)^2-b^2=a^2+2ac+c^2-b^2$となる。

2 〔独立小問集合題〕

(1)＜一次方程式＞$x-4+x-5=1$，$x+x=1+4+5$，$2x=10$　$\therefore x=5$

(2)＜連立方程式＞$5x+4y=6$……①，$4x+5y=3$……②とする。①×5より，$25x+20y=30$……①′ ②×4より，$16x+20y=12$……②′　①′−②′より，$25x-16x=30-12$，$9x=18$　$\therefore x=2$　これを①に代入して，$10+4y=6$，$4y=-4$　$\therefore y=-1$

(3)＜二次方程式＞$2(2x-2)^2=2$，$(2x-2)^2=1$，$2x-2=\pm1$，$2x=2\pm1$，$x=\dfrac{2\pm1}{2}$となるので，$x=\dfrac{2-1}{2}=\dfrac{1}{2}$，$x=\dfrac{2+1}{2}=\dfrac{3}{2}$より，$x=\dfrac{1}{2}$，$\dfrac{3}{2}$である。

≪別解≫$2(4x^2-8x+4)-2=0$，$8x^2-16x+8-2=0$，$8x^2-16x+6=0$，$4x^2-8x+3=0$，$(2x)^2-4\times2x+3=0$，$(2x-1)(2x-3)=0$　$\therefore x=\dfrac{1}{2}$，$\dfrac{3}{2}$

3 〔独立小問集合題〕

(1)＜式の値＞$x+y=5$より，$(x+y)^2=5^2$，$x^2+2xy+y^2=25$となり，$xy=11$を代入すると，$x^2+2\times11+y^2=25$，$x^2+22+y^2=25$，$x^2+y^2=3$となる。

(2)＜二次方程式の応用＞連続する3つの自然数のうち最も小さい数をxとすると，連続する3つの自然数は，x，$x+1$，$x+2$と表せる。最大の数の平方(2乗)が，他の2つの数の和の7倍より3小さいので，$(x+2)^2=\{x+(x+1)\}\times7-3$が成り立つ。これを解くと，$x^2+4x+4=(2x+1)\times7-3$，$x^2+4x+4=14x+7-3$，$x^2-10x=0$，$x(x-10)=0$より，$x=0$，$10$となる。$x$は自然数だから，$x=10$となり，最も小さい数は10である。

(3)＜式の値＞$\sqrt{9}<\sqrt{11}<\sqrt{16}$より，$3<\sqrt{11}<4$だから，$\sqrt{11}$の整数部分$a$は$a=3$となり，$\sqrt{11}$の小数部分$b$は$b=\sqrt{11}-3$となる。与式$=a+2\sqrt{11}b+6b=a+2b(\sqrt{11}+3)$として，$a=3$，$b=\sqrt{11}-3$

を代入すると，与式$=3+2(\sqrt{11}-3)(\sqrt{11}+3)=3+2\times(11-9)=3+2\times2=3+4=7$となる。

(4)＜**確率―サイコロ**＞大小2個のサイコロを同時に投げるとき，目の出方は，それぞれ6通りあるから，全部で$6\times6=36$(通り)ある。出た目の数の和は，最小で$1+1=2$，最大で$6+6=12$だから，出た目の数の和が5の倍数になるときの和は5，10である。和が5となるのは(大，小)$=(1,\ 4)$，$(2,\ 3)$，$(3,\ 2)$，$(4,\ 1)$の4通り，和が10となるのは(大，小)$=(4,\ 6)$，$(5,\ 5)$，$(6,\ 4)$の3通りだから，和が5の倍数になるのは$4+3=7$(通り)ある。よって，求める確率は$\frac{7}{36}$である。

(5)＜**数の性質**＞$10=2\times5$だから，Pの末尾に並ぶ0の数は，Pを素因数分解して2×5の組が何組できるかで決まる。$P=1\times2\times3\times4\times5\times6\times7\times8\times9\times10=1\times2\times3\times2^2\times5\times(2\times3)\times7\times2^3\times3^2\times(2\times5)=2^8\times3^4\times5^2\times7$より，素因数2は8個，素因数5は2個だから，$2\times5$の組は2組できる。よって，$P$の末尾に並ぶ0の数は2個となる。

図1

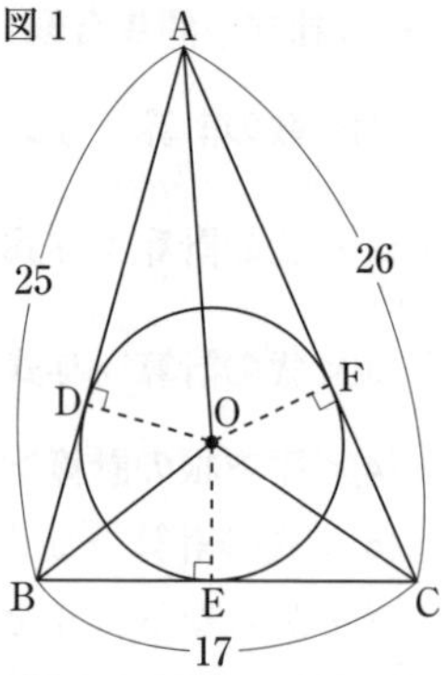

(6)＜**図形―長さ**＞右図1で，円の中心をOとし，円Oと辺AB，BC，ACの接点をそれぞれD，E，Fとすると，OD⊥AB，OE⊥BC，OF⊥ACとなる。よって，円Oの半径をrとすると，$\mathrm{OD}=\mathrm{OE}=\mathrm{OF}=r$より，$\triangle\mathrm{OAB}=\frac{1}{2}\times\mathrm{AB}\times\mathrm{OD}=\frac{1}{2}\times25\times r=\frac{25}{2}r$，$\triangle\mathrm{OBC}=\frac{1}{2}\times\mathrm{BC}\times\mathrm{OE}=\frac{1}{2}\times17\times r=\frac{17}{2}r$，$\triangle\mathrm{OAC}=\frac{1}{2}\times\mathrm{AC}\times\mathrm{OF}=\frac{1}{2}\times26\times r=13r$となり，$\triangle\mathrm{ABC}=\triangle\mathrm{OAB}+\triangle\mathrm{OBC}+\triangle\mathrm{OAC}=\frac{25}{2}r+\frac{17}{2}r+13r=34r$と表せる。△ABCの面積が204より，$34r=204$が成り立ち，$r=6$となる。

図2

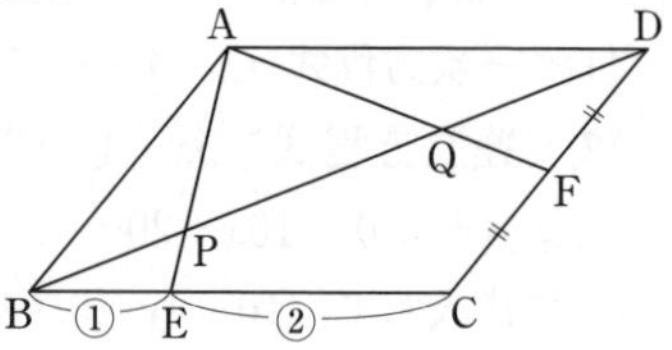

(7)＜**図形―長さの比**＞右図2で，四角形ABCDが平行四辺形より，AD∥BC，AB∥DCである。∠APD＝∠EPBであり，AD∥BCより錯角は等しいから，∠ADP＝∠EBPである。これより，△APD∽△EPBとなるので，DP：BP＝DA：BE＝BC：BE＝$(1+2):1=3:1$となり，$\mathrm{BP}=\frac{1}{1+3}\mathrm{BD}=\frac{1}{4}\mathrm{BD}$である。同様に，△ABQ∽△FDQとなるので，BQ：DQ＝AB：FD＝CD：FDとなり，点Fは辺CDの中点より，CD：FD＝2：1だから，BQ：DQ＝2：1となる。よって，$\mathrm{BQ}=\frac{2}{2+1}\mathrm{BD}=\frac{2}{3}\mathrm{BD}$である。したがって，$\mathrm{PQ}=\mathrm{BQ}-\mathrm{BP}=\frac{2}{3}\mathrm{BD}-\frac{1}{4}\mathrm{BD}=\frac{5}{12}\mathrm{BD}$となるから，PQ：BD＝$\frac{5}{12}$BD：BD＝5：12である。

4 〔**関数―関数$y=ax^2$と直線**〕

≪**基本方針の決定**≫(2)　線分OBの中点を通る。　(3)　AB∥OPとなることに気づきたい。

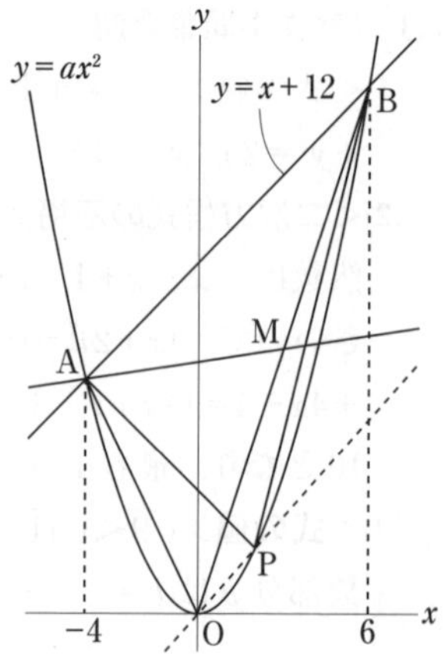

(1)＜**比例定数**＞右図で，点Aは直線$y=x+12$上にあり，x座標が-4なので，$y=-4+12=8$より，A$(-4,\ 8)$となる。また，点Aは放物線$y=ax^2$上の点でもあるから，$x=-4$，$y=8$を代入して，$8=a\times(-4)^2$より，$a=\frac{1}{2}$となる。

(2)＜**直線の式**＞右図で，点Aを通り，△OABの面積を2等分する直線と線分OBの交点をMとする。△OAM＝△BAMより，OM＝BMだから，点Mは線分OBの中点となる。点Bは直線$y=x+12$上にありx座標が6なので，$y=6+12=18$より，B$(6,\ 18)$となる。よって，点Mの x 座標は $\frac{0+6}{2}=3$，y 座標は $\frac{0+18}{2}=9$ となり，M(3, 9)となる。(1)より，A(−4, 8)なので，直線 AM の傾きは $\frac{9-8}{3-(-4)}=\frac{1}{7}$ であり，その式は $y=\frac{1}{7}x+b$ とおける。A(−4, 8)を通るので，$8=\frac{1}{7}\times(-4)+b$，$b=\frac{60}{7}$ より，求める直線の式は，$y=\frac{1}{7}x+\frac{60}{7}$ である。

(3)<**点の座標―等積変形**>前ページの図で，△OAB，△PAB の底辺を AB と見ると，△OAB＝△PAB より，高さが等しいから，AB∥OP となる。直線 AB の傾きは 1 だから，直線 OP の傾きも 1 であり，直線 OP の式は $y=x$ となる。(1)より，放物線の式は $y=\frac{1}{2}x^2$ なので，点 P は放物線 $y=\frac{1}{2}x^2$ と直線 $y=x$ の交点である。2 式より y を消去して，$\frac{1}{2}x^2=x$，$x^2-2x=0$，$x(x-2)=0$ より，$x=0$，2 となる。点Oと異なる点なので，点 P の x 座標は 2 であり，$y=2$ となるから，P(2, 2)である。

5〔**空間図形―正四面体**〕

≪**基本方針の決定**≫(1)　線分 OP，PM を含む面を展開して考える。　(2)　高さが等しい角錐の体積の比は，底面積の比と等しい。

(1)<**長さの比―相似**>右図 1 で，線分 OP，PM を含む 2 つの面 OBC，ABC を右下図 2 のように展開する。OP＋PM が最小となるとき，3 点O，P，Mは一直線上の点となるから，∠MPB＝∠OPC となる。また，立体 OABC が正四面体より，△ABC，△OBC は正三角形なので，∠MBP＝∠OCP＝60° となる。よって，△MBP∽△OCP となるから，BP：PC＝MB：OC である。点Mは辺 AB の中点であり，OC＝BC＝AB であるから，$\text{MB}=\frac{1}{2}\text{AB}=\frac{1}{2}\text{OC}$ となる。したがって，$\text{MB}:\text{OC}=\frac{1}{2}\text{OC}:\text{OC}=1:2$ より，BP：PC＝1：2 である。

図 1

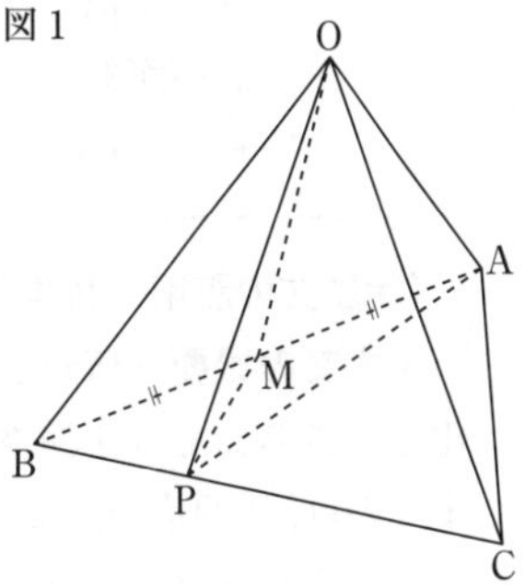

図 2

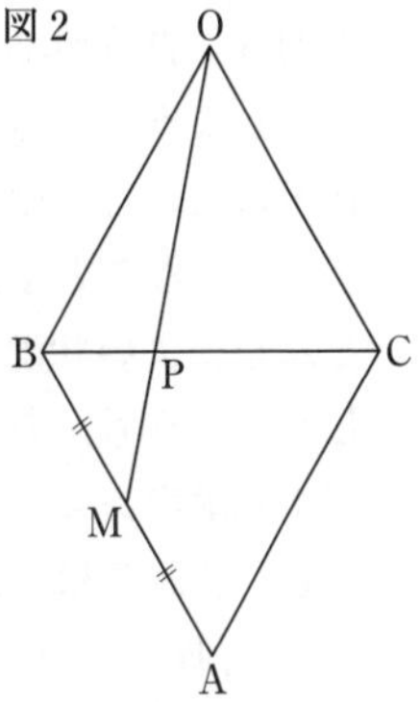

(2)<**体積比**>右上図 1 で，3 点O，P，Mを通る平面で正四面体 OABC を切ったとき，頂点Aを含む方の立体は，四角錐 O-AMPC となる。正四面体 OABC を△ABC を底面とする三角錐と見ると，四角錐 O-AMPC と正四面体 OABC は高さが等しいから，体積の比は底面積の比と等しくなり，〔四角錐 O-AMPC〕：〔正四面体 OABC〕＝〔四角形 AMPC〕：△ABC となる。点Aと点Pを結ぶと，(1)より，△ABP：△ABC＝BP：BC＝1：(1＋2)＝1：3 となり，$\triangle\text{ABP}=\frac{1}{3}\triangle\text{ABC}$ となる。また，△MBP：△ABP＝MB：AB＝1：2 より，$\triangle\text{MBP}=\frac{1}{2}\triangle\text{ABP}$ となる。よって，$\triangle\text{MBP}=\frac{1}{2}\times\frac{1}{3}\triangle\text{ABC}=\frac{1}{6}\triangle\text{ABC}$ となり，〔四角形 AMPC〕＝$\triangle\text{ABC}-\triangle\text{MBP}=\triangle\text{ABC}-\frac{1}{6}\triangle\text{ABC}=\frac{5}{6}\triangle\text{ABC}$ となるから，〔四角形 AMPC〕：$\triangle\text{ABC}=\frac{5}{6}\triangle\text{ABC}:\triangle\text{ABC}=5:6$ である。したがって，〔四角錐 O-AMPC〕：〔正四面体 OABC〕＝5：6 だから，頂点Aを含む方の立体(四角錐 O-AMPC)の体積は正四面体 OABC の体積の $\frac{5}{6}$ 倍である。

2021年度／文教大学付属高等学校

国語解答

一 問１　ａ　縛　ｂ　たんてき　ｃ　勧
　ｄ　設計　ｅ　操作
問２　自分にとって不本意なことが続いたときに，自分はいつもうまくいかないと決めつけてしまうような態度。(48字)
問３　イ
問４　⑴　ア…Ａ　イ…Ｂ　ウ…Ｂ　エ…Ａ
　⑵　Ａ…ウ　Ｂ…ア　Ｃ…オ　Ｄ…イ
問５　原因や仕組みを知らないと人は不安で不快になり，理由についての説明があると納得し，安心するから。(47字)
問６　エ　問７　ア，エ

二 問１　ａ　例外　ｂ　器用　ｃ　印象
　ｄ　きざ　ｅ　するど
問２　かげろひ　問３　ウ
問４　Ｃ
問５　同じ語を三回繰り返したり，表記を変えたりして強調している。
問６　エ　問７　イ　問８　ア
問９　⑴…Ⅲ
　⑵　クラスメイトたちも雪野への接し方を学んでくれ，雪野は初めて学校が苦痛でなくなり，同じ年齢の友人たちと話す喜びを知った。(59字)
問10　エ

一〔**論説文の読解─哲学的分野─人間**〕出典；千野帽子『人はなぜ物語を求めるのか』。

≪**本文の概要**≫何かをしようとして不本意な結果が何度か続いたときに，帰納によって過度に一般化し，さらにそれを演繹によって自分にあてはめ，「自分はいつもうまくいかない」と決めつけてしまうのは，「間違い」である。人間は，「わからない」という状態が続くと，不安という不快な感情を抱く。また反対に，脳の解釈機能によってつくり出される「納得した感」で，安心感を得る。つまり，人間は，自分が不本意な状況にあることについての理由を，ストーリー的な説明によって納得して，安心しようとするのである。人間は，思ったとおりに事が運んでもその理由を問わないが，不本意な状況にあるときはその理由を問うものであり，さらに人間を含む動物には，ラッキーなことよりアンラッキーなことを強く心に刻む「ネガティヴィティバイアス」という傾向がある。だから，人間は，どんなによい状況に置かれていても，不本意な部分を見つけだしてしまうので，「渡る世間に鬼はなし」という考え方よりも，「人を見たら泥棒と思え」という考え方の方を賢く思うのである。

問１＜**漢字**＞ａ．音読みは「束縛」などの「バク」。　ｂ．「端的」は，はっきりとしている様子。
ｃ．音読みは「勧誘」などの「カン」。　ｄ．「設計」は，製作の計画を図面などに表すこと。
ｅ．「操作」は，自分にとって都合のよいように手を加えること。

問２＜**指示語**＞「なにかをしようとして，不本意な結果が何度か続いた」とき，「自分はいつもうまくいかない」と決めつけてしまうような態度は，「不本意な側面にだけ焦点」を当てていることになるので，「過度の一般化」といえる。

問３＜**文章内容**＞「不本意な結果」が続いたとき，「改善してみる」とか「断念する」と考えるのは，「適度な一般化」であり，「冷静な態度」といえる。これに対して，「不本意なことに気をとられて」しまったときに，「自分はいつもうまくいかない」と決めつけて，「過度の一般化」をすることは，「認知の歪み」となって「精神の病理をもたらす」こともあるので，明らかに「間違い」だと言いきれるのである。

問４＜**文章内容**＞⑴りんごの実や木の葉は下に落ちるという体験から，「物体は下に落ちる」という原理を導いたり(ア…A)，「雷」や「花火」は光が見えた後に音が聞こえるという体験から，「光は音より速く届く」という法則を見つけたりするなど(エ…A)，「自分が知っている知識は他の時間・空間にも応用できる」という考え方が，「帰納」である。これとは反対に，「海の水は塩辛い」という一般論から，「湘南の海の水」も「ハワイの海の水」も塩辛いだろうと考えたり(イ…B)，「動物には，オスとメスがいる」という一般論から，「猫」や「魚」にも「オスとメスがいる」だろうと考えたりするなど(ウ…B)，すでに存在している「一般論」から「新たな個別例」を導き出す考え方は，「演繹」である。　⑵人間は，太陽が「二四時間間隔で昇ってきた」という「個別例の集合」から，「毎日そうなんだろう」という「一般論」を帰納した後，「だから明日もそうなんだろう」という「新たな個別例」を演繹する。同様に，「自分はいつもうまくいかない」と考えてしまうのは，不本意な結果が何度か続くという個別例から，「いつもうまくいかないだろう」という「一般論」にいったん帰納し，その「一般論」を「だからこれからもうまくいかないだろう」という「新たな個別例」に演繹した結果である。

問５＜文章内容＞人間は，「できごとの原因や仕組を知らない」と「不安という不快な感情」を抱くようになる。「不本意な状況」の原因がわからないままだと，「不安という不快な感情」を持ち続けるが，「お墓を掃除していないから」という原因を明確に示されることで，不安は，「自分は知っている」という安心に変わるのである。

問６＜文章内容＞人間は，「無事に目的を達成した」ときはその理由を考えないが，「不本意な状況」にあるときは，その理由を「ストーリー的な説明」に求め，「納得した感」を得て安心しようとすることがある。だから，「階段をふみはずす」ことに特別な理由がなかったとしても，「何故？」と質問して「ストーリー的な説明」を見つけようとすること自体の異常性に，気がつかないのである。

問７＜主題＞人間が，「自分が不本意な状況にある」のは「特定の人たち」が「優遇」されているからだなどという説明で「安心」するのは，「わからない」という不安な状況から逃れようとするからである(イ…×)。つまり，「わかる」というのは，「知性というよりは感情の問題」であり，「納得した感」があれば「わかった」という「麻薬的な気持よさ」を感じるのである(ア…○)。人間は，「不本意な状況にある」とき，その理由や原因を「ストーリー的な説明」に求めるが，それは，納得したと感じられることだけが重要なので，正しいことだとか必要なことだとはいえない(ウ・オ…×)。また，人間には，「無事に目的を達成した」ときにはその理由を考えないが，自分の思いどおりにいかなかったことには注意が偏り，その原因や理由を考えてしまう「ネガティヴィティバイアス」という傾向がある(エ…○)。

二〔**小説の読解**〕出典；新海誠『言の葉の庭』。

問１＜語句＞a．「例外」は，通例や原則に当てはまらないこと。　b．「器用」は，体を思うように動かして仕事や工作などをうまくこなすこと。　c．「印象」は，見たり聞いたりしたことが人間の心に強く与える感じのこと。　d.音読みは「彫刻」などの「コク」。　e．音読みは「鋭利」などの「エイ」。

問２＜古語＞「かげろひ」は，明け方の光，という意味。「かぎろひ」と表記されることもある。

問３＜文章内容＞陽菜子先生は，和歌によまれている情景を想像し，「ピンク，黄色，水色，青」のチョークで「グラデーションの空」を描いた後，最後に「小さな月」を「白のチョーク」で描き足した。雪野は，その絵を見て，「私が見たのと同じ風景」だと感じた。

問４＜表現技法＞「雪野の目を吸い寄せた」と「教科書の黒い活字が溶けて」と「その場は和やかに回る」は，その実際の情景や様子を読み手に伝えるために，別の動作や様子を表す語を用いて表現している比喩の技法。「雪野の全身に鳥肌が立った」は，実際の状態を表す語を用いて直接的に表現している。

問5＜表現＞「本当に」「ホントに」「ほんとうに」と，同じ語を表記を変えて，三回続けて用いることで，陽菜子先生を「素敵」と慕う雪野の思いの強さを表している。

問6＜表現＞美術室の「その場の全員」が，「唇を尖らせ」て「違う違う，びっくりしたってだけの話よお」と言う雪野の表情に「見とれ」たその「一瞬後」，美術室には「敵意のような気配がかすかに立ち上が」ったが，陽菜子先生の「千年たっても人間の心は変わらんわいねえ。古典って素敵じゃろ？」という言葉によって，「その場は和やかに回る」ようになった。雪野は，「また私を助けてくれた」と感じ，自分と周囲の「世界」との隔たりが，陽菜子先生の言葉によって，あまくかみあった歯車が回っていくように，少しずつ良くなっていくと思ったのである。

問7＜文章内容＞どこにいても「嫌というほど」人の目についた雪野は，「誰かとすれ違うたびに皆」から「驚いた顔」で見つめられ，心が傷つき，自分が「そんなに奇妙な顔をしているのだろうか」と真剣に悩んだ(ア…○)。学校でも，雪野がいると「その場の空気」が変わり，何をしても「凄まじく絵になる」雪野に，教師たちも「無意識のうち」に「頻繁に声をかけ」るようになり，そのことがさらに雪野を「周囲から孤立」させることになった(イ…×)。そのうえ，雪野は，「常に緊張もしていたせい」か，体育や音楽は苦手だったが，それらで失敗する雪野の動作までもが全員の印象に残ってしまうのだった(ウ…○)。雪野は，自分の容姿が原因で，周囲に溶け込めず，他の子どもたちは，「堂々とひそひそ」と，雪野のことを「ちいとおかしいよね」などと話したので，雪野は，「すこしでも目につかぬよう，息を潜めるよう」にして生きてきたのであった(エ…○)。

問8＜文章内容＞何をしても人の目を引く雪野は，誰から見ても特別な存在であったから，子どもたちは，雪野の失敗を前に，「ひそひそと」だけ悪口を言うのではなく，「堂々と」悪口を言うことで，雪野が自分たちとは違うということを態度で示したのである。

問9＜文章内容＞(1)「千年たっても人間の心は変わらんわいねえ。古典って素敵じゃろ？」という陽菜子先生の言葉によって，生徒たちは「まあそうかも」「でもちょっと難しいわい」などと答え，雪野に対する生徒たちの「敵意のような気配」は消えた。陽菜子先生は，「雪野に視線が集まりそう」になると「自然に言葉を差し込ん」で，みんなの「関心を逸らし」てくれるのであった。

(2)陽菜子先生が，雪野を気遣う言葉を差し込んでくれることで，「クラスメイトたちも徐々に雪野の特別さへの接し方を学んでいってくれているよう」に雪野は感じ，そうして初めて，雪野は「学校という場所が苦痛」ではなくなり，「同じ年齢の友人たちと話す喜び」を知ることができたのである。

問10＜要旨＞幼い頃の雪野は，自分のことを「そんなに奇妙な顔をしているのだろうか」と悩んでおり，小学校に入っても，自分の容姿に注目が集まるので，「目につかぬよう，息を潜めるよう」にして生きていた(ウ…×)。しかし，中学校では，自分の容姿が原因で周囲との隔たりができそうになったとき，陽菜子先生が「自然に言葉を差し込ん」で，みんなの「関心を逸らし」てくれるので，先生に感謝するようになった(ア…×)。また，「ふくよかな優しい顔」や「柔らかく丸みを帯びた体つき」の陽菜子先生は，雪野とは対照的な容姿だったので，雪野は「先生のような姿に生まれたかった」と何度も願った(イ…×)。雪野は，同級生たちにまだ完全には溶け込めていないが，「陽菜子先生のおかげ」で，友人たちと話す喜びを知り，学校という場所が苦痛ではなくなったのである(エ…○)。

2020年度 文教大学付属高等学校

【英　語】（50分）〈満点：100点〉

1　リスニングテスト

（注意）リスニングテストの問題は試験開始５分後に放送されます。放送中にメモを取っても構いません。

第　1　部

これから放送される英文を聞いて、その説明に合う英単語を書きなさい。問いはNo.1からNo.5までであり、英文は1度だけ放送されます。

【例題】　放送される英文：　It's the meat from a cow.　What is it?　　【解答】　beef

No.1 ______________________

No.2 ______________________

No.3 ______________________

No.4 ______________________

No.5 ______________________

第　2　部

これから放送される対話文に続くものとして、最も適切な英文を選択肢の中から１つずつ選び、記号で答えなさい。対話文はNo.6からNo.10まであり、それぞれ２度放送されます。

No.6
ア　Really?　You are wrong.
イ　OK, sure.　Please leave a message.
ウ　Well, she is not here.
エ　Well, I will call her later.　Thanks.

No.7
ア　Well, we are going to make some pineapple cake.
イ　This is her first visit.
ウ　Wow, we have never been there.
エ　Lovely.　So, you are leaving for the U.S.

No.8
ア　Thank you very much.　I like your comment.
イ　Wow.　I made them.　Thank you very much.
ウ　I see.　I can find your size.
エ　Oh, no.　Please show me another.

No.9
ア　At a hotel.
イ　By plane.
ウ　For seven days.
エ　Until midnight.

No.10
ア　I was looking at you.
イ　I had a headache, but I'm fine now.
ウ　You were sick yesterday.
エ　You came here now.

第　3　部

東京に住んでいるミカの家の電話に，留守番電話のメッセージが入っていました。これから放送される英文を聞いて，その後の問いに対する答えとして適切なものを選択肢の中から１つずつ選び、記号で答えなさい。問いはNo.11からNo.15まであり、英文と問いはそれぞれ２度放送されます。

No.11
ア　In Australia.
イ　In South Africa.
ウ　In South America.
エ　In Japan.

No.12
ア　For a day.
イ　For 4 days.
ウ　For 14 days.
エ　For 42 days.

No.13
ア　Because her father was going to visit Mika's family.
イ　Because her father told her about Mika's journey to her country.
ウ　Because she is going to send Mika a beautiful photo.
エ　Because she is going to make a beautiful table for Mika.

No.14
ア　You can never get there.
イ　You can walk or take the ropeway.
ウ　You have to take the ropeway.
エ　You have to walk all the way.

No.15
ア　Call Janet or email her to talk about the plan.
イ　Send Janet some photos of the Table Mountain.
ウ　Take Janet to Uluru in Australia.
エ　Tell Janet more about the Table Mountain.

※＜リスニングテスト放送原稿＞は英語の問題の終わりに付けてあります。

2 次の各英文が日本語の意味を表すように、(　　)に適切な語を書きなさい。
1つの(　　)には1語のみ入れること。また文頭の語は大文字で始めること。

① 私は昨日、渋谷に買い物に行きました。
I (　　　)(　　　) in Shibuya yesterday.

② はずかしがらずに先生に質問してください。
(　　　)(　　　) shy about asking the teacher.

③ ピザが好きではないのですか。 ――いいえ、好きです。
Don't you like pizza? ---- (　　　), I (　　　).

④ どのくらいの頻度で映画を見に行きますか。
(　　　)(　　　) do you go to the movies?

⑤ 私はそのスピーチコンテストに参加するつもりです。
I'm going to (　　　)(　　　) in the speech contest.

3 次の各英文の(　　)内の語を、適切な形に直しなさい。

① Tomomi (study) math every day.

② Yokohama is one of the (big) cities in Japan.

③ Stop (talk) when the teacher comes in.

④ This program was (bring) to you by ABC Company.

⑤ Brush your (tooth) before going to bed.

4 日本語の意味を表すように（　　）内の語（句）を並べかえ、英文を完成させなさい。ただし、解答は（　　）内で3番目と5番目に来るものを記号で答えなさい。なお、文頭に来る語も小文字で始めています。

① 父は私に新しいパソコンを買ってくれるつもりです。
My father (ア a new PC　イ buy　ウ going　エ is　オ me　カ to).

② 私が昨日借りた本はどこにありますか。
(ア borrowed　イ I　ウ is　エ the book　オ where　カ yesterday)?

③ 私はその知らせを聞いて驚きました。
(ア hear　イ I　ウ surprised　エ the news　オ to　カ was).

④ 駅への行き方を教えていただけませんか。
Could (ア get　イ how　ウ me　エ tell　オ to　カ you) to the station?

⑤ 私が前回彼に会ってからもう２年になります。
(ア has been　イ I　ウ it　エ saw　オ since　カ two years) him last time.

5 次の対話文の下線部を英文に直しなさい。

アヤ：フミオ君って、ひとりっ子だっけ。
フミオ：いや、①3人兄弟だよ。でもお兄ちゃんは大学生で、大阪でひとり暮らしをしているから、ふだんは両親と小６の弟と僕の４人暮らしなんだ。
アヤ：そう。弟さん、かわいいでしょ。
フミオ：うん、時々けんかもするけどね。②たまに宿題を手伝ってあげるんだ。
アヤ：そうなんだ。頼もしいお兄さんだね。

6 中学３年生が２冊の本を読み、その感想を述べています。これを読み、あとの問いに答えなさい。

Today I'm going to tell you about two books. One is a story in England. ①The other is a story in Germany. Both happened during World War Ⅱ. In the first one in England, ten-year-old Ada has never left her room. She lives with her mother and her little brother. One of Ada's feet has a problem and she can't walk. Her mother doesn't like it. She doesn't want Ada to go outside because of her foot. She often hits or kicks her two kids. One day Ada's little brother is sent to the countryside. They have to run away from the bombs as ②evacuee children. Ada runs away with her brother. She runs away from the bombs and her mother.

Ada and her brother go to the south, and there they meet Susan. First, Susan doesn't want to take care of the two kids. Then later, she loves them deeply just like a natural mother. ③The relationship has changed from caring into loving. We can't choose our family, but we can make a family by ourselves. We can see many books about World War Ⅱ, but ④not many about children evacuees. This book teaches us about children during World War Ⅱ. They live far away from their own place. You can also learn about the good relationship between an animal and the people around it. Susan's pony helps Ada a lot every day.

The other book is a story in Germany. Germany was fighting against England, so ⑤you can read this story from the other side of the war. Elizabeth and her brother live with their mother who works at a zoo. Their mother moves her favorite elephant into their garden. The bombs start to fall and the family must run away from the city with the elephant. Elizabeth's brother is sick and has a leg problem. While they're running away, her brother rides the elephant most of ⑥the journey. The family enjoy being with the elephant and it helps the family a lot. This is a wonderful story of an elephant that was saved by a family and also saved a family. I learned many things from this book, and ⑦the most important thing is being a true friend. The elephant becomes a true friend for Elizabeth and her brother. True friends listen with their ears and their hearts. Sometimes true friends don't need to say words. They can understand without words.

⑧The two books are similar to each other in some ways. Both are great books, and I recommend you to read both.

問１　下線部①が指すものを１つ選び、記号で答えなさい。

ア　*Amazing Animal Facts*
イ　*An Elephant in the Garden*
ウ　*Cows, Pigs, Wars and Witches*
エ　*The Little White Horse*

問２　下線部②の意味を１つ選び、記号で答えなさい。

ア　児童虐待　　イ　戦争孤児　　ウ　児童労働　　エ　疎開児童

問３　下線部③の説明として正しいものを１つ選び、記号で答えなさい。

ア　Susan が、世話役から子供たちを愛する母親へと変わること
イ　大自然の中で、3人が家族として自然を愛する人間へと変わること
ウ　赤の他人同士が、戦時中に共同生活者として認識するようになること
エ　見知らぬ人同士が、戦争を通して肉親同士のように世話をお互いにし合うこと

問４　下線部④と以下の文が同じ内容になるように、空欄に適する語を答えなさい。

we cannot (　　　　　　) many (　　　　　　) about children evacuees.

問５　下線部⑤で書かれている内容の理由を１つ選び、記号で答えなさい。

ア　イギリスとドイツは味方として戦ったから
イ　イギリスとドイツは敵対していたから
ウ　イギリスがドイツとは反対側に位置するから
エ　イギリスもドイツも戦争で多くを失ったから

問6　下線部⑥が表す内容として、適切なものを１つ選び、記号で答えなさい。

ア　イギリス都市部から田舎へと逃げる旅
イ　田舎からドイツ都市部へと向かう旅
ウ　ドイツ都市部から田舎へと逃げる旅
エ　田舎からイギリス都市部へと向かう旅

問7　下線部⑦が表す内容として、適切なものを１つ選び、記号で答えなさい。

ア　最良の友というものは何でもわかり合えるので耳が聞こえなくても良い
イ　真の友人でも言葉を発して理解し合うことが最も重要だ
ウ　最良の友とは、常に心の中の耳で聞き、心の中で返事をするものだ
エ　真の友人というものは時に返事を言葉でする必要がないものだ

問8　下線部⑧にあるように、２冊の本にはいくつかの類似点がある。その中の２つを選び、日本語で説明しなさい。

問9　あなたは、ここで紹介されている the book in England と the book in Germany のどちらの本を読みたいですか。選んだ本の題名を○で囲み、その本を選んだ理由を英語で答えなさい。

7 次の英文を読み、あとの問いに答えなさい。

When we say something to someone, they usually understand it. In general, there isn't anything (①-A) about this. Many people think that we are able to communicate (①-B) in our lives: the *ability to communicate has been with us since we were babies.

(②) of course it isn't true. All of us are able to speak as a result of many years of trial and error. Do you know how a baby is able to talk? ③Recent research shows that there are two stages in a baby's language journey. Let's look at these two stages, and you can understand the baby's language *progression.

The (④) stage happens when the baby is around 12 months old and starts making sound. During this stage, the loving parents often imagine the baby is saying something important, but someone who doesn't know the baby would have no idea.

YOU : So! How's a little Robert?
PARENT : He's talking about a storm! Listen!
ROBERT : Poomwah arrrr grah!
PARENT : Isn't that amazing!
YOU : Ah. Yes. Hmmm.

Babies move on to the next stage when they become 18 months. During this second stage, the baby starts (⑤). For example, babies at this stage may say 'dog' or 'hot' in a perfectly understandable way. So, when parents ask their children where their heads are, they can point (⑥). We can imagine how happy and proud the parents must be.

However, a baby's language progression is often complicated and takes a long time. It means that ⑦parents need to be patient. The same child who was able to point to his head when he is asked where his head is, now says 'dog' when he sees a bird. Take a look at this conversation:

FATHER : Look, Robert. See the birds?
ROBERT : Dog.
FATHER : No, Robert. Those are birds.
ROBERT : Dog dog dog dog dog dog dog dog dog.
FATHER : Those are birds, Robert. Can you say "bird?"

ROBERT : Dog dog dog dog dog dog dog dog dog dog dog.

FATHER : OK. Those are dogs.

ROBERT : Hot.

In general, children are faster learners than adults. But when we think about learning a language, it's important to remember that it takes a lot of time for a young child (⑧). The child's *genious is usually in their parents' *imagination.

注： ability 能力 progression 進行 genious 才能 imagination 想像

問1 (①-A) と (①-B) の組み合わせとして、適切なものを1つ選び、記号で答えなさい。

ア (A) strange (B) easily
イ (A) easy (B) hard
ウ (A) late (B) early
エ (A) nervous (B) soon

問2 (②) に入れるのに、適切なものを1つ選び、記号で答えなさい。

ア And
イ So
ウ Then
エ But

問3 下線部③とはどのような内容のものか、「…の研究」となるよう日本語で答えなさい。

問4 (④) に入る適切な語を1語で答えなさい。

問5　（ ⑤ ）、（ ⑥ ）、（ ⑧ ）のそれぞれの空所に入る語句として、適切なものを１つずつ選び、記号で答えなさい。

ア　to master a language
イ　to their head
ウ　to say words in a way that everyone can understand

問6　下線部⑦の理由として、適切なものを１つ選び、記号で答えなさい。

ア　子どもが自分の頭を指さしできるまでには、それほど時間がかからないから
イ　子どもは、必ずしも教えられた通りに単語を言わないから
ウ　子どもが間違った単語を発したら、両親は即座に訂正しなければならないから
エ　大半の子どもは、短時間でさまざまな言葉を使いこなすことができるから

問7　この英文の題名として、適切なものを１つ選び、記号で答えなさい。

ア　*How Babies Talk*
イ　*Advice to Babies*
ウ　*Songs for New Babies*
エ　*How to Become a Good Listener*

＜リスニングテスト放送原稿＞

これから始まるリスニングテストでは、問題の途中でメモをとっても構いません。

それでは、始めます。

第１部

これから放送される英文を聞いて、その説明に合う英単語を書きなさい。

問いはNo.1からNo.5まであり、英文は１度だけ放送されます。

No.1 It is the first month of the year.

What is it?

No.2 It is a room used for cooking food.

What is it?

No.3 It is a place you visit to read or borrow books.

What is it?

No.4 It is the study of the past.

What is it?

No. 5 It is a large musical instrument with a lot of black and white keys on the keyboard and often used in chorus recitals.

What is it?

第２部

これから放送される対話文に続くものとして、最も適切な英文を選択肢の中から１つずつ選び、記号で答えなさい。

対話文は No.6 から No.10 まであり、それぞれ２度放送されます。

No.6 *Woman*: Hello.

Man: Hello, this is Andy. Can I speak to Kate?

Woman: Well, she is out now. Will you leave a message?

No.7 *Woman*: Do you have any plans for the spring vacation?

Man: Yes. I will visit my aunt in Taiwan.

Woman: Wonderful. What are you going to do?

No.8 *Man*: Excuse me?

Woman: Yes. How can I help you?

Man: Well, I like this pair of shoes. But they are a little small.

No.9 *Woman*: How was your winter vacation?

Man: I went to Switzerland.

Woman: How long did you stay there?

No. 10 *Woman*: Good morning, Ken.

Man: Good morning, Ms. Itoh. I am late.

Woman: Why? Were you sick this morning?

第3部

東京に住んでいるミカの家の電話に，留守番電話のメッセージが入っていました。これから放送される英文を聞いて、その後の問いに対する答えとして適切なものを選択肢の中から1つずつ選び、記号で答えなさい。

問いはNo.11からNo.15まであり、英文と問いはそれぞれ2度放送されます。

Hello, this is Janet from South Africa. I'd like to leave this message for Mika. Mika, I hope you remember me. You stayed with us here in Cape Town for two weeks last winter. I had a great time having you here. Because I don't have any brothers or sisters, the days I spent with you were very special to me. At that time you were like my real sister.

Well, I made this call because my dad told me that you and your family are going to visit us during your vacation. I'm looking forward to seeing you, your parents, and your brother. You told me you had a nice little brother, right? And I also heard that your father asked my dad to show them around the town. If you don't mind, can I do that? I'd like to show you around my town and take you to Table Mountain. Do you know Table Mountain? It is a very famous mountain. It has a flat top and looks like Uluru in Australia. We can either take the ropeway or just walk to get to the top. I'm sure you'll like the view there. Anyway, I'd like to talk about the plan with you. So, can you please call me after listening to this message? Or you can email me at janet@bmail.com. I'll be waiting for your reply. See you then. Bye.

Questions:

No.11 Where does Janet live?

No.12 How long did Mika stay with Janet last winter?

No.13 Why did Janet leave this message?

No. 14 How can you get to the top of Table Mountain?

No. 15 What does Janet want Mika to do?

これでリスニング問題は終わりです。

【数　学】 (50分) 〈満点：100点〉

1 次の計算をしなさい。

(1) $\left(-\frac{1}{2}\right)^2\times9-5\div(-2)^2$

(2) $x^5\div x^8\times(-x^2)^3$

(3) $\frac{a+4b}{3}-\frac{2a-b}{2}$

(4) $\sqrt{27}+\sqrt{12}-\sqrt{48}$

(5) $(x-y-2)(x+y-2)$

2 次の方程式を解きなさい。

(1) $3\left(0.4x-\frac{7}{6}\right)-0.2(x-1)=0.125$

(2) $\begin{cases}3x-5y=3\\ y+2-\frac{3x-1}{4}=0\end{cases}$

(3) $3(3x-3)^2-9=0$

3 次の各問いに答えなさい。

(1) $\left(x-\dfrac{1}{x}\right)\div\left(1-\dfrac{1}{x}\right)$ を計算しなさい。

(2) 13% と5% の濃度の食塩水を混ぜて400g の食塩水を作った。その濃度が10% であるとき，混ぜた5% の食塩水は何g か求めなさい。

(3) $2+\sqrt{3}$ の整数部分をa，小数部分をb とするとき，a^2-ab+b^2 の値を求めなさい。

(4) 大中小3 個のサイコロを同時に投げるとき，出た目の数の積が偶数になる確率を求めなさい。

(5) 1から9 までのカードがそれぞれ1 枚ずつある。下の等式のＡ，Ｂ，Ｃ，Ｄの場所にカードを入れたとき，等式が成り立つような組み合わせは何通りあるか，求めなさい。

（ Ａ＋ Ｂ ）×（ Ｃ＋ Ｄ ）＝100

(6) 下の図は，ＡＤ＝４，ＢＣ＝５，ＣＤ＝９，∠ＡＤＣ＝∠ＢＣＤ＝90°の台形ＡＢＣＤである。対角線ＤＢと対角線ＡＣの交点をＥとし，それぞれの対角線の中点をＦ，Ｇとする。このとき，△ＥＦＧの面積を求めなさい。

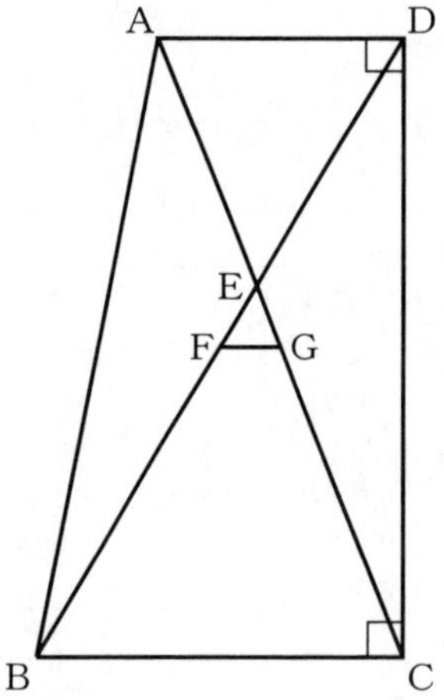

(7)　下の図は，半径14の円Oに内接する正三角形ＡＢＣである。円周上の点Ｐがあり，ＢＰ$=6\sqrt{3}$ のとき，ＡＰの長さを求めなさい。

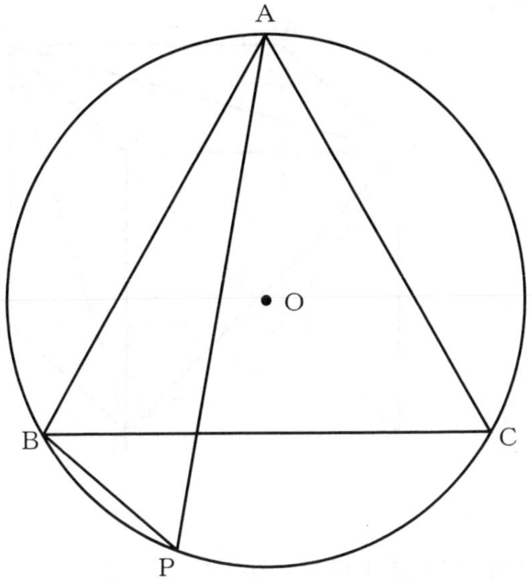

4　下の図のように，関数$y=x^2$ のグラフ上に3点Ａ，Ｂ，Ｃがあり，直線ＡＢとy 軸の交点をＤ，直線ＢＣとy 軸の交点をＥとする。点Ａのx 座標が1のとき，次の問いに答えなさい。

(1)　直線ＢＣの式を求めなさい。

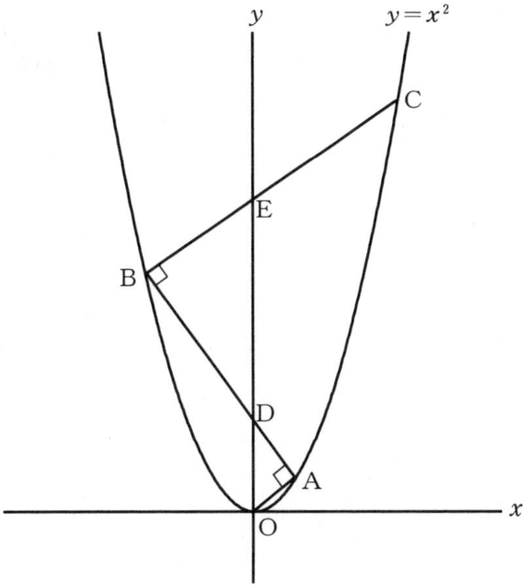

(2)　四角形ＯＡＣＢの面積を求めなさい。

(3)　点Ａを通り，四角形ＯＡＣＢの面積を二等分する直線の式を求めなさい。また，どのように求めたか，その過程もかきなさい。

5 下の図のように，１辺の長さが$6cm$ の立方体ＡＢＣＤ－ＥＦＧＨがあり，４点Ｂ，Ｄ，Ｅ，Ｇを結んだ四面体ＢＤＥＧについて，次の問いに答えなさい。

(1) 四面体ＢＤＥＧの体積を求めなさい。

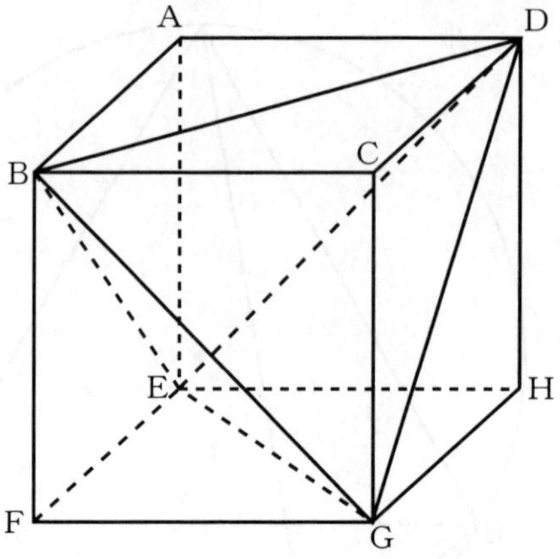

(2) 四面体ＢＤＥＧのすべての面に接する球の半径を求めなさい。また，どのように求めたか，その過程もかきなさい。

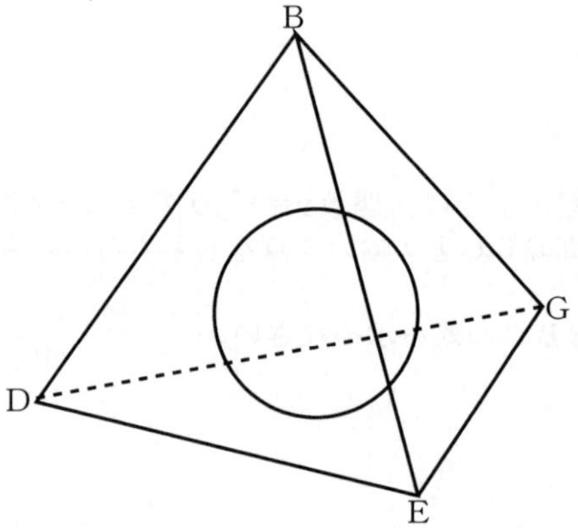

問6　――⑤「わたしは自分で答うることが出来ない」のは、なぜですか。それを説明した次の文章の（　　）にあてはまる言葉を、それぞれ指定された字数で答えなさい。

車の棒に引っかかって倒れた老女に、（　A【10字程度】　）という行動をとった車夫に対し、自分は、老女が怪我をした様子もないし、（　B【22字程度】　）と考え、（　C【15字程度】　）した。その自分が、車夫の行動を（　D【5字程度】　）ことはできないということ。

問7　――⑥「わたしの勇気と希望を増進する」について、この出来事が「わたしの勇気と希望を増進する」のは、なぜだと考えられますか。最も適切なものを次から選び、記号で答えなさい。

ア　この出来事は、車にひっかかって倒れた老女を見捨てなかった自分の正義感の強さと車夫のやさしさが老女を救ったことを思い出させるものだから。

イ　この出来事は、車をひけなくなった車夫にねぎらいの金銭を渡すことができたという満足感を思い出させ、自分の正しさを再確認させるものだから。

ウ　この出来事は、すさんだ世の中にあってなお、困っている人を素直な気持ちでいたわり、助ける人がいるのだということを思い出させるものであるから。

エ　この出来事は、今の世の中を渡っていくには、老女のようにしたたかに生きることが必要であるということを思い出させるものであるから。

問4 ——③「全身砂埃を浴びた彼の後影《うしろかげ》が、刹那《せつな》に高く大きくなり、その上行けば行くほど大きくなり、仰向いてようやく見えるくらいであった」とは、どういうことですか。最も適切なものを次から選び、記号で答えなさい。

ア 怪我を負っている老女には、車夫が唯一の頼れる存在であり、老女にとって車夫が尊く偉大な存在になってきていると感じているということ。

イ 車夫の老女を心配する気持ちが少しずつ大きくなり、ついには「わたし」が車夫を心配する気持ちよりも大きくなったと感じているということ。

ウ 老女に対して自分の言う通りにしない車夫の傲慢な心がしだいに大きくなり、自分には手に負えないほどになっていると感じているということ。

エ 自分の利害を考えず、相手に対し親身になって行動できる大きな心をもっている車夫を、自分よりずっと気高い存在だと感じているということ。

問5 ——④「毛皮の著物の内側に隠された『小さなもの』」とは、どのようなものだと考えられますか。最も適切なものを次から選び、記号で答えなさい。

ア 自分の都合を最優先に考え、他者に対しては冷たい態度をとってしまう心の卑しさ。

イ 自分の親切が相手に受け入れられない場合のことを真っ先に考えてしまう臆病さ。

ウ 容易に相手に迎合しない頑固さの内側にもっている相手のことを気遣う温かさ。

エ 他者に対する横柄な態度の中に隠れている小さなことで落ち込む傷つきやすさ。

問2 ——①「躓《つまづ》いたのは白髪交りの一人の女で著物《きもの》はひどく破れていた」について、ここで描いていることとして最も適切なものを次から選び、記号で答えなさい。

ア 日常的に苦労していて、だらしないということ。

イ 年老いていて、貧しい生活をしているということ。

ウ 年をとり、外見に気を遣わなくなったということ。

エ お金はもっているが、節約しているということ。

問3 ——②「車夫を促し立てた」とありますが、この後の車夫と老女のやりとりについて、「わたし」はどのように感じていましたか。最も適切なものを次から選び、記号で答えなさい。

ア 老女に冷たい態度をとる「わたし」に、老女の言い分や自分の判断が正しいことを行動で示そうと躍起になっている車夫に対し、困惑している。

イ 他の人が見ていない間に済ませようとしているのに、大怪我をしたと騒ぎ立てる老女やそれを真に受けて困っている車夫に対し、憤りを感じている。

ウ 怪我をするはずもないのに、怪我をしたという老女や、自分の要望とは逆に老女の世話をしようとしている車夫に対し、腹立たしさを感じている。

エ 車夫が「わたし」の忠告を聞き入れず、善意だけで老女に関わり、結局自分ではどうすることもできなくなっている状況にいらだちを感じている。

仰向いてようやく見えるくらいであった。しかもそれはわたしに対して次第々々に一種の威圧になりかわり、果ては④毛皮の著物の内側に隠された「小さなもの」を搾り出そうとさえするのである。

わたしの活力はこの時たぶん停滞していたのだろう。じっと坐《すわ》ったままで、派出所の中から一人の巡査が歩き出して来るまでは何の思付《おもいつき》もなく、それを見てからようやく車を下りた。巡査はわたしに近づいて言った。

「あなたは雇《やと》い車でしょう。あの車夫はあなたを挽いてゆくことが出来ません」

わたしは思いめぐらすまでもなく、外套《がいとう》のポケットから銅貨を一攫《ひとつか》み出して巡査に渡した。

「どうぞこれをあなたから車夫に渡して下さい」

風はすっかり止んで往来はいとも静かであった。わたしは歩きながら考えたがほとんど自分のことに思い及ぶことを恐れた。以前のことはさておき、今のあの銅貨一攫みは一体どういうわけなんだ、え？　彼を奨励するつもりか？　わたしはこれでも車夫を裁判することが出来るのか？　⑤わたしは自分で答うることが出来ない。

このことは今でもまだ時々想い出し、わたしはこれに因《よ》って時々苦痛を押し切り、つとめて自分自身に想到しようとする。幾年来《いくねんらい》の文治と武力は、わたしが幼少の時読み馴《な》れた「子曰詩云《しのたまわくしにいう》」のように、今その半句すらも諳誦《あんしょう》し得ないが、たった一つこの小さな事件だけは、いつもいつもわたしの眼の前に浮んで、時に依るとかえっていっそう明かになり、わたしをして慚愧《ざんき》せしめ、わたしをして日々に新たならしめ、同時にまた⑥わたしの勇気と希望を増進する。

（魯迅《ろじん》「些細《ささい》な事件」）

問1　――ⓐ、ⓑの語句の意味として適切なものをそれぞれ選び、記号で答えなさい。

ⓐ　附け込まれ
ア　小さな事を大きな事にされ
イ　弱みや不利な場面をうまく利用され
ウ　悪い状態がさらに悪化して
エ　事実と違うことを言いふらされ

ⓑ　躊躇せず
ア　ためらわず
イ　熟考せず
ウ　おどろかず
エ　確認せず

二　次の文章を読み、あとの問いに答えなさい。

民国六年の冬、北風が猛烈《もうれつ》に吹きまくった。その頃わたしは仕事の都合で毎朝早く往来を歩かなければならなかった。通りすじにはほとんど人影を見なかったが、しばらくしてやっと一台の人力車をめっけ、それを雇ってS門まで挽《ひ》かせた。まもなく風は小歇《おや》みになり、路上の浮《ふ》塵《じん》はキレイに吹き払われて、行先きには真白な大道が一すじ残っていた。車夫は勢込んで馳け出し、S門に近づいた時、車はたちまち人を引掛《ひっか》けてふらふらと挽き倒した。

①躓《つまづ》いたのは白髪交りの一人の女で著物《きもの》はひどく破れていた。彼女は車道の隅から車の前を突然突切ろうとしたので、車夫はこれを避けたが、彼女の破れた袖無しに釦《ぼたん》がなかったため、風に煽られて外に広がり、梶棒《かじぼう》に引掛った。幸《さいわ》いに車夫の方で素早く足を留めたからよかったものの、でなければ彼女は大きな翻筋斗《とんぼがえり》を一つ打って、ひっくりかえり、頭から血を出したことだろう。

彼女は地に伏した時車夫は足を留めた。

わたしは、この老女が怪我した様子も見えないし、ほかに見ている人もないから、余計なこととしてⓐ附《つ》け込まれ、手間を取っては困ると思い「何でもないよ。早く行ってくれ」

と②車夫を促し立てた。車夫は肯《き》き入れず――あるいは聞えなかったかもしれぬ――轅《かじ》を下におろし、その老女をいたわり扶《たす》け起し、身体《からだ》を支えながら彼女に訊《き》いた。

「どうかなさいましたか」

「突傷《つききず》が出来ました」

わたしの見たところでは彼女はふらふらと地に倒れて怪我するはずもないのに、甘くすれば附上《つけあが》る、本当に憎らしい奴だ、車夫もまた余計なこととして自ら苦労を求めているのだから勝手にしゃがれ、と思った。しかし車夫は老女の言葉を聞くと少しもⓑ躊躇《ちゅうちょ》せず、そのまま彼女の臂《ひじ》を支えて一歩一歩先へ進んだ。

わたしは不思議に思って前の方を見ると、そこに巡査の派出所があった。大風の後で外には誰一人見えない。あの車夫があの老女を扶けながらちょうど大門の方へ向って歩いている。

わたしはこの時突然一種異様な感じを起した。③全身砂埃を浴びた彼の後影《うしろかげ》が、刹那《せつな》に高く大きくなり、その上行けば行くほど大きくなり、問6 ——⑤「『圏外』はネガティブな響きをもって捉えられていたが、最近ではポジティブな意味合いを持つようになってきた」とは、どういうことですか。最も適切なものを次から選び、記号で答えなさい。

ア 「圏外」は、人々が集まる便利な都心から遠く離れた場所という意味で捉えられていたが、最近では、人混みや喧噪から解放される自然の多い場所という意味で捉えられるようになってきたということ。

イ 「圏外」は、それぞれの携帯電話会社の守備範囲を示す場所という意味で捉えられていたが、最近では、多忙な日常から逃れられる非日常的な場所という意味で捉えられるようになってきたということ。

ウ 「圏外」は、携帯電話がつながらない不便な場所という意味で捉えられていたが、最近では、携帯電話による情報やつながりから解放される自由な場所という意味で捉えられるようになってきたということ。

エ 「圏外」は、個人の居場所が特定できない危険な場所という意味で捉えられていたが、最近では、各個人の私的な時間を保証してくれる安全な場所という意味で捉えられるようになってきたということ。

問7 筆者が述べていることとして、正しいものには○、誤っているものには×をつけなさい。

ア 定期的にインターネット回線を切ることによって、哲学的な深い思考をしたり、リアル空間で旅をすることにより、アルゴリズム的な予測の範囲を超えた検索語を手に入れたりすることが最も大切である。

イ デジタル音源のＣＤの売り上げと生ライブの関係が示しているように、デジタル情報があふれている現在、その場を共有することで生まれる感動などが体験できるリアルの価値が高まってきている。

ウ フェイスブック利用においては、いいねボタンが多く押され、コメントが多くなるように活用していくべきであるが、あまり熱心になりすぎると「ソーシャルメディア疲れ」を起こしてしまい、続けられなくなってしまう。

エ どのように情報を手に入れるかという技術が評価されていた時代から、大量の情報に対し、取り入れるか否かというところから自分自身で判断し、情報との付き合い方を各自が模索すべき時代になってきている。

オ デジタル情報があふれている現在、各旅行会社は、デジタルとアナログのバランスが大事だと考え、適度にインターネットや人につながる場所に旅行するツアーを検討し始めている。

問3　——②「インターネット時代を経た上での、デジタルとアナログのバランスをとること」に関して、

（1）筆者がこのことが必要だと主張している理由を説明している次の文の（　　　）に適切な言葉を入れ、文を完成させなさい。

どんなに（　Ⅰ　）の世界が進行しても、私たち自身は（　Ⅰ　）に変換不可能であり、（　Ⅱ　）で生きている存在だから。

（2）［A］に入る適切な四字熟語を次から選び、記号で答えなさい。

ア　付和雷同　　イ　傍若無人　　ウ　枝葉末節　　エ　本末転倒

問4　——③「このこと」とは、どのようなことですか。七十五字以内で説明しなさい。

問5　——④「デジタル社会とのつきあい方について、残念ながら『模範解答』は存在しない」について、筆者が意識的に取り組んでいることとして、最も適切なものを次から選び、記号で答えなさい。

ア　定期的に「微量のノイズ」を入れ、入ってくる情報が偏らないようにしている。
イ　デジタルの情報では得られない出会いの機会を求め、旅をするようにしている。
ウ　定期的に「インターネット安息日」を設け、情報に縛られないようにしている。
エ　情報を一度ゼロの状態に戻して、必要なものを必要なだけ足すようにしている。

という効果もあわせて意識しはじめている。

携帯電話の普及当初、⑤「圏外」はネガティブな響きをもって捉えられていたが、最近ではポジティブな意味合いを持つようになってきた。つながることは価値であるが、つながらないこともまた価値なのである。非日常である「圏外」では、普段接することのない様々なノイズに出会うことになる。結果として、東の言う「より深くネットに潜るための旅」にもなっている。

ビジネス界も「圏外」に関心を持ち始めている。産経新聞ウェブ版が「もうつながりたくない　静かにブーム『圏外旅行』」というタイトルで報じた記事によると、東京から南に約３６０キロ離れた太平洋の孤島で、島の中心部以外ほとんどの場所で携帯の通じない青ヶ島に「デジタルデトックス（デジタル環境からの解毒）」を目的とした旅行者が増えているという。こうした動きを敏感に捉えた旅行会社も、「つながらない場所」にあえて行くツアーの検討を始めているようである。

（山本《やまもと》達也《たつや》『暮らしと世界のリデザイン』）

（注）

＊1　エディション4…石油エネルギーをベースとして設計された時代（現代がその時代にあたる）の次にやってくる時代。

＊2　Airbnb…エアービーアンドビー。通常の宿泊施設だけでなく、地元の人の家を借りて泊まる。家を貸す人はホスト、借りる人はゲストと呼ばれ、Airbnbのサイトで泊まる家や部屋を検索・予約できる。

問1　══a～eのカタカナは漢字に直し、漢字は読み方をひらがなで答えなさい。

問2　──①「文字情報は写真や動画なども含む広い概念である」といえるのは、なぜですか。五十五字以内で答えなさい。

クを使っていると、簡単に「ソーシャルメディア疲れ」を起こしてしまう。ところが、フェイスブック利用のゴールを「リアルでの出会い」と明確に設定してからは、いいね！　ボタンが押されようと押されまいと、コメントがつこうがつくまいが気にならなくなった。意識してフェイスブックとのつきあいを見直してみると、フェイスブックでつながっていなかったらリアルで二度と出会わなかっただろうなと思えるような人と、何年もたった後に出会うことが増えたような気がする。

デジタル全盛時代だからこそ、逆にリアルの価値が高まっている。音楽の世界を見てみると、ＣＤの売上げは落ちていても、生ライブの価値は上がっている。その場所を共有することでしか生まれない感動は確かにある。

ＣＤはデジタルであるため、雑音のないクリアな音を再現することができる。ただし、クリアすぎると人は何となく落ち着かず、[d]イワカンを覚えるらしい。そのため、わざと微量のノイズをかぶせることもあると聞いたことがある。アナログのレコードファンが多いのは、あの微妙なノイズのせいなのかもしれない。デジタルカメラで撮った写真でも、同様のことは言える。デジタルの写真は、「パキッと」し過ぎていて好きではないという人は多い。アナログのフィルムの質感を、デジタルで表現することはなかなか難しいのである。どうやら、アナログな存在である人間は、「適度なノイズ」を心地よく感じるようだ。

④デジタル社会とのつきあい方について、残念ながら「模範解答」は存在しない。これは、各個人の生き方の問題でもある。その意味では、人生の数だけ処世術があるとも言える。

筆者の場合、デジタル社会での処世術として意識的に実践しているのは、「微量のノイズを入れる」という行為である。適度なノイズが効果的であるためには、その他の部分をきちんと整えておかなくてはならない。ノイズだらけのところに、わずかなノイズを加えても効果はない。

筆者がまず取り組んだのは、「情報ダイエット」である。溢れかえる情報を見境なく取り込んでいくと、すぐに「情報デブ」になってしまう。ネットだけではなく、テレビや新聞とのつきあい方も見直した。一度ゼロにリセットして、必要なものを必要なだけ足すということをした。どの人間も１日の可処分時間は24時間である。すべての情報を網羅することはできない。かつては、「どうやって情報を入手するか」という技術がもてはやされたが、いまや「どうやって不必要な情報を切るのか」という技術の方が求められる時代になった。

パワーズのような「インターネット安息日」を設けるにはいたってないが、かわりに定期的に「圏外」に出かけるようにしている。「圏外」に身をおくと、直感が研ぎ澄まされる（ような気がする）。言葉では表現しにくい[e]ドクトクのすがすがしさを感じることができる。アウトドアスポーツや旅が趣味で、海や山に加えて海外への旅によく出かけるのは純粋に好きだからなのだが、最近では定期的に「圏外」に身をおく繰り返しながら提案をはじめている。

作家のパワーズ（William Powers）は、週末になると自宅のインターネット回線をオフにして「インターネット安息日」を設けることにしたという（ウィリアム・パワーズ『つながらない生活――「ネット世間」との距離のとり方』プレジデント社、２０１２年）。その結果、数々の変化を経験することになるが、ネットから切り離されることではじめて「哲学的な深い思考」が可能になったという指摘は興味深い。

また、思想家の東浩紀は、「ネットを離れリアルに戻る旅ではなく、より深くネットに[b]潜るためにリアルを変える旅」を提案している（東浩紀『弱いつながり――検索ワードを探す旅』幻冬舎、２０１４年）。グーグルには、アルゴリズムによって検索者が入れるであろう検索語をあらかじめ予測し表示するという機能があるが、リアル世界のアナログな旅は、そんなアルゴリズムが決して予測できない検索語を手に入れる[c]好機だと指摘する。

旅という点に関しては、Airbnb[*2]の事例が興味深い。Airbnbのコンセプトは、「暮らすように旅をしよう」である。このサービスは、基本的には自宅の空き部屋とその空き部屋を利用したいと考えている人をマッチングさせるものである。かつて子供部屋であったが今は子供も独立して部屋が余っているなど、世の中には実は空き部屋は多い。また、２週間自分が旅行に出る間、自分のアパートを使いたい人がいたら使ってもいいよ、という人も意外と多い。２週間アパートを空けておいてもその分のローンや賃料は払わなくてはいけないが、もしも、誰か使いたい人がその対価を払って使ってくれれば、ローンや賃料、ないしは2週間の旅行代金の足しになる。

このサービスを使えば、特別に観光地というわけではない「とある国」の静かな湖畔に佇む一般家庭に滞在しつつ、ウッドデッキにテーブルセッティングし地元の食材とワインを楽しみながら最高の夕日に感動する、というタイプの旅も可能となる。「暮らすように旅をする」というキャッチフレーズは、こうした新しい形の旅の提案でもある。

Airbnbが面白いのは、部屋を貸す側も借りる側も、このサービスを利用することで普段知りあうことのないような人と出会うチャンスにもなっている点である。もちろん、リアルスペースにおいてである。

ここに、今のソーシャルメディアが持っている本当の価値があるような気がする。ソーシャルメディアの価値とは、デジタルでお互いにつながることではなく、リアルでの素敵な出会いを実現するためのツールとして利用してこそ、最も価値を発揮するのではないだろうか。コミュニケーションのための道具ではなく、リアルで出会うための道具だという位置づけである。

③このことに気がついてから、筆者の場合、フェイスブックの利用を再びはじめた。デジタルでつながることに価値をおきながらフェイスブッ

二〇二〇年度 文教大学付属高等学校

【国語】（五〇分）〈満点：一〇〇点〉

《注意》解答の字数には、。「」その他の記号を含《ふく》みます。

一 次の文章を読み、あとの問いに答えなさい。

インターネットの世界は、基本的に言葉の世界だと言える。実際、インターネット上には文字情報が溢れている。もっとも、ここで言う①文字情報は写真や動画なども含む広い概念である。写真や動画は文字情報ではなく、狭い意味での言葉ではない。しかし、制作・編集などの過程では、言葉によって構想が練られることが大半であるし、なにより言葉による明確な意思を伴ってアップロードしようと思わない限り、それらのコンテンツはインターネット上に集積されることはない。つまりインターネットには、誰かがアップロードしようと思ったものしか存在しないのである。サイバースペースとは、言葉だけで構成された特殊な世界だと思っておいた方がよい。人間の脳の中身だけで構成された世界といってもいいかもしれない。

他方、リアルな空間は未知なもので溢れている。この地球上にある自然物は人間が作ることができないし、成り立ちや振る舞いなど、人間が理解していることなどごく一部にしか過ぎない。

おそらく、＊1エディション4時代に必要なことは（インターネットがまだ機能しているとしたらだが）、インターネット以前に戻ることではなく、②インターネット時代を経た上での、デジタルとアナログとのバランスをとることではないかと考えている。解は、デジタルとアナログの間にある。デジタルの世界にはデジタルに変換可能なものしか存在しない。いくらデジタル社会が進行しても、デジタルに変換不可能な私たち自身はサイバースペースで生きることはできない。かけがえのない人生を送っているのは、このリアルスペースにおいてなのである。

もともとデジタルは、このリアル社会で生きるアナログな存在であるわれわれの人生を、楽しく充実したものにする手助けツールに過ぎなかったはずである。それがいつの間にか、われわれの生活の奥深くにまで浸透し、デジタルがなければ生きられないのではないかという錯覚すら起こさせている。これでは［A］だと、デジタルとアナログとのバランスをとるための「処世術」について、多くの論者が様々なa試みを

2020年度／文教大学付属高等学校

英語解答

1 No. 1　January　No. 2　kitchen
No. 3　library　No. 4　history
No. 5　piano
No. 6　エ　No. 7　ア　No. 8　ウ
No. 9　ウ　No.10　イ
No.11　イ　No.12　ウ　No.13　イ
No.14　イ　No.15　ア

2 ①　went shopping　②　Don't be
③　Yes, do　④　How often
⑤　take part

3 ①　studies〔studied〕　②　biggest
③　talking　④　brought
⑤　teeth

4 ①　３番目…カ　５番目…オ
②　３番目…エ　５番目…ア
③　３番目…ウ　５番目…ア
④　３番目…ウ　５番目…オ
⑤　３番目…カ　５番目…イ

5 ①　I have two brothers.
②　I sometimes help him with his homework.

6 問１　イ　問２　エ　問３　ア
問４　see, books　問５　イ
問６　ウ　問７　エ
問８　(例)・第二次世界大戦中のヨーロッパの話であること。
・動物と仲よく心を通わせて，助け合う生活が描かれていること。
問９　選んだ本　(例) the book in England
理由　(例) I want to read it because I can't imagine a journey with an elephant, but I can have〔be with〕a pony. Horses are much familiar.

7 問１　ア　問２　エ
問３　赤ん坊が話せるようになるまで
問４　first
問５　⑤…ウ　⑥…イ　⑧…ア
問６　イ　問７　ア

1〔放送問題〕解説省略

2〔和文英訳―適語補充〕

①「買い物に行く」は go shopping。ここは過去の文なので，go は went になる。go ～ing は「(スポーツなどを)しに行く」の意味で使われる。　(例) go swimming in the sea「海へ泳ぎに行く」

②空所の後の shy は「恥ずかしがりの」の意味。「先生に質問することについて恥ずかしがら(ないでください)」と読み換えて，否定の命令文 'Don't＋動詞の原形…' で表す。shy は形容詞なので，その前には be動詞の原形 be が入る。

③疑問文が Do you ～？であっても，Don't you ～？であっても，答えの内容が「好きです」のような肯定なら Yes, I do. になり，「好きではありません」という否定なら No, I don't. になる。本文のような否定疑問文に対しては，Yes, No が日本語とは逆になるので注意する。

④「どのくらいの頻度で」は how often で表す。文頭なので，How と大文字で始めること。

⑤「～に参加する」は take part in ～ で表せる。

3〔語形変化〕

①３人称・単数・現在形にする。語尾の y を i に変えて es をつける。または，過去形（y を i に変えて ed をつける）にしてもよい。　「トモミは毎日数学を勉強する〔した〕」

②'one of the＋最上級＋複数名詞'「最も～な…の１つ」の形。語尾の g を重ねて est をつける。「横浜は日本で最も大きな都市の１つである」

③stop ～ing で「～するのをやめる」となる。なお，stop to ～ だと「～するために立ち止まる」となる。　「先生が入ってきたら，おしゃべりするのはやめなさい」

④前に be動詞の was があるので，'be動詞＋～ing' の進行形か，'be動詞＋過去分詞' の受け身形のどちらか。bring「持ってくる」の意味などから考えて，ここは後者が適する。bring の過去分詞は brought。　「この番組はABC社によって皆さんに届けられました」→「この番組はABC社の提供でお送りしました」

⑤文頭の brush はここでは「（歯を）磨く」の意味で，tooth は「歯」。「歯を磨く」というときは，１本ではなく歯全体を指すものなので，複数形の teeth にするのが適切。tooths とはならないので注意。　「寝る前に歯を磨きなさい」

4〔整序結合〕

①「～するつもりだ」は be going to ～ で表し（ここでは be は is になる），これを主語 My father の後に置く。to に続く動詞は「買う」の buy。buy は 'buy＋人＋物' または 'buy＋物＋for＋人'「〈人〉に〈物〉を買う」の形をとれるが，ここでは語群に for がないので前者になる。'人' は「私に」の me，'物' は「新しいパソコン」の a new PC。　My father is going to buy me a new PC.

②「～はどこにありますか」は Where is ～？。「私が昨日借りた本」は，まず「本」の the book を置き，その後に「私が昨日借りた」を続けて，後ろから「本」を説明する形で表す。「借りた」は borrowed（borrow「借りる」の過去形）。「昨日」yesterday は最後に置く。　Where is the book I borrowed yesterday？

③「～して驚く」は be surprised to ～（ここでは be は was になる）。この to ～ は '感情の原因' を表す副詞的用法の to不定詞。to の後には動詞「聞く」の hear とその目的語である「その知らせ」の the news が続く。　I was surprised to hear the news.

④「～していただけませんか」と相手にていねいに依頼する言い方は，Could you ～？で表せる。道順などを口頭で「教える」というときは tell を用い，'tell＋人＋物事（道順など）' の形にする。'人' は日本文にはないが「私に」の me が適する。'物事' に当たるのは「駅への行き方」。「～の仕方」は how to ～ で表し，「駅へ行く」は get to the station とする。get to ～ は「～に到着する，～に着く」という意味。　Could you tell me how to get to the station？

⑤「～してから（期間が）…になる」は，'It has been＋期間＋since ～' で表せる。この It は '時間'，'距離'，'天候' などを表す文の主語になるもので，「それは」の意味はない。has been は '継続' を表す現在完了形。「（前回彼に会ってから）２年間彼に会っていない状態が続いている」と読み換えられる。'期間' には two years が入る。since は「～してから」の意味の接続詞。「私が彼に会って」は I saw him。saw は see の過去形。　It has been two years since I saw him last time.

5〔和文英訳―完全記述〕

①「３人兄弟」とは，自分も含めて３人ということ。自分は３人兄弟である，ということをそのまま英語にするのはやや難しいので，ここでは「僕には兄弟が２人いる」と表せばよい。主語は I で，

動詞の「いる」は have を用いる。「兄弟が2人」は two brothers。（別解例）There are three brothers including me in my family.「我が家には僕を含めて3人の兄弟がいる」

②主語は日本文にはないが，「僕」の I。「宿題を手伝ってあげる」は‘help＋人＋with 〜’「〈人〉の〜を手伝う」の形で表せる。‘人’は「彼(＝弟)」の him。with の後の‘〜’には「彼の宿題」の his homework が入る。「たまに」は sometimes で，動詞 help の前に置く。

6〔長文読解総合―スピーチ〕

≪全訳≫❶今日は2冊の本についてお話ししようと思います。1冊はイングランドの物語です。もう1冊はドイツの物語です。両方とも第二次世界大戦中に起こりました。初めのイングランドの物語では，10歳の少女アダは自分の部屋から一歩も出たことがありません。彼女は母親と弟と暮らしています。アダの足の片方は不自由で，彼女は歩くことができません。母親はそれをいやがっています。足のせいでアダを外に出したくないのです。母親はしばしば2人の子どもをぶったり蹴ったりします。ある日，アダの弟が田舎に送られます。疎開児童として爆弾から逃げなければならないのです。アダは弟と一緒に逃げます。彼女は爆弾と母親から逃げるのです。❷アダと弟は南部へ行き，そこでスーザンと出会います。最初，スーザンは2人の子どもの世話をしたいとは思っていません。その後，彼女は2人を実の母親のように深く愛します。その関係が世話から愛情へと変わったのです。私たちは家族を選ぶことはできませんが，自分たち自身で家庭をつくることはできるのです。第二次世界大戦に関する本はたくさん目にすることができますが，疎開児童に関する本は多くありません。この本は私たちに第二次世界大戦中の子どもたちのことを教えてくれます。彼女たちは自分自身の家から遠く離れて生活しています。また動物とその周囲の人間たちとの良い関係についても知ることができます。スーザンのポニーは毎日アダを大いに助けるのです。❸もう1冊の本はドイツの物語です。ドイツはイングランドと戦っていたので，この話を戦争のもう一方の側から読むことができます。エリザベスと兄〔弟〕は動物園で働く母親と暮らしています。母親は大好きな象を自宅の庭に移動させます。爆弾が落ち始め，一家は象を連れて都市から逃げなければならなくなります。エリザベスの兄〔弟〕は病気で，足が不自由です。逃げるとき，兄〔弟〕は旅のほとんどを象に乗っています。一家は象と一緒にいることを楽しみ，象は一家を大いに助けます。これはとある一家に救われ，また一家を救った象のすばらしい物語です。私はこの本から多くのことを学び，最も大切なことは真の友人になるということです。その象はエリザベスと兄〔弟〕にとって真の友人になります。真の友人はその耳と心で話を聞きます。ときに真の友人には言葉を発する必要はありません。言葉がなくても理解できるのです。❹2冊の本はある意味で似通っています。両方ともすばらしい本ですから，皆さんに両方読むことをおすすめします。

問1＜指示語＞ドイツの物語は第3段落で説明されている。戦争中，動物園から自宅の庭に引き取った象と一緒に，爆弾から逃げる旅をする一家の物語で，イ．『ゾウと旅した戦争の冬(*An Elephant in the Garden*)』が当てはまる。

問2＜語句解釈＞爆弾から逃げるために，田舎に移る子どもたち，つまり「疎開児童」である。

問3＜英文解釈＞この直前の2文の内容を受ける。つまり，最初はアダと弟をいやいや世話していたスーザンが，ともに暮らすうちに2人を本当の子どものように愛するようになった。その関係性の変化をいっているのである。

問4＜英文解釈＞下線部は接続詞 but によって直前の部分(We can see many books about World War Ⅱ)と対になっているので，その文と対比しながら省略されている語を補うと，下線部は(we can) not (see) many (books) about children evacuees. という文だとわかる。

問5＜文脈把握＞下線部の直前の部分から読み取れる。ドイツはイングランドと戦っていた。最初の物語はイングランドにおける話だったが，こちらはドイツにおける話。だから，両国それぞれの側からそれぞれの立場で，同じ戦争を見ることができるということ。

問6＜語句解釈＞物語の舞台はドイツ。下線部を含む文の2つ前の文に，the family must run away from the city とあることから，都市部から田舎へ逃げているとわかる。

問7＜要旨把握＞この後の4文から読み取る。その象はエリザベスたちの真の友人になる。象はもちろん人間の言葉を話せないが，真の友人であれば言葉なしでもわかり合える，と言っている。

問8＜要旨把握＞2冊の共通点は以下のようなこと。第二次世界大戦中の話であること。／ヨーロッパの国の話であること。／主人公が少女であること。／主人公に兄弟がいること。／主人公と母親と兄弟の3人家族であること。／家族の中に足の不自由な子どもがいること(最初の話では主人公，後の話では兄〔弟〕)。／住んでいた都市部に爆弾が落とされるようになり，田舎に逃げる〔疎開する〕こと。／家族関係や家族の絆，または家族同然になった人との絆が描かれていること。／動物と心を通わせ，助け合って暮らすことの大切さが描かれていること。これらから2つをまとめて答える。

問9＜条件作文＞語数などの指定はなく，自由に書けばいいので，平易な英文でわかりやすくまとめるとよい。（別解例）the book in Germany／I like elephants. The family enjoys being with the elephant. I want to know more about them and their life.

7〔**長文読解総合―説明文**〕

≪全訳≫❶誰かに何かを言うと，相手は普通それを理解する。一般に，これについて不思議なことはない。私たちは人生において容易にコミュニケーションがとれる，つまりコミュニケーション能力は赤ん坊の頃から備わっている，と思っている人は多い。❷だが，もちろんそれは正しくない。私たちは皆長い年月の試行錯誤の結果として，話すことができるのである。赤ん坊がどうやって話せるようになるか知っているだろうか。最近の研究によると，赤ん坊の言葉の遍歴には2つの段階があるのだという。この2つの段階を見てみよう。そうすれば赤ん坊の言葉の進行が理解できる。❸第1段階は赤ん坊が12か月の頃，音声を発し始めるときにやってくる。この段階の間，愛情あふれる親はしばしば赤ん坊が何か重要なことを言っているかのように思いがちだが，その赤ん坊のことを知らない人にはさっぱりわからないもの。／**あなた(Y)**：ところで！　ロバートちゃんはどう？／**親(P)**：嵐のことを話すんだ！聞いて！／**ロバート(R)**：プームワー，アー，グラー！／**P**：すごくないか！／**Y**：ああ。そうだね。なるほど。❹赤ん坊は18か月になると次の段階に進む。この第2段階の間に，赤ん坊は誰もがわかるような言い方で言葉を言い始める。例えば，この段階の赤ん坊は，完全に理解できる言い方で「犬」とか「熱い」などと言ったりする。だから，親が子どもに頭はどこだと尋ねれば，子どもは自分の頭を指さすことができる。親がどれだけうれしく誇らしいことか想像がつく。❺しかしながら，赤ん坊の言葉の進行は複雑で時間がかかることが多い。つまり，親は辛抱する必要があるということだ。頭はどこだと尋ねたときに自分の頭を指さすことのできる同じ子が，今度は鳥を見て「犬」と言う。この会話を見てほしい。／**父親(F)**：ほら，ロバート。鳥だよ。／**ロバート(R)**：犬。／**F**：違うよ，ロバート。あれは鳥だ。／**R**：犬，犬，犬，犬，犬，犬，犬，犬，犬。／**F**：あれは鳥だよ，ロバート。「鳥」って言えるかな？／**R**：犬，犬，犬，犬，犬，犬，犬，犬，犬，犬，犬。／**F**：わかったよ。あれは犬だね。

／R：熱い。6一般に，子どもは大人よりも覚えるのが早い。だが言葉の学習について考えるなら，幼い子どもが言葉を習得するには長い時間がかかるというのを覚えておくことが大切だ。その子の才能はたいていの場合，親の想像の中にあるものなのだ。

問１＜適語選択＞(A)空所の後の this は，直前の文の内容を指す。言葉が通じるのは普通のことなので，「不思議な」ことはない。　(B)言葉が通じるのだから，「容易に」コミュニケーションがとれる。

問２＜適語選択＞前の段落の内容を否定している文なので，‘逆接’の接続詞 But「だが，しかし」が適する。

問３＜語句解釈＞直前の文の how 以下が，その研究が何についてのものかを表している。つまり，赤ん坊がどうやって話せるようになるか，ということ。また，下線部を含む文の最後にある a baby's language journey「赤ん坊の言葉の旅〔遍歴〕」とは，赤ん坊が言葉を話せるようになるまでの行程，といった意味。

問４＜適語補充＞第２段落第４，５文に，赤ん坊の言葉の旅には２つの段階があるので，それを具体的に見ていこう，とある。第４段落の第１文に the next stage，第２文に this second stage とあるように，第４段落以降には次の段階のことが述べられている。よって，ここは「最初の，第１の」段階，となる。

問５＜適語句選択＞⑤第１段階で音声を発した赤ん坊が，第２段階で始めることを入れる。音声の後は意味のある言葉になるので，ウが適する。in a way の後の that は関係代名詞で，以下の語句が way を修飾している。　⑥空所直前の point は動詞で，point to ～ で「～を(指，棒などで)指す，示す」となる。主語の they はさらに前の their children を受ける。言葉が通じるようになってきた子どもが，頭はどこと尋ねられて指さすのは自分の頭。　⑧空所を含む文の it's important 以下は，‘it is ～ to …’「…することは～だ」の構文。さらに remember の目的語である that 節の中が，‘it takes ～ for … to —’「…が—するのに(時間が)～かかる」という形になっている。つまり空所には，最後の‘to —’の部分が入ることになる。赤ん坊が言葉を覚えていく行程を述べたこの文章全体のまとめであり，「言葉の習得」のアが適する。

問６＜文脈把握＞下線部の patient は「我慢する，忍耐強い」という意味の形容詞。親はなぜ我慢する必要があるのか。同じ段落の後半にある対話がそれを示している。父親が鳥を指して「鳥」だと何度言っても，ロバートは「犬」と言い続ける。ついに父親が根負けして「犬だね」と言ったとたん，ロバートは「熱い」と言う。全く親の教えるとおりには言わないのである。

問７＜表題選択＞ア．「赤ん坊はどのようにして話すのか」，イ．「赤ん坊へのアドバイス」，ウ．「新生児に贈る歌」，エ．「よい聞き手になるために」　赤ん坊が話すようになる段階を説明している文章なので，アが適切。

2020年度／文教大学付属高等学校

数学解答

1 (1) 1　(2) $-x^3$　(3) $\dfrac{-4a+11b}{6}$

(4) $\sqrt{3}$　(5) $x^2-4x+4-y^2$

2 (1) $x=\dfrac{137}{40}$　(2) $x=11$，$y=6$

(3) $x=\dfrac{3\pm\sqrt{3}}{3}$

3 (1) $x+1$　(2) 150g

(3) $16-5\sqrt{3}$　(4) $\dfrac{7}{8}$　(5) 48通り

(6) $\dfrac{1}{8}$　(7) $16\sqrt{3}$

4 (1) $y=x+6$　(2) 18

(3) $y=-5x+6$

5 (1) 72cm^3　(2) $\sqrt{3}\text{cm}$

1〔独立小問集合題〕

(1)＜**数の計算**＞与式 $=\dfrac{1}{4}\times9-5\div4=\dfrac{9}{4}-\dfrac{5}{4}=\dfrac{4}{4}=1$

(2)＜**式の計算**＞与式 $=x^5\div x^8\times(-x^6)=-\dfrac{x^5\times x^6}{x^8}=-x^3$

(3)＜**式の計算**＞与式 $=\dfrac{2(a+4b)-3(2a-b)}{6}=\dfrac{2a+8b-6a+3b}{6}=\dfrac{-4a+11b}{6}$

(4)＜**平方根の計算**＞与式 $=\sqrt{3^2\times3}+\sqrt{2^2\times3}-\sqrt{4^2\times3}=3\sqrt{3}+2\sqrt{3}-4\sqrt{3}=\sqrt{3}$

(5)＜**式の計算**＞与式 $=(x-2-y)(x-2+y)$ とし，$x-2=A$ とおくと，与式 $=(A-y)(A+y)=A^2-y^2$ となる。A をもとに戻すと，与式 $=(x-2)^2-y^2=x^2-4x+4-y^2$ となる。

2〔独立小問集合題〕

(1)＜**一次方程式**＞両辺を1000倍すると，$3000\left(0.4x-\dfrac{7}{6}\right)-200(x-1)=125$，$1200x-3500-200x+200=125$，$1200x-200x=125+3500-200$，$1000x=3425$　$\therefore x=\dfrac{137}{40}$

(2)＜**連立方程式**＞$3x-5y=3$……①，$y+2-\dfrac{3x-1}{4}=0$……②とする。②×4 より，$4(y+2)-(3x-1)=0$，$4y+8-3x+1=0$，$-3x+4y=-9$……②′　①＋②′ より，$-5y+4y=3+(-9)$，$-y=-6$　$\therefore y=6$　これを①に代入して，$3x-30=3$，$3x=33$　$\therefore x=11$

(3)＜**二次方程式**＞$3(3x-3)^2=9$，$(3x-3)^2=3$，$3x-3=\pm\sqrt{3}$，$3x=3\pm\sqrt{3}$　$\therefore x=\dfrac{3\pm\sqrt{3}}{3}$

3〔独立小問集合題〕

(1)＜**式の計算**＞与式 $=\left(\dfrac{x^2}{x}-\dfrac{1}{x}\right)\div\left(\dfrac{x}{x}-\dfrac{1}{x}\right)=\dfrac{x^2-1}{x}\div\dfrac{x-1}{x}=\dfrac{x^2-1}{x}\times\dfrac{x}{x-1}=\dfrac{x^2-1}{x-1}=\dfrac{(x+1)(x-1)}{x-1}=x+1$

(2)＜**一次方程式の応用**＞５％の食塩水の量を x g とすると，混ぜてできた食塩水の量は400gだから，13％の食塩水の量は $400-x$g と表せる。また，５％の食塩水 x g に食塩は，$x\times\dfrac{5}{100}=\dfrac{5}{100}x$(g)，13％の食塩水 $400-x$g に食塩は，$(400-x)\times\dfrac{13}{100}=\dfrac{13}{100}(400-x)$(g) 含まれ，混ぜてできた10％の食塩水400g に食塩は，$400\times\dfrac{10}{100}=40$(g) 含まれるから，食塩の量について，$\dfrac{5}{100}x+\dfrac{13}{100}(400-x)=40$ が成り立つ。両辺を100倍して解くと，$5x+13(400-x)=4000$，$5x+5200-13x=4000$，$-8x=-1200$，$x=150$(g) となる。

⑶<式の値>$\sqrt{1}<\sqrt{3}<\sqrt{4}$ より，$1<\sqrt{3}<2$ だから，$\sqrt{3}$ の整数部分は1である。よって，$2+\sqrt{3}$ の整数部分 a は $2+1=3$，小数部分 b は $2+\sqrt{3}-3=\sqrt{3}-1$ となる。したがって，与式 $=3^2-3(\sqrt{3}-1)+(\sqrt{3}-1)^2=9-3\sqrt{3}+3+(\sqrt{3})^2-2\times\sqrt{3}\times1+1^2=9-3\sqrt{3}+3+3-2\sqrt{3}+1=16-5\sqrt{3}$ となる。

⑷<確率—サイコロ>サイコロの目は1から6の6通りあるから，大中小3個のサイコロを同時に投げるとき，目の出方は全部で $6\times6\times6=216$(通り)ある。このうち，出た目の数の積が奇数になるのは，3個のサイコロの目が全て奇数の場合であり，1個のサイコロに奇数の目は1，3，5の3つあるから，3個のサイコロの目が全て奇数になるのは，$3\times3\times3=27$(通り)ある。よって，出た目の数の積が偶数になるのは，奇数にならない場合で，$216-27=189$(通り)あるから，出た目の数の積が偶数になる確率は $\dfrac{189}{216}=\dfrac{7}{8}$ である。

⑸<数の性質>1から9までのカードがそれぞれ1枚ずつあるので，$A+B$ と $C+D$ はそれぞれ最小で，$1+2=3$，最大で，$8+9=17$ となる。3以上17以下の2つの整数の積が100となるのは，$10\times10=100$ の場合だけだから，$(A+B)\times(C+D)=100$ となるのは，$A+B=10$，$C+D=10$ のときだけとなる。このとき，$(A,\ B)$ の組は(1，9)，(2，8)，(3，7)，(4，6)，(6，4)，(7，3)，(8，2)，(9，1)の8通りある。$(A,\ B)=(1,\ 9)$ のとき，C，D に1と9は使えないから，$(C,\ D)$ の組は(2，8)，(3，7)，(4，6)，(6，4)，(7，3)，(8，2)の6通りある。$(A,\ B)$ が他の組の場合も同様に $(C,\ D)$ の組は6通りあるから，$(A+B)\times(C+D)=100$ が成り立つような A，B，C，D の組は，$8\times6=48$(通り)ある。

図1

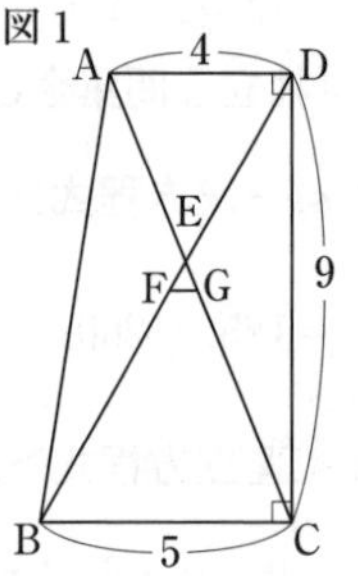

⑹<図形—面積>右図1で，$\triangle\mathrm{BCD}=\dfrac{1}{2}\times\mathrm{BC}\times\mathrm{CD}=\dfrac{1}{2}\times5\times9=\dfrac{45}{2}$ である。また，AD∥BC より，△ADE∽△CBE となるから，DE：EB＝AD：BC＝4：5であり，△DEC と△EBC は底辺をそれぞれ DE，EB と見ると高さが等しいから，△DEC：△EBC＝DE：EB＝4：5である。これより，$\triangle\mathrm{EBC}=\dfrac{5}{4+5}\triangle\mathrm{BCD}=\dfrac{5}{9}\times\dfrac{45}{2}=\dfrac{25}{2}$ となる。さらに，DE：EB＝4：5より，$\mathrm{EB}=\dfrac{5}{9}\mathrm{DB}$ で，点Fは線分 DB の中点より，$\mathrm{FB}=\dfrac{1}{2}\mathrm{DB}$ だから，$\mathrm{EF}=\mathrm{EB}-\mathrm{FB}=\dfrac{5}{9}\mathrm{DB}-\dfrac{1}{2}\mathrm{DB}=\dfrac{1}{18}\mathrm{DB}$ となり，$\mathrm{EF}:\mathrm{EB}=\dfrac{1}{18}\mathrm{DB}:\dfrac{5}{9}\mathrm{DB}=1:10$ となる。同様に，AE：EC＝AD：BC＝4：5より，$\mathrm{EC}=\dfrac{5}{9}\mathrm{AC}$ で，点Gは線分 AC の中点より，$\mathrm{GC}=\dfrac{1}{2}\mathrm{AC}$ だから，$\mathrm{EG}:\mathrm{EC}=\left(\dfrac{5}{9}\mathrm{AC}-\dfrac{1}{2}\mathrm{AC}\right):\dfrac{5}{9}\mathrm{AC}=1:10$ となる。よって，△EFG と△EBC で，EF：EB＝EG：EC＝1：10，∠FEG＝∠BEC(共通)より，2組の辺の比とその間の角がそれぞれ等しいから，△EFG∽△EBC となり，相似比は1：10である。したがって，$\triangle\mathrm{EFG}:\triangle\mathrm{EBC}=1^2:10^2=1:100$ だから，$\triangle\mathrm{EFG}=\dfrac{1}{100}\triangle\mathrm{EBC}=\dfrac{1}{100}\times\dfrac{25}{2}=\dfrac{1}{8}$ となる。

図2

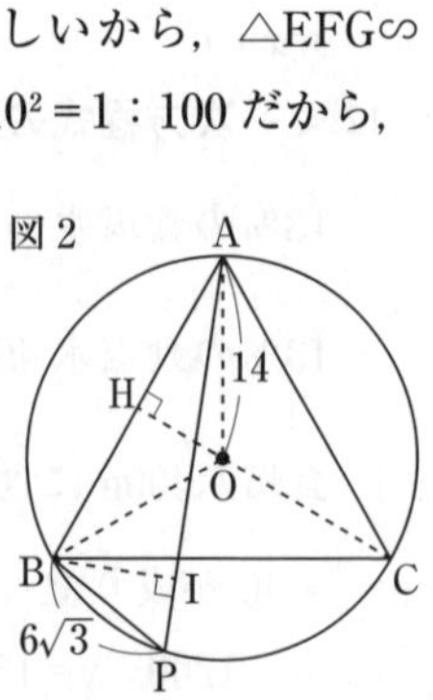

⑺<図形—長さ>右図2で，△ABC は正三角形で，OA＝OB＝OC だから，△OAB，△OBC，△OCA は合同な二等辺三角形である。これより，$\angle\mathrm{OAB}=\angle\mathrm{OAC}=\dfrac{1}{2}\angle\mathrm{BAC}=\dfrac{1}{2}\times60^\circ=30^\circ$ なので，点Oから弦 AB に垂線 OH を引くと，△AOH は3辺の比が $1:2:\sqrt{3}$ の直角三角形となり，$\mathrm{AH}=\dfrac{\sqrt{3}}{2}\mathrm{OA}$

$=\dfrac{\sqrt{3}}{2}\times14=7\sqrt{3}$ となる。円の中心から弦に引いた垂線は，弦を垂直に2等分するから，$\mathrm{AB}=2\mathrm{AH}=2\times7\sqrt{3}=14\sqrt{3}$ である。また，$\overset{\frown}{\mathrm{AB}}$ に対する円周角より，$\angle\mathrm{APB}=\angle\mathrm{ACB}=60^\circ$ だから，点Bから辺APに垂線BIを引くと，△BPIも3辺の比が $1:2:\sqrt{3}$ の直角三角形となり，$\mathrm{PI}=\dfrac{1}{2}\mathrm{BP}=\dfrac{1}{2}\times6\sqrt{3}=3\sqrt{3}$，$\mathrm{BI}=\sqrt{3}\mathrm{PI}=\sqrt{3}\times3\sqrt{3}=9$ となる。したがって，△ABIで三平方の定理より，$\mathrm{AI}=\sqrt{\mathrm{AB}^2-\mathrm{BI}^2}=\sqrt{(14\sqrt{3})^2-9^2}=\sqrt{507}=13\sqrt{3}$ となるから，$\mathrm{AP}=\mathrm{AI}+\mathrm{PI}=13\sqrt{3}+3\sqrt{3}=16\sqrt{3}$ である。

4 **〔関数―関数 $y=ax^2$ と直線〕**

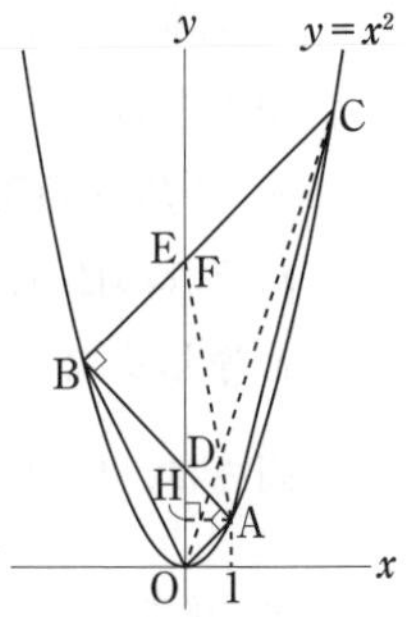

(1)**＜直線の式＞**右図で，点Aは放物線 $y=x^2$ 上にあり，x 座標が1なので，$y=1^2=1$ より，A(1, 1)となり，直線OAの傾きは，$\dfrac{1}{1}=1$ である。これより，点Aから y 軸に垂線AHを引くと，△OAHは直角二等辺三角形となるので，$\angle\mathrm{DAH}=\angle\mathrm{OAD}-\angle\mathrm{OAH}=90^\circ-45^\circ=45^\circ$ より，△ADHも直角二等辺三角形となる。よって，直線ABの傾きは -1 だから，その式を $y=-x+b$ とおくと，A(1, 1)を通るので，$1=-1+b$，$b=2$ より，直線ABの式は $y=-x+2$ となる。つまり，点Bは放物線 $y=x^2$ と直線 $y=-x+2$ との交点である。2式より y を消去して，$x^2=-x+2$，$x^2+x-2=0$，$(x+2)(x-1)=0$ より，$x=-2$，1となる。$x<0$ だから，点Bの x 座標は -2 である。これを $y=x^2$ に代入して，$y=(-2)^2=4$ より，B(−2, 4)となる。さらに，$\angle\mathrm{ABC}=\angle\mathrm{OAB}=90^\circ$ より，OA∥BCなので，直線BCの傾きは直線OAの傾きと等しく，1となる。したがって，直線BCの式を $y=x+c$ とおくと，B(−2, 4)を通るから，$4=-2+c$，$c=6$ より，直線BCの式は $y=x+6$ となる。

(2)**＜面積―等積変形＞**(1)より，点Cは放物線 $y=x^2$ と直線 $y=x+6$ との交点である。2式より y を消去して，$x^2=x+6$，$x^2-x-6=0$，$(x+2)(x-3)=0$ より，$x=-2$，3となる。$0<x$ だから，点Cの x 座標は3である。ここで，〔四角形OACB〕＝△OAB＋△ABCであり，OA∥BCだから，△OAB＝△OAE，△ABC＝△OBCとなる。直線BCの切片より，OE＝6で，△OAEは底辺をOEと見たときの高さが点Aの x 座標より1だから，$\triangle\mathrm{OAB}=\triangle\mathrm{OAE}=\dfrac{1}{2}\times6\times1=3$ となる。また，△OBC＝△OEB＋△OECで，△OEB，△OECは底辺をOEと見ると，高さはそれぞれ点B，Cの x 座標より2，3だから，$\triangle\mathrm{OEB}=\dfrac{1}{2}\times6\times2=6$，$\triangle\mathrm{OEC}=\dfrac{1}{2}\times6\times3=9$ より，$\triangle\mathrm{ABC}=\triangle\mathrm{OBC}=6+9=15$ となる。よって，〔四角形OACB〕＝△OAB＋△ABC＝3＋15＝18である。

(3)**＜直線の式＞**右上図のように，点Aを通り，四角形OACBの面積を2等分する直線と辺BCとの交点をFとすると，$\triangle\mathrm{ACF}=\dfrac{1}{2}$〔四角形OACB〕$=\dfrac{1}{2}\times18=9$ となる。ここで，OA∥BCより，△AEC＝△OEC＝9だから，△ACF＝△AECとなり，点Eと点Fは一致する。よって，A(1, 1)を通り，四角形OACBの面積を2等分する直線はE(0, 6)を通る。したがって，この直線の傾きは，$\dfrac{1-6}{1-0}=-5$，切片は6となるので，求める直線の式は $y=-5x+6$ となる。

5 **〔空間図形―角錐と球〕**

(1)＜**体積**＞右図1で，四面体BDEGは立方体ABCD-EFGHから4つの三角錐BCDG，DEHG，BEFG，ABDEを切り取った立体と見ることができる。〔立方体ABCD-EFGH〕$=6\times6\times6=216$であり，三角錐BCDG，DEHG，BEFG，ABDEはいずれも，等しい2辺の長さが6 cmの直角二等辺三角形を底面とする，高さが6 cmの三角錐だから，体積は，$\frac{1}{3}\times\left(\frac{1}{2}\times6\times6\right)\times6=36$となる。よって，〔四面体BDEG〕$=216-36\times4=72$(cm^3)である。

図1

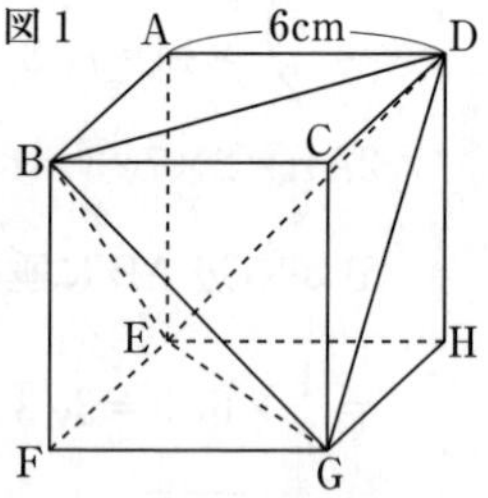

(2)＜**長さ—特別な直角三角形**＞右上図1で，△BCDは直角二等辺三角形より，BD$=\sqrt{2}$BC$=\sqrt{2}\times6=6\sqrt{2}$だから，四面体BDEGは1辺が$6\sqrt{2}$cmの正四面体となる。右図2のように，四面体BDEGの全ての面に接する球の中心をOとすると，〔四面体BDEG〕=〔三角錐OBDE〕+〔三角錐OBEG〕+〔三角錐OBDG〕+〔三角錐ODEG〕であり，これらの三角錐の底面をそれぞれ△BDE，△BEG，△BDG，△DEGと見たときの高さは，球の半径と等しくなる。ここで，△BDE，△BEG，△BDG，△DEGは全て1辺が$6\sqrt{2}$cmの正三角形で，高さは，$6\sqrt{2}\times\frac{\sqrt{3}}{2}=3\sqrt{6}$だから，面積は，$\frac{1}{2}\times6\sqrt{2}\times3\sqrt{6}=18\sqrt{3}$となる。よって，球の半径を$r$ cmとすると，三角錐OBDE，OBEG，OBDG，ODEGの体積は全て，$\frac{1}{3}\times18\sqrt{3}\times r=6\sqrt{3}r$となり，(1)より，これらの合計が72cm^{3}だから，$6\sqrt{3}r\times4=72$が成り立つ。これを解くと，$r=\sqrt{3}$(cm)となる。

図2

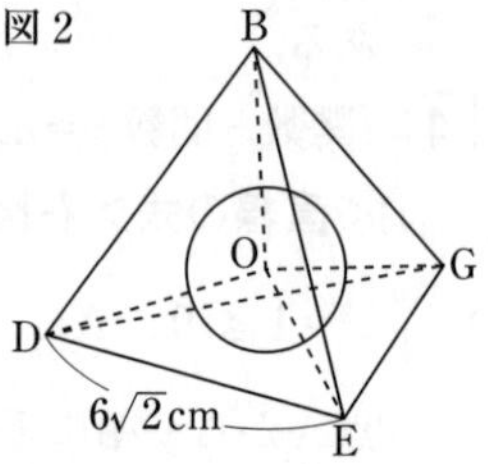

2020年度／文教大学付属高等学校

国語解答

一 問1　a　こころ　b　もぐ
c　こうき　d　違和感
e　独特

問2　制作や編集などの過程において言葉によって構想され，言葉による明確な意思をもって発信されているものだから。(52字)

問3　(1)　Ⅰ　デジタル(社会)
Ⅱ　リアルスペース〔リアル社会／現実の空間／現実の世界／アナログ社会〕
(2)…エ

問4　ソーシャルメディアの価値とは，デジタルでお互いにつながることではなく，リアルでの出会いを実現するためのツールとして利用することにあるということ。(72字)

問5　エ　問6　ウ

問7　ア…×　イ…○　ウ…×　エ…○　オ…×

二 問1　ⓐ…イ　ⓑ…ア　問2　イ

問3　ウ　問4　エ　問5　ア

問6　A　怪我を心配し，助ける
B　余計なことをして面倒なことになったら困る
C　老女を置いたまま出発しようと
D　評価する

問7　ウ

一 〔論説文の読解―社会学的分野―現代文明〕出典；山本達也『暮らしと世界のリデザイン』。

≪本文の概要≫サイバースペースが，言葉だけで構成された特殊な世界であるのに対し，我々が生きているリアルな空間は，未知なものであふれている。もともとデジタルは，リアル社会で生きるアナログな存在である人間の人生を，楽しく充実したものにする手助けツールにすぎなかったはずだが，いつの間にか，人間は，デジタルがなければ生きられないのではないかという錯覚を起こすまでになった。だから，これからの時代に必要なのは，デジタルとアナログとのバランスをとることではないかと思われる。「インターネット安息日」や「より深くネットに潜るためにリアルを変える旅」など，そのための処世術が提案されている。また，Airbnbの旅の形が示すように，ソーシャルメディアは，リアルでの出会いを実現するためのツールとして利用してこそ，最も価値を発揮すると考えられる。デジタル全盛時代だからこそ，逆にリアルの価値が高まってきており，携帯電話の通じない「圏外」にも注目が集まっている。デジタル社会につながることは価値であるが，つながらないこともまた価値なのである。

問1＜漢字＞a．他の訓読みは「ため(す)」。音読みは「試作」などの「シ」。　b．他の訓読みは「ひそ(む)」。音読みは「潜水」などの「セン」。　c．ちょうどよい機会のこと。　d．しっくりしない感じのこと。　e．そのものだけが特別に有していること。

問2＜文章内容＞写真や動画の「制作・編集などの過程」では，「言葉によって構想が練られることが大半」であり，また「アップロード」する際には，「言葉による明確な意思」が伴われる。つまり，言葉がなければ，写真や動画は存在しないし，インターネット上にもアップロードされないので，広い意味においては，文字情報に写真や動画が含まれるということになる。

問３⑴＜文章内容＞サイバースペースは，「言葉だけで構成された特殊な世界」であるため，「デジタルに変換可能なものしか存在」せず，実際の人間が存在することはできない。つまり，「デジタル社会」がいくら進行しても，「デジタルに変換不可能な私たち自身はサイバースペースで生きることはできない」のであり(…Ⅰ)，人間は，「リアルスペース」にしか存在できないのである(…Ⅱ)。

⑵＜四字熟語＞「本末転倒」は，物事の根本にある大切なところとそうでないところを取り違えること。もともとデジタルは，「リアル社会で生きるアナログな存在」である人間の人生を，「楽しく充実したものにする手助けツールに過ぎなかったはず」なのに，いつの間にか，デジタルは，人間の「生活の奥深くにまで浸透」し，「デジタルがなければ生きられない」という錯覚すら起こすほどの存在になったのである。「付和雷同」は，自分にしっかりとした主張や考えがなく他人の言動にすぐに同調すること。「傍若無人」は，周囲の人のことなど気にかけず勝手に振る舞うこと。「枝葉末節」は，主要ではない小さな部分のこと。

問４＜指示語＞筆者は，ソーシャルメディアの「本当の価値」が，「デジタルでお互いにつながることではなく，リアルでの素敵な出会いを実現するためのツールとして利用」することにあると気がついたので，「フェイスブックの利用」を再び始めたのである。

問５＜文章内容＞筆者は，「微量のノイズを入れる」ことを実践しており，そのノイズの効果を上げるために，まず，情報を「一度ゼロにリセットして，必要なものを必要なだけ足す」という「情報ダイエット」に取り組んだ(ア…×，エ…○)。そして，筆者は，インターネット回線をオフにする「インターネット安息日」を設けてはいないが(ウ…×)，「圏外」に身を置くことで，「直感が研ぎ澄まされ」たり，言葉では表現できない「すがすがしさ」が感じられたりするので，定期的に携帯の電波の届かない「圏外」に行くようにしている(イ…×)。

問６＜文章内容＞携帯電話が普及した当初は，電波の届かない「圏外」には，不便な場所という「ネガティブ」なイメージがあったが，今は「圏外」に身を置くことで，必要のない情報に接することもなく，また，「普段接することのない様々なノイズ」に出会うこともできるので，「つながらないこと」の価値が注目されているのである。

問７＜要旨＞「インターネット安息日」を設けて「哲学的な深い思考」をしたり，「リアル世界のアナログな旅」で「アルゴリズムが決して予測できない検索語を手に入れ」たりすることが，ネットから離れることによって得られる利点の一つだという指摘がある(ア…×)。また筆者は，「デジタルでつながることに価値をおきながら」フェイスブックを使っていたときは，「ソーシャルメディア疲れ」を起こしていたが，フェイスブックの利用の目的を「リアルでの出会い」にしてからは，「いいね！」や「コメント」の有無が気にならなくなった(ウ…×)。このような「リアルの価値」は，音楽の世界でも見直されており，それは，「CDの売上げは落ちていても，生ライブの価値は上がっている」といったことなどに表れている(イ…○)。「デジタル社会とのつきあい方」は，「各個人の生き方の問題」ではあるが，「情報ダイエット」も一つの方法といえ，かつては「どうやって情報を入手するか」という技術がもてはやされていたが，今は「どうやって不必要な情報を切るのか」というの技術が求められるようになったのである(エ…○)。さらに最近では，デジタル社会に「つながらないこと」の価値に注目が集まっており，携帯電話の通じない孤島への旅行者が増えているので，旅行会社も「つながらない場所」に行くツアーの検討を始めている(オ…×)。

二〔小説の読解〕出典；魯迅『些細な事件』。

問1＜語句＞ⓐ「附け込まれる」は，自分の弱みや不利な状況などを相手に巧みに利用される，という意味。　ⓑ「躊躇」は，ためらうこと。

問2＜文章内容＞「女」は，「白髪交り」の老女で，ぼたんのない「破れ」た著物を身にまとっているほど，生活に困窮しているような様子だった。

問3＜心情＞「わたし」は，「ふらふらと地に倒れて怪我するはずもない」のに「突傷が出来ました」と言う老女のことを，「本当に憎らしい奴だ」と思っている。また，「早く行ってくれ」という「わたし」の言葉に反して老女を助け起こした車夫の行為についても，「わたし」は，「余計なことして」と不快に思っているのである。

問4＜文章内容＞「わたし」は，「老女が怪我した様子」もなく，「ほかに見ている人もない」ので，「早く行ってくれ」と車夫に命じた。しかし，車夫は，老女を「いたわり扶け起し」て，怪我の有無を問い，そして派出所まで連れていこうとした。「わたし」は，身勝手な自分の行為とは対照的な車夫の行為に高潔さを感じたので，車夫が大きな存在に思えたのである。

問5＜表現＞自分の利害など顧みず，怪我をさせた老女を思いやる車夫の行動を目の当りにし，「わたし」は，自身の心の浅ましさが，切実に身にしみて感じられたのである。

問6＜文章内容＞車夫が，人力車の梶棒に引っかかって倒れた老女を「いたわり扶け起し」たのに対し(…A)，「わたし」は，「余計なこと」をして「手間を取っては困る」と思い(…B)，怪我した様子もないので，老女をそのままにして「早く行ってくれ」と車夫に出発するよう命じた(…C)。「わたし」は，本当は怪我などしていないのではないかと老女の言葉を疑ったうえに，自分の身勝手さを押し通そうとした自身の心の卑しさを切実に感じていたので，そんな卑小な自分が，車夫のことを「奨励」したり，「裁判」したりすることなど一切できないと思ったのである(…D)。

問7＜文章内容＞「わたし」は，この「小さな事件」を，今でも「苦痛」を押し切って思い出し，「自分自身に想到しよう」としている。事件を思い出すことで「慚愧」，つまり恥じ入る気持ちも思い返されるが，どのような世の中であっても，車夫のとった親切で正直な行動は，普遍的な価値を有するものとして，「わたし」を勇気づけたり，そして生きていく希望を持たせてくれたりするものなのである。

＝読者へのメッセージ＝

魯迅は，十九世紀から二十世紀にかけて活躍した中国の小説家で，中国近代文学の祖と評されています。七年間ほど日本に留学していた経験もあります。『故郷』『阿Q正伝』などの小説の他にも，詩や論文なども数多く残しています。

2019年度 文教大学付属高等学校

【英　語】（50分）〈満点：100点〉

1 リスニングテスト

（注意）リスニングテストの問題は試験開始５分後に放送されます。放送中にメモを取っても構いません。

第　1　部
これから放送される対話文に続くものとして、最も適切な英文を選択肢の中から１つずつ選び、記号で答えなさい。対話文はNo.1からNo.5まであり、それぞれ２度放送されます。

No.1　ア　You have the wrong number.
　　　イ　That's fine. I'll call back later.
　　　ウ　Is she at home?
　　　エ　That's too bad.

No.2　ア　I'm fine.
　　　イ　No, thank you.
　　　ウ　That's great.
　　　エ　No problem.

No.3　ア　That's good. I'll tell him about it.
　　　イ　What restaurant is it from?
　　　ウ　No, thank you.
　　　エ　Do you want some more?

No.4　ア　Yes, I will.
　　　イ　No, I don't.
　　　ウ　Yes, please.
　　　エ　No, it isn't.

No.5　ア　Thank you.
　　　イ　You're welcome.
　　　ウ　Yes, you may.
　　　エ　Sure.

第　2　部

これから放送される英文を聞いて、その後の問いに対する答えとして最も適切なものを選択肢の中から１つずつ選び、記号で答えなさい。問いはNo.6からNo.10まであり、英文と問いはそれぞれ２度放送されます。

No.6　ア　Big family.
　　　イ　Small family.
　　　ウ　Three.
　　　エ　Six.

No.7　ア　Jun's host brother.
　　　イ　A student from China.
　　　ウ　A cat.
　　　エ　A rugby player.

No.8　ア　Because she is from Taiwan.
　　　イ　Because she studied it at school.
　　　ウ　Because she has a friend from Taiwan.
　　　エ　Because she lived in Taiwan.

No.9　ア　He wants to see koalas and kangaroos.
　　　イ　He would like to go surfing.
　　　ウ　He wants to visit Movie World or Sea World.
　　　エ　He wants to watch a rugby game.

No.10　ア　Because Jun wants to see his host family.
　　　イ　Because they want to see the Haka.
　　　ウ　Because the rugby game has already started.
　　　エ　Because they want to go to the rugby stadium.

※＜リスニングテスト放送原稿＞は英語の問題の終わりに付けてあります。

2　例題にならい、次の説明に合う英単語を書きなさい。

【例題】
the meat from a cow
【解答】
beef

① the eighth month of the year, after July
② a game played with rackets by two or four players who hit a ball over the net in a court
③ a place you visit to read or borrow books
④ the brother of your father or mother
⑤ something on the wall which shows the time of day

3　次の各英文が日本語の意味を表すように、(　　) に適切な語を書きなさい。

① 私は雷が怖いです。
I am (　　　　)(　　　　) thunder.

② クミは自分の絵とユカのを比べました。
Kumi (　　　　) her picture (　　　　) Yuka's.

③ 庭は家の前にあります。
The garden is in (　　　　)(　　　　) the house.

④ コーヒーをもう１杯いただけますか。
Can I have (　　　　)(　　　　) of coffee?

⑤ どうかお身体を大切にしてください。
Please (　　　　)(　　　　) of yourself.

4 次の各英文の（　　）内の語を、適切な形に直しなさい。ただし１語とは限りません。

① Are (that) shoes yours?

② I'm glad (talk) with you.

③ Yuri has (many) books than Ken.

④ The boys (study) history in the next room now.

⑤ The glass (break) by Tom yesterday.

5 日本語の意味を表すように（　　）内の語（句）を並べかえ、英文を完成させなさい。ただし、解答は（　　）内で３番目と５番目に来るものを記号で答えなさい。なお、文頭に来る語も小文字で始めています。

① 私は、ケンに宿題を手伝ってくれるように頼みました。
I (ア asked　イ help　ウ Ken　エ me　オ to　カ with) my homework.

② 昨日来た女性は、エイミーおばさんと呼ばれています。
(ア called　イ came　ウ is　エ that　オ the woman　カ yesterday) Aunt Amy.

③ 家を出るときに電話を下さい。
(ア a call　イ give　ウ leave　エ me　オ when　カ you) home.

④ あなたはなぜエミリーがうれしいのか知っていますか。
(ア do　イ Emily　ウ is　エ know　オ why　カ you) happy?

⑤ 信濃川は日本で一番長い川です。
(ア any　イ is　ウ longer　エ other　オ than　カ the Shinano) river in Japan.

6 次の対話文の下線部を英文に直しなさい。

コウタ：先日、上野に行ってきました。①その時、観光客 (a tourist) が東京国立博物館 (Tokyo National Museum) にはどうやって行くのか、聞いてきたのです。

先生：それで、うまく教えられたのですか。

コウタ：はい、相手の持っていた地図を使って、何とか教えることができました。

先生：それは、良かったですね。

コウタ：でも、もう少しうまく話せたら良かったです。

先生：そう、英語はまだまだ勉強が必要ですね。②放課後、一緒に英語を勉強しましょう。

7 次の対話文を読み、あとの問いに答えなさい。

東京へ来て間もない留学生のAngelaが、クラスメートのタカシとコーヒーショップで話をしています。

Angela：Hi, Takashi, sorry to have kept you waiting. The street was so crowded and my bus got stuck in a traffic jam. Well, I'd like to have a glass of iced tea, so wait a moment, and I'll come back with my drink.

– A few minutes later –

Angela：Oh, are you still using a straw like that?

Takashi：A straw like that? What do you mean, Angela? I wasn't asked, "Do you want a straw?" or, "Which straw would you like?" You have your own tumbler, so you won't be asked. Everybody without a tumbler uses this kind of straw if we order an iced drink.

Angela：①Not everybody in the world. Did you know *Chen's Coffee Shop* has stopped using plastic straws in many cities around the world?

Takashi : No, is that true? Why do they have to stop using them? I've never heard about that here in Tokyo. I can feel relaxed with a straw when I have an iced drink.

Angela : They decided ②it for our seas. Not only *Chen's Coffee Shop*, but many companies have already started removing plastic straws from their restaurants.

Takashi : Really? Can you tell me more examples of ③that kind of restaurants?

Angela : For example, *M's Hamburgers* has already started removing straws in the UK and Ireland. In Japan, too, a big chain group, *The Superb Restaurants Group* says that they will stop using straws by 2020.

Takashi : *The Superb Restaurants Group*? Oh, they have so many kinds of restaurants, such as Chinese, Italian, for family-use, gorgeous ones, and among them I like John's Chinese best.

Angela : Yeah, me too. They say that the whole group uses more than 100 million straws in a year so they want to reduce plastic waste. First, they want to reduce waste from straws.

Takashi : What about small kids or handicapped people? They may need plastic straws.

Angela : *The Superb Restaurants Group* says they will give straws to ④such people when they are asked.

Takashi : Can small plastic straws make any difference? I don't think so. I usually bring water in my own bottle instead of buying water in a plastic bottle. ⑤That's a better way to make a difference.

Angela : Of course, it's important for us to stop using such items like plastic bottles and plastic bags, and also it helps us if businesses take a first step.

Takashi : Right. If businesses can take a first step to save our oceans, we can do the same thing on an individual level.

Angela : Then it may make a wonderful difference to the health of our seas someday! Takashi, would you like to buy ⑥a reusable tumbler?

Takashi : All right. To reduce plastic waste, I'll buy one and then I don't have to waste a plastic cup. I won't use a plastic straw either.

Angela : Great! Someday in the future I also hope all the restaurants in Japan will remove disposal chopsticks and people bring their own chopsticks with them.

問１　下線部①の内容を正しく表すものを次から１つ選び、記号で答えなさい。

ア　タンブラーを持っている人が皆、プラスチックのストローを使うわけではない。
イ　タンブラーを持っている人が皆、プラスチックのストローを使わないわけではない。
ウ　タンブラーを持たない人が皆、プラスチックのストローを使うわけではない。
エ　タンブラーを持たない人が皆、プラスチックのストローを使わないわけではない。

問２　下線部②の具体的な内容を解答用紙に合うように英語で答えなさい。

They decided ＿＿＿＿＿＿＿＿＿＿＿＿＿＿＿＿＿＿＿＿ straws.

問３　下線部③の内容を正しく表すものを次から１つ選び、記号で答えなさい。

ア　チェーン店として様々なタイプのレストランを経営している大元のレストラン
イ　チェーン店として展開しているものの例外のタイプもある人気のレストラン
ウ　親切に全てのお客に対してストローが必要か聞いてくれるレストラン
エ　プラスチックのストローを廃止しようとしているレストラン

問4　下線部④が指すものを本文から抜き出して英語で答えなさい。

問5　下線部⑤と同じ意味のものを次から１つ選び、記号で答えなさい。

ア　To bring water in my own bottle is a short-cut to solve ocean's problem.
イ　To buy water in a plastic bottle is a short-cut to solve the sea pollution.
ウ　To make more plastic bottles is the best way to keep trash out of our sea.
エ　To make more plastic straws is the best way to make a difference in the ocean.

問6　下線部⑥と同じ意味のものを次から１つ選び、記号で答えなさい。

ア　a tumbler that you can use again and again
イ　a tumbler that can be thrown away after a single-use
ウ　a tumbler with a disposable straw
エ　a tumbler with a burnable straw

問7　あなた自身は、文中の*Chen's Coffee Shop*や*The Superb Restaurants Group*の取り組みについてどう思いますか。理由も合わせて英語で答えなさい。

8　次の英文を読み、あとの問いに答えなさい。

Are you a logical person? Do you think you can make a decision carefully? You will say 'yes', but research on the *brain shows that when we decide something, we are not really thinking carefully. I will give you an example. When you are asked questions, you usually use the things you learned at school, from books or on the Internet. You think it takes time to get the answers to these questions, because you think it is important to think carefully and step by step. But some of the answers are not thought out carefully. For example, you can get the answers to ①the following situations quickly:

- What is the answer to 1 + 2?
- Drive a car while you are talking to your friend in the back seat.

You can get the answers to these questions quickly because you have experienced these things and situations many times. You already know the answers to them.

(②), this is not the end of the story, because these examples are too simple. The problem is that our brain *solves questions too quickly. The power of quick thinking is so strong that our brain often thinks something is true, ③<u>although it isn't</u>.

Look at the following example. The brain often tells us to say the opposite of the things which we see.

First, look at Box A, and say 'left' when the word is printed to the left. Then go down and say 'right' when the word is printed to the right.

Second, go down Box B, and say 'left' or 'right' like your first task.

A

left	
	left
right	
right	
	right
	left
left	
	right

B

big	
small	
	big
big	
big	
	small
small	
big	

Well, were you able to do this task without making a mistake? Didn't you think that it's easy to do it quickly? Wasn't it a little difficult to do without making any mistakes? The answer to Box A is: left - right - left - left - right - right - left - right. Didn't you say 'left - left - right - right - right - left - left - right' when you read the box? I'm sure you won't experience this (④) when you read Box B.

Now, what does all this mean? The point is that the brain solves the problem (⑤) than you think. In other words, the brain already 'knows' the answer before you start thinking. Look at the second word from the top. You know you should say '(⑥)', but when you see the word '(⑦)', your brain responds to it, and tells you to say '(⑧)'. But, the word is actually printed to the right! So the brain does a wonderful job, but the problem is that the brain sometimes makes mistakes. ⑨We are so powerfully influenced by the brain that we don't know it.

注：　brain 脳　　　solve 解く

問1　下線部①の「次の状況」の説明として、適切なものを次から１つ選び、記号で答えなさい。

ア　質問に対してすばやく答えなければならない状況
イ　答えが出るまでに多くの時間がかかる状況
ウ　学校や本、インターネットで得た知識を思い出そうとする状況
エ　これまでに何回も経験したので答えがわかる状況

問2　（　②　）に入れるのに、最も適切なものを次から１つ選び、記号で答えなさい。

ア　First
イ　So
ウ　Then
エ　However

問3　下線部③の日本語として、適切なものを次から１つ選び、記号で答えなさい。

ア　脳はすばやく答えを出そうとするけれども
イ　脳が判断したことは正しくないけれども
ウ　時間の短さが決断に影響しないけれども
エ　時間をかけなくても答えは出せるけれども

問4　（　④　）に入れるのに、適切なものを次から１つ選び、記号で答えなさい。

ア　energy
イ　charity
ウ　difficulty
エ　safety

問５　（　⑤　）に入れるのに、適切なものを次から１つ選び、記号で答えなさい。

ア　more quickly
イ　more slowly
ウ　more strongly
エ　more weakly

問６　（　⑥　）、（　⑦　）、（　⑧　）に入れるのに、適切な組み合わせを次から１つ選び、記号で答えなさい。

ア	⑥ left	⑦ right	⑧ right
イ	⑥ left	⑦ left	⑧ left
ウ	⑥ right	⑦ left	⑧ left
エ	⑥ right	⑦ right	⑧ right

問７　下線部⑨をitの内容を明らかにし、以下の（　　）に入るよう、日本語に訳しなさい。

「私たちはあまりにも（　　　　　　　　）。」

問８　この英文の題名として適切なものを次から１つ選び、記号で答えなさい。

ア　The Power of the Brain
イ　The Power of Quick Thinking
ウ　Thinking Carefully
エ　Thinking without Making Mistakes

＜リスニングテスト放送原稿＞

【第１部】

No.1

A：Hello.

B：Hello. This is Kate speaking. May I please speak to Mary?

A：Sorry. She's out right now. Can I take a message?

No.2

A：Kate, would you help me with my homework?

B：OK. How about meeting at 3:30?

A：Thank you very much. You are very kind.

No.3

A：Wow! This pizza is good!

B：Really? I made it.

A：You are a good cook. I like it very much.

No.4

A：It's really cold today.

B：Yes, it is.

A：May I close the window?

No.5

A：Hey Jane. Will you be at your house this afternoon?

B：Yes.

A：How about playing video games together?

【第2部】

Emily: Welcome to Queensland, Australia, Jun!　I'm glad to meet you.　I'm your host mother, Emily.

Jun: Nice to meet you, Emily.

Emily: I'll introduce my family members later.　They are waiting for us at home. We are a family of six.　We have three cats in our house.　Also, we have another student, and he is from China. His name is Lin, and he has been here for 3 months.

Jun: Wow, you have a big family.　My family in Japan is small, father, mother, and me. We don't have any pets.

Emily: Then, you will have fun with our big family.

Jun: I will.

Emily: Have you ever visited here before?

Jun: No, I haven't.　Have you ever been to Japan?

Emily: No.　But, I lived in Taiwan for three years.

Jun: Oh, can you speak Chinese?

Emily: Yes, so I sometimes use Chinese to help Lin.

Jun: He is lucky.

Emily: Well, what do you want to do here?

Jun: I have a lot of things I want to do. I want to see koalas and kangaroos, I would like to go surfing, I want to visit the Movie World or Sea world, but I want to watch a rugby game the most.

Emily: Oh, you're a rugby fan!　We love rugby.　Is rugby popular in Japan, too?

Jun: Yes. Some Japanese players are now playing on some Australian rugby teams.

Emily: That's great. Tonight, we have a big rugby game between Australia and New Zealand. The Australian team is called the Wallabies and the New Zealand team is called the All Blacks.

Jun: All Blacks!　They are popular with the Haka. I want to see it.

Emily: OK, let's go home and watch the game on TV.　It's going to start soon. Players perform the Haka before the game.

Jun: Let's hurry!　I can't wait!

No.6　How many family members are there in Jun's family?

No.7　Who is Lin?

No.8　Why can Jun's host mother speak Chinese?

No.9　What does Jun want to do in Australia the most?

No.10　Why do they need to hurry?

【数　学】（50分）〈満点：100点〉

1 次の計算をしなさい。

(1)　$\left(\frac{1}{3}-\frac{4}{37}\right)\times\left(-\frac{3}{5}\right)^2$

(2)　$\frac{2x-1}{3}-\frac{2x+5}{12}$

(3)　$\{(3a+2b)^2-(3a-2b)^2\}\div\frac{3}{4}ab$

(4)　$\frac{8}{3\sqrt{2}}-\frac{\sqrt{50}}{6}+\frac{\sqrt{98}}{2}$

2 次の方程式を解きなさい。

(1)　$\frac{x}{6}+\frac{1}{2}=\frac{2x+5}{3}$

(2)　$\begin{cases}0.3x+0.4y=5\\5x-3y=6\end{cases}$

(3)　$(2x-1)(2x+1)=3(2x+1)$

3 次の各問いに答えなさい。

(1)　$20x^2y-60xy^2+45y^3$ を因数分解しなさい。

(2)　$\sqrt{\dfrac{480}{n}}$ が整数になるような自然数n は全部で何個ありますか。

(3)　2つの関数$y=x^2$ と$y=ax-7$ は，x の値が1から4まで増加するときの変化の割合が等しい。このとき，a の値を求めなさい。

(4)　A，Bの2個のさいころを同時に投げるとき，出た目の積が偶数になる確率を求めなさい。

(5)　下の図で，$\angle x$ の大きさを求めなさい。

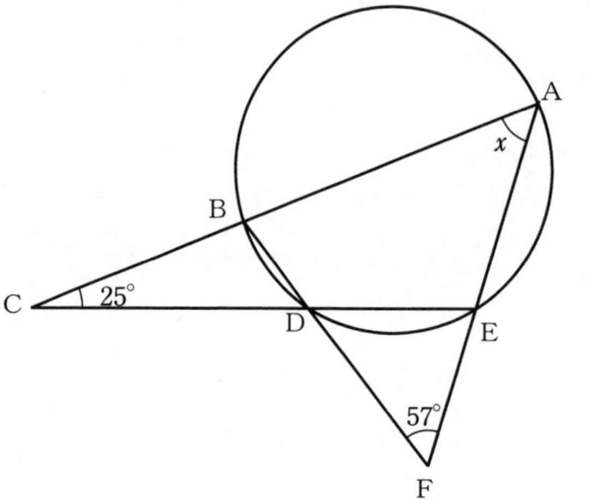

(6)　下の図で，線分ＥＦの長さを求めなさい。

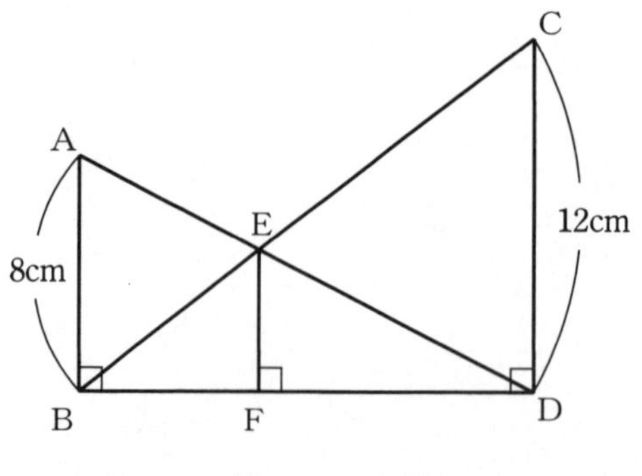

4 下の図で，関数$y=ax^2$のグラフ上に3点A，B，Cがあり，点Aの座標は$(-4, 4)$，点Bのx座標は4，点Cのx座標は8である。
　このとき，次の問いに答えなさい。

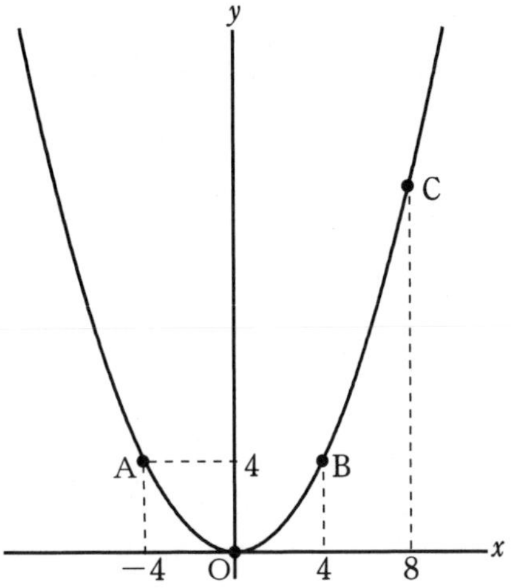

(1)　aの値を求めなさい。また，2点A，Cを通る直線の式を求めなさい。

(2)　△OBCの面積を求めなさい。

(3)　直線$x=2$と線分OB，ACとの交点をそれぞれD，Eとするとき，四角形DBCEの面積を求めなさい。どのように求めたか，その過程もかきなさい。

5 下の図は，正四角錐O－ABCDの展開図である。また，線分OA，ODの中点をそれぞれM，Nとする。
　このとき，次の問いに答えなさい。

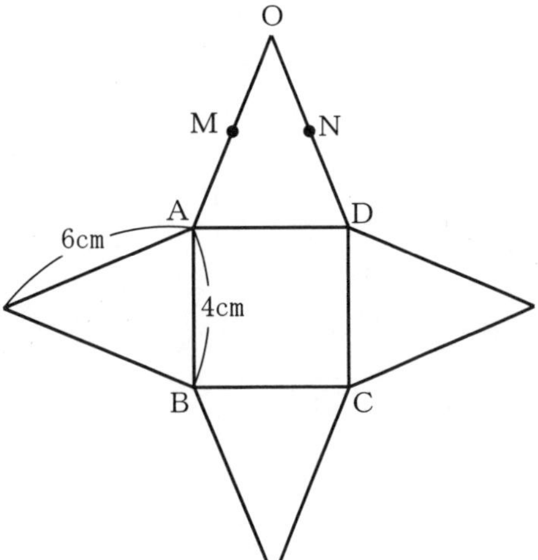

(1)　正四角錐O－ABCDの表面積を求めなさい。

(2)　正四角錐O－ABCDの体積を求めなさい。

(3)　正四角錐O－ABCDを平面MNCBで2つの立体に分けたとき，頂点Oを含む立体の体積を求めなさい。どのように求めたか，その過程もかきなさい。

問8 ――⑧「それでも僕は小説を書こう、ミツザワ書店の棚の一部を占めるくらいの小説を書こう」とは、「ぼく」のどのような思いからの言葉ですか。最も適切なものを次から選び、記号で答えなさい。

ア 今後の創作に対する不安をかかえながらも、小説を書き続けて、いつか書店に置かれた自分の作品が、読者の世界を開くきっかけになってほしいという思い。

イ たとえ今、自分が作家として未熟だと言われようとも、今後も小説を書き続けて、いつかは誰からも魅力的な作家だと言われるようになりたいという思い。

ウ たとえ今、自分がまだ作家として知られていなくても、小説を書き続けて、どんなに小さな書店にも自分の本が並ぶくらい有名な作家になりたいという思い。

エ 今後、自分の表現に疑問を感じることになるとしても、読者好みの表現で書いた小説が、書店の一部を占めるくらいに売れる作品になってほしいという思い。

問9 ＝＝線a～eのカタカナは漢字に直し、漢字は読み方をひらがなで答えなさい。

問5　――⑤「子どものような笑い声」とありますが、「女の人」はなぜ笑ったのですか。最も適切なものを次から選び、記号で答えなさい。

ア　ずっと昔に盗んだ本の代金を返そうとしている「ぼく」の様子が必要以上にびくびくしていて、おかしかったから。

イ　昔おばあちゃんがつかまえられなかった本泥棒が、自分のところにのこのこ謝りに来たことがおかしかったから。

ウ　これまでにも本やお金を返そうとした人が何人も来ていて、そんな人がまた来たかと思っておかしくなったから。

エ　ずっと昔にこの書店から本を盗んだ人が作家になるなんて、何かの間違いだろうと思っておかしくなったから。

問6　――⑥「子どものころのぼくにとって、ミツザワ書店こそ世界への扉だった」とありますが、「ミツザワ書店」は「ぼく」にとってどのような場所だったのですか。三十字～四十字で答えなさい。

問7　――⑦「幸福そうでもあった」とありますが、このときの「ぼく」の気持ちの説明として最も適切なものを次から選び、記号で答えなさい。

ア　埃をかぶった本の上にまだ新しい自分の本を置いたことで、今のところは違和感があるが、すぐに埃が積もって他の本と同じになるだろうと期待している。

イ　ひっそりと誰かに読まれるのを待っている本の中に一冊だけ新しい自分の本が加えられたので、すぐにだれかに読んでもらえるだろうと自信を持っている。

ウ　ひっそりと時間を吸い込み吐き出す本の中に自分の本が新しく加えられることで、これからもひっそりとこの場所に置いていてもらいたいと願っている。

エ　ミツザワ書店の歴史ある本の中に自分の本が加えられて、今のところは違和感があるが、それでも一員に加えてもらえたことに晴れがましさを感じている。

——④「拙い」

ア　見苦しい　　イ　未熟でへたな　　ウ　場にそぐわない　　エ　運が悪い

問3　——②「頬をはられたような気持ち」とは、どのような気持ちですか。最も適切なものを次から選び、記号で答えなさい。

ア　おばあさんが亡くなったのは自分のせいだと女の人に責められているような気持ち。

イ　おばあさんが亡くなっているということは全く予想しておらず、衝撃を受ける気持ち。

ウ　おばあさんが亡くなっていたことに玄関の飾りで気付かなかった自分を責める気持ち。

エ　おばあさんの死について冷静に話す女の人に対して、その気丈さを意外に思う気持ち。

問4　——③「とてつもない失敗」とは、どのようなことですか。最も適切なものを次から選び、記号で答えなさい。

ア　本泥棒の被害が大きくなりミツザワ書店が閉店に追い込まれたことに対して、おばあさんに直接お詫びする機会が失われてしまったこと。

イ　おばあさんが亡くなりミツザワ書店が店じまいをしてしまったことで、書店に自分の単行本を置いてもらうという夢が果たせなくなったこと。

ウ　おばあさんが亡くなりミツザワ書店の跡継ぎが誰もいないということで、ミツザワ書店がもう二度と復活することがないということ。

エ　おばあさんが亡くなりミツザワ書店が店じまいをしてしまっていたのに、今ごろになって本を盗んだことを謝りに来てしまったこと。

「今日はどうもありがとうございました」女の人は頭を下げる。
「いえ、こちらこそありがとうございました」
「そうじゃなくて。本、お買いあげいただいて」
女の人はおかしそうに笑った。ついさっきぼくが出した本の代金のことを言っているのだと、わかるのに数秒かかった。すみませんと頭を下げて、ぼくも笑った。

シャッターの閉まったミツザワ書店の前を過ぎる。高く晴れた空の下、ひっそりとした商店街を歩く。数十メートル歩いてふりむくと、記憶のなかのミツザワ書店が色鮮やかに思い浮かんだ。店の前に並べられた週刊誌や漫画、埃で曇った窓ガラス。それはそのまま、未来の光景でもあるんだろう。世界に通じるちいさな扉は、近々きっと開くのだろうから。

不釣り合いでも、煮詰まっても、自分の言葉に絶望しても、⑧それでもぼくは小説を書こう、ミツザワ書店の棚の一部を占めるくらいの小説を書こうと、書き初めに向かう子どものような気分で思う。

顔を上げると、青い空に凧《たこ》がひとつ浮かんでいた。

（角田光代「ミツザワ書店」）

問1　[A] に入る語を次から一つ選び、記号で答えなさい。

ア　高揚と安堵　　イ　期待と動揺　　ウ　高揚と緊張　　エ　動揺と落胆

問2　――①「怪訝そうな」、④「拙い」の文中での意味をあとの選択肢から選び、それぞれ記号で答えなさい。

――①「怪訝そうな」

ア　おびえているような　　イ　わけを知っていそうな　　ウ　気の強そうな　　エ　あやしむような

うに押しこまれた本――。記憶と異なるのは光だけだった。ガラス戸から黄色っぽい光がさしこんでいた薄暗いミツザワ書店は、今、蛍光灯ののっぺりした明かりに照らし出されている。

「祖母は本当に本を読むのが好きな人でね。お正月なんかに集まっても、ひとりで本を読んでましたよ、子どもみたいに。読む本のジャンルもばらばら。ミステリーのこともあれば、時代小説のこともあったし、あるとき私がのぞきこんだら、ＵＦＯは本当に存在するか、なんて本を読んでいたこともあった。祖母が祖父と結婚した理由っていうのも、祖父が本屋の跡取り息子だったからなんですって。祖父が亡《な》くなってからは、自分の読みたい本ばかり注文して、片っ端から読んで。売り物なのにね」

女の人は積み上げられた本の表紙を、そっと撫《な》でさすりながら言葉をつなぐ。

「私、子どものころおばあちゃんに訊《き》いたことがあるの。本のどこがそんなにおもしろいの、って。おばあちゃん、何を訊いてるんだって顔で私を見て、『だってあんた、開くだけでどこへでも連れてってくれるものなんか、本しかないだろう』って言うんです。この町で生まれて、東京へも外国へもいったことがない、そんな祖母にとって、本っていうのは、世界への扉だったのかもしれないですよね」

それを言うなら⑥子どものころのぼくにとって、ミツザワ書店こそ世界への扉だったとぼくは思ったけれど、口には出さなかった。そのかわり、棚を見るふりをして通路を歩き、茶封筒から自分の単行本をすばやく抜き取り、塔になった本の一番上にそっと置いた。

「おばあちゃんは本屋じゃなくて図書館で働くべきだったわね」

「でも、それじゃ、すぐクビになっちゃいますよ。仕事を放り出して本を読み耽《ふけ》っちゃうんだから」思わず言うと、女の人はまた楽しそうに笑った。

本で満たされた店内をぼくはもう一度眺めまわす。埃をかぶった本は、すべて呼吸をしているように思えた。ひっそりと、時間を吸いこみ、吐き出し、だれかに読まれるのをじっと待っているかのように。そのなかに混じったぼくの本は、いかにも新参者という風情《ふぜい》で、居心地悪そうだった。しかし⑦幸福そうでもあった。作家という不釣り合いな仕事をはじめたばかりのぼくのように。

礼を言って玄関を出た。門まで見送りにきた女の人は、恥ずかしそうにうつむいて、

「いつかあそこを開放したいと思っているんです」とちいさな声で言った。「図書館なんておこがましいけれど、この町の人が読みたい本を好き勝手に持っていって、気が向いたら返してくれるような、そういう場所を作れたらいいなって思っているんですよ」

「そうなってほしいと、じつはさっき思っていたんです。楽しみにしています」ぼくは言った。

ぼくはうつむいたまま一気にしゃべった。十六歳の夏の日。秋のはじめの決行。はじめて本読みで夜を明かしたこと。④拙い感想。三年前書きはじめた原稿。c幾度も書きなおした言葉。とんでもないことになったと思った授賞式。夜襲いかかってくる不安。単行本と、それを手にして思い出したおばあさんのこと。

「本当にすみませんでした」

ぼくは財布から本の代金を取り出してソファテーブルに置き、深く頭を下げた。呆《あき》れられるか、ののしられるか、帰れと言われるか、じっと待っていると、⑤子どものような笑い声が聞こえてきた。驚いて顔を上げると、女の人は腰をおりまげて笑っていた。ひとしきり笑ったあとで、話し出した。

「じつはね、あなただけじゃないの。この町に住んでいた子どもの何人かは、うちから本を持ってってると思うわよ。祖母の具合が悪くなって、それで私たち、同居するために引っ越してきたんだけれど、はじめてあの店を見て、私だって驚いちゃった。持ってけ泥棒って言っているような本屋じゃない。しかも祖母はずうっと本を読んでるし。私も幾度か店番をしたことがあって、何人か、つかまえたのよ、本泥棒」女の人はまた笑い出した。「それだけじゃないの。返しにくる人も見つけたことあるの。持っていったものの、読み終えて気がとがめて、返しにきたんでしょうね。まったく、図書館じゃあるまいし。こうしてお金を持って訪ねてきてくれた人も、あなただけじゃないの。祖母が生きているあいだも、何人かいたわ。じつは数年前、これこれこういう本を盗んでしまった、って。もちろん、そんな人ばかりじゃないだろうけどね、そんな人がいたのもたしかよ。あなたみたいにね」それから女の人はふとぼくを見て、

「作家になった人というのははじめてだけれど」と思いついたようにつけ足した。

「本当にすみません」もう一度頭を下げると、

「見ますか、ミツザワ書店」女の人は立ち上がって手招きをした。

玄関から続く廊下の突き当たりが、店と続いているらしかった。女の人はdトソウの剝《は》げた木製のドアを開け、明かりをつける。本の持つ独特のにおい、紙とインクの埃っぽいような、甘い菓子のようなにおいがぼくを包みこみ、目の前に、あのなつかしいミツザワ書店がそのまま立ちあらわれる。

「店は閉めているけれど、そのままにしているんです。片づけるのも処分するのも面倒だというのが本音ですけど。ほとんど倉庫ですね」

女の人とともに、店内に足を踏み入れた。床から積み上げられた本、平台にeムゾウサに積まれた本、レジ台で壁を作る本、棚にぎゅうぎゅ

それを聞くと女の人は、口元にゆったりした笑みを浮かべ、ドアから出てきて門を開いた。どうぞ、と手招きをする。

「いえ、あの、すみません、新年にご a メイワクかと思ったんですけど、明日帰ってしまうもので」

「どうぞ、おあがりになって」

女の人はぼくに笑いかけた。背を丸めて本を読んでいたおばあさんが笑ったところは見たことがないけれど、笑いかけられ、この人がおばあさんの娘か孫だということがすぐにわかった。どこかなつかしいその笑顔に誘われるように、ぼくは玄関へ続く庭へと足を踏み出していた。

こぢんまりとした居間に通され、ぼくはソファに腰掛けた。ミツザワ書店とは違い、こざっぱりした部屋だった。陽のさしこむ窓に目をやると、埃《ほこり》がゆっくり舞うのがやけにはっきり見えた。女の人は盆に紅茶をのせて、ぼくの向かいに腰掛ける。

「突然すみません」

もごもごとぼくは言った。女の人はぼくの前に紅茶を置く。香ばしいにおいがたちのぼる。

「あの、えーと、おばあさんはお元気ですか」

女の人は口元に笑みを浮かべたままぼくを見て、

「他界しました。去年の春です」静かな口調で言った。②頬をはられたような気持ちでぼくは女の人を見た。そういえば、玄関になんの飾りもなかったことを今さらながら思い出す。

「家の者は友人の家にいっていて、ちょうど今日は b 留守で、私もひまだったんですよ」

「えーと、あなたは、おばあさんの」

「孫です。三年前にここに引っ越してきて、この家で両親と暮らしています」

「それであの、ミツザワ書店は」

「祖母が伏せってから、ずっと閉めています。あとを継ぎたいという者がだれもいなくて。もともと儲《もう》かるような店じゃなかったし、祖母の道楽みたいなものでしたしね。今は駅の向こうに大型書店もできて、うちが店じまいしてもみなさん困ることもないでしょう」

何か、③とてつもない失敗をしでかしたような気になった。自分は凶悪事件の加害者で、警察にいかず被害者の家に自首しにきたような。

柱時計の秒針が、やけに大きく耳に響いた。

「じつはお詫《わ》びしなきゃならないことがあって今日はここまできたんです」

二　次の文章を読み、あとの問いに答えなさい。

初めて書いた小説で文芸雑誌の新人賞を受賞した「ぼく」は、実家の近所にある「ミツザワ書店」のことを思い出す。「ミツザワ書店」はおばあさんが一人で店番をしている書店で、「ぼく」は十六歳のとき、そこで一冊の本を万引きしてしまった。受賞作が単行本化され、正月に帰省した「ぼく」は盗んだ本の代金と自分の単行本を持って、「ミツザワ書店」に寄ってみようかと考える。

以前とまったく同じ場所にあるミツザワ書店は、シャッターが閉まっていた。そういえば、シャッターの閉ざされたミツザワ書店をぼくは見たことがなかった。ほとんど眠ったような商店街だったが、ミツザワ書店はいつだって開いていたのだ。

三が日だからか。明日には開店するのか。黒ずんだシャッターの前に立ち、ぼくは考えを巡らせる。着物姿の女の子たちがぼくの背後を通りすぎていく。彼女たちの手にした破魔矢の鈴が、ちりちりと鳴る。

東京に帰るのは明日の午後だから、明日の朝にまたきてみようか、そう思う一方で、今帰ったらもう二度とここへくる気にはなれないような気もした。

ずいぶん長いあいだぼくはそこに立ち尽くしていたが、思いきって店の裏側にまわった。店の裏側が住居になっていることは前々から知っていた。店の裏手の門についたインターホンを鳴らしてみる。十歳かそこらのころ、住宅街をピンポンダッシュして走りまわったような　A　を覚える。

返答はない。もう一度押す。門の内側の申し訳程度の庭を、かつてミツザワ書店の店内を眺めたように見渡した。実際庭はちいさな書店内と同じく、雑然としていた。雑草が生い茂り、白いちいさな花が咲き、細いぐみの木や、背の高い柿《かき》の木が好き勝手にのびていた。

ドアがゆっくりと開き、ぼくはあわてて視線を戻す。てっきりあのおばあさんがあらわれると思っていたのだが、ドアから顔をのぞかせているのはずいぶん若い女の人だった。①怪訝《けげん》そうな目でぼくを見ている。

「あ、あの、以前こちらでよく買いものをしていた者なんですが」ぼくは急いで自己紹介をした。「ひさしぶりに帰ってきたので寄ってみたんですが、閉まっていたので」

問6 ――⑤「それだけでは歴史なり、社会なりの全体像を把握できない」について、どうしてこのように言えるのですか。その理由として、最も適切なものを次から選び、記号で答えなさい。

ア 個別の事象にとらわれすぎると、客観的な立場から物事を見ることが難しくなるため。

イ 歴史や社会の全体像をつかむには、事件が起きてからある種の時間の経過が必要となるため。

ウ 歴史や社会の全体像をつかむには、空間の大きさを踏まえることが前提となるため。

エ 個別の事象は主観でしか捉えられず、相対的に考えると真実と一致しないことがあるため。

問7 [X] を補う表現として最も適切なものを次から選び、記号で答えなさい。

ア 核とは何か

イ 近代とは何か

ウ 旅人とは何か

エ 防災とは何か

問8 本文に述べられていることとして最も適切なものを次から選び、記号で答えなさい。

ア 社会構造を把握するためには、「旅人」という立場で複数の地域を巡るよりも、一カ所に根を下ろした方がよい。

イ ダークツーリズムの「ダーク」を明るい意味の単語に置き換えると、よりその地域への理解が深まる。

ウ ダークツーリズムに参加すると、地域の歴史が捉えられるようになり、他の地域の歴史も類推できるようになる。

エ 自然災害の多い地域では、あえて恐ろしさを喚起するような地名をつけ、住民に注意を促していた。

問9 ══線a～eのカタカナは漢字に直し、漢字は読み方をひらがなで答えなさい。

問2 ――①「小林多喜二」の作品として適切なものを次から一つ選び、記号で答えなさい。

ア　人間失格

イ　杜子春

ウ　銀河鉄道の夜

エ　蟹工船

問3 ――②「二度目の死」について、

（1）どういうことか説明している部分を三十五字以内で抜き出し、最初と最後の五字を書きなさい。

（2）「二度目の死」が起きると、どのようなことにつながるのですか。その説明として最も適切なものを次から選び、記号で答えなさい。

ア　地域の名前に込められた意味が忘れ去られていき、開発が進み新しい地名になってしまうということ。

イ　地域の住人の多くが災害のために命を落とし、その地域の歴史が失われてしまうようになるということ。

ウ　地域の住人が過去の災害を警戒しなくなり、それが命の危険にまで及ぶことになるということ。

エ　地域の住民が災害に対しての恐れのために、その地を離れ、新しい生活基盤を築いていくということ。

問4 ――③「ダークツーリズム」とはどのようなことか、説明している部分を、――③より前の部分から二十五字で抜き出し、最初の五字を書きなさい。

問5 ――④「このような再生の機会」とはどのようなことか、「ダークツーリズムによって、」に続くように四十字以内で説明しなさい。

（注）
※1　イノベーション…革新、新機軸
※2　お為ごかし…人のためになるようで実は自分の利益を図ること
※3　毫も…いささかも

問1　――線（A）～（C）の文中における意味として最も適切なものをそれぞれ次から選び、記号で答えなさい。

（A）非業の
ア　残酷な
イ　深い悲しみの
ウ　思いがけない
エ　愚かな

（B）大上段に
ア　真面目に
イ　にわかに
ウ　得意げに
エ　威圧的に

（C）腑に落ちて
ア　見通しが立って
イ　納得がいって
ウ　関係性ができて
エ　新しい視点が生まれて

効用があった。これは複数の地域を巡ると(C)腑《ふ》に落ちてくると思う。

例えば被爆地としてのヒロシマやナガサキで語り部の声を聞いたとしても、「お気の毒ですね」というレベルの共感と、核兵器に対する一方的な怒りしか湧いてこないのかもしれない。これ以前に、一般市民への無差別大量爆撃の前例としてはゲルニカの悲劇があり、日本人としては、（筆者はまだ赴いてはいないものの）中国が「無差別」と主張する重慶爆撃との共通点と相違点を考えるべきであろう。さらに、核を肯定するテニアン島のエノラ・ゲイ出発地の記念碑やラスベガスの核実験博物館などの説明を通じて、マクロ的に「核というものはどういう意味を持っていたのか」という問いに対する多面的な歴史観が構築されてくる。換言すれば、国民全体が関わるようになった近代の戦争と、その帰結としての核の投下という事象に対して、一人ひとりが体系性を持った思いを語ることが可能になるのである。

これはある意味気楽な「旅人」だからこそ味わえる経験であり、一カ所に根を下ろして、その地と同化した場合は、距離を置いた体系性を捉えることが難しくなってくる。被爆者一人ひとりの体験も言葉も重いがゆえに、かえって全貌が見えにくくなるのである。

歴史家の山室信一が『キメラ——満洲国の肖像（増補版）』（中公新書）において「その時代を生きたということは必ずしも、その時代を総体として知っていたということを毫《ごう》※3も意味しない」と述べているとおり、個別の事象を体験された方の話はそれぞれ重要ではあるけれども、⑤それだけでは歴史なり、社会なりの全体像を把握できないという問題は常に意識しておいたほうがよい。多くの情報を受け手の側で集め、それを再構成することの意義がここでは説かれている。

そして、同書は別箇所で「空間そのもののありかたや空間認識という観点から人文・社会科学研究の再構築を図ることが、21世紀には緊要な課題として浮かび上がってきている」という問題提起を行っている。考察の対象を理解するためには、それがどの程度の距離なり、大きさなりを持っていたかということを知ることは非常に重要である。にもかかわらず、これまでの日本ではこうした直観的な感性に訴えかける研究方法はあまり顧みられることはなかった。ダークツーリズムが、非常に強力な分析のツールとなっているのは、訪問することによってこれまでないがしろにされてきた空間への理解が促進されるということも一つの理由ではないかと推察される。

悲しみの記憶を求めて様々な地を旅することで、［　X　］という根源的問いに対するそれぞれの思いが湧き上がってくるであろう。これこそが、ダークツーリズムを体験することで得られる本質的価値の一つと言ってよい。

（井出明『ダークツーリズム』）

そりとお地蔵さんが置かれていることも多い。開発の流れの中でこうした地域の地名が変更され、お地蔵さんが除かれてしまったらどうなってしまうだろうか。

それは、この地で生き、この地で死を迎えた人の記憶を地域が失ってしまうことを意味する。つまり、②「二度目の死」が起きてしまっているのである。そうなるとここに住む人々は、以前よりも災害を恐れなくなってしまうだろうし、何より備えを怠ることになりかねない。その結果、久方ぶりに豪雨があると、現住する人々は予想もしなかった新たな死を迎えることになる。

悲しみの記憶を失うことは、生死の問題以外にも様々なe弊害を生む。本書の第五章でもハンセン病にまつわる③ダークツーリズムを扱うが、私たちは何ら科学的根拠もなく「ハンセン病」という病歴を持った人々を差別してきた。この問題についても、自分たち自身への問いかけが欠けていたと考えることもできる。福島第一原発の事故の後、北関東のホテルで福島ナンバーの車を拒むなどの謂《いわ》れなき差別が続発した。放射能に対する科学的無知が、被災者を拒絶するというあってはならない状況を生み出してしまった。私たちが、社会としてハンセン病に関する悲しみを承継できていれば、このような事態は避けられたのかもしれない。

勉強や学びなどという言葉を(B)大上段に振りかざさなくとも、悲しみの場に赴き、そこで過ごすのであれば、心に何かが沁《し》み始める。悲劇の記憶を辿《たど》ることは辛く苦しいことかもしれないが、こうした経験を重ねるうちに、自分の命が驚くほど多くの偶然によって支えられ、何者かに生かされているという感慨を持つようになる。多くのダークツーリストたちとの交流を踏まえて鑑《かんが》みると、この時、ツーリスト自身に内的な※1イノベーションが起こり、自分の人生を大切に思うようになってくる。そして、今ある自分の命を何らかの形で役立てたいという気持ちも湧き上がってくるのである。

人間に④このような再生の機会を与える旅として、ダークツーリズムは非常に大きな可能性を有している。にもかかわらず、我々日本人は、これまであまりにも地域のダークサイドに対して無関心に生きてきたのではないだろうか。むしろ、あえて無視し続けてきたと言っていいかもしれない。地域の悲しみの記憶は、実は隠すべき対象ではなく、潜在的に新しい価値を有している。そしてダークサイドの持つ価値は、これまで述べてきたように単に教訓にとどまらず、生き方の覚醒や社会構築といったレベルにまで多面的に波及する。こうした価値を重視した場合、「ダーク」という言葉を、※2お為《ため》ごかしのように明るい単語に無理に言い換えないほうが本質をつくこともわかる。ダークツーリズムに関する研究や旅行商品の開発は、決して地域に傷をつけるものではなく、地域に新しい価値を見出すための契機となるであろう。

また、筆者が研究を続けていくうちにわかってきたことであるが、ダークツーリズムの旅を続けることで、近代の構造が見えてくるという

二〇一九年度
文教大学付属高等学校

【国　語】〈五〇分〉〈満点：一〇〇点〉

《注意》解答の字数には、。「」その他の記号を含《ふく》みます。

一　**次の文章を読み、あとの問いに答えなさい。**

「闇があるから光がある」

　この言葉は、プロレタリア作家①小林多喜二が、愛する田口タキに送った恋文の一節である。小樽で育ち、地元の名門校を出て銀行にaシュウショクした多喜二は、親に売られ、小料理屋で生きる彼女と運命的な恋に落ちる。エリートである多喜二の求愛に彼女は気後れするが、手紙では「辛い経験をしたからこそ、これから幸せの道を探していこう」という流れの話が続く。

　人生でダークサイドを全く持たない人間はまずいないであろうし、その辛く厳しい過去は人としての魅力をb培う。地域にも、光の部分があれば、必ず悲しみを湛《たた》えた影の記憶もある。悲しみの記憶を巡る旅人たちは、その地にc赴き、亡くなった人たちの思いや、場の記憶を受け継ぐ。そしてそれを持ち帰り、また誰かに伝えていく。

　ダークツーリズムとは、戦争や災害をはじめとする人類の悲しみの記憶を巡る旅である。私は、以前から、戦争や災害の跡はもちろん、人身売買や社会差別、そして強制労働などに関連する場を訪れてきた。なぜそのような場所に興味を感じたのかはよくわからなかったが、訪れるたびに、「忘れないでおこう」という気持ちだけは強く持つようになっていった。(A)非業の死を遂げた人々の無念の思いを受けとめ、大学という場で若い人たちに伝えていくだけでも「何らかの価値」はあるのではないかと思っていた。大学という世界で働いて17年になるが、長いことこの「何らかの価値」の正体がわからずにいた。もう少し掘り下げて考えてみよう。

　防災の世界では、しばしば「人は二度死ぬ」というフレーズが語られる。肉体的死が一度目の死であるのに対し、その人を知る人がいなくなってしまうことを二度目の死と呼ぶ。「二度目の死」は多重的な意味を持つ。畑中章宏『災害と妖怪　柳田国男と歩く日本の天変地異』（亜紀書房）では、洪水の多い地域に「蛇崩《じゃくずれ》」や「蛇谷《じゃだに》」という地名が多いことをdシテキしている。私も日本各地の自然災害の跡を訪ねたが、そこにはひっ

英語解答

1 No.1 イ　No.2 エ　No.3 エ
No.4 ウ　No.5 エ　No.6 ウ
No.7 イ　No.8 エ　No.9 エ
No.10 イ

2 ① August　② tennis
③ library　④ uncle
⑤ clock

3 ① afraid〔scared〕 of
② compared, with〔to〕
③ front of　④ another cup
⑤ take care

4 ① those　② to talk
③ more　④ are studying
⑤ was broken

5 ① 3番目…オ　5番目…エ
② 3番目…イ　5番目…ウ
③ 3番目…ア　5番目…カ
④ 3番目…エ　5番目…イ
⑤ 3番目…ウ　5番目…ア

6 ① (例) Then a tourist asked me how to go〔get〕 to Tokyo National Museum.
② (例) Let's study English after school.

7 問1 ウ
問2 (例) to stop using (plastic)
問3 エ
問4 small kids or handicapped people
問5 ア　問6 ア
問7 (例) I definitely agree with this movement. In my opinion, every big company in the world should try to do something with this problem.

8 問1 エ　問2 エ　問3 イ
問4 ウ　問5 ア　問6 ウ
問7 (例)力強く脳の影響を受けているので，脳がときには間違いを犯すという問題を，わかっていない
問8 ア

1 〔放送問題〕 解説省略

2 〔単語の定義〕

①「7月の後にくる，1年の8番目の月」―「8月(August)」

②「ラケットを使い，コートでネットを越えるようにボールを打つ2人または4人の選手によって行われる競技」―「テニス(tennis)」

③「本を読んだり借りたりするために訪れる場所」―「図書館(library)」

④「あなたの父親または母親の兄弟」―「おじ(uncle)」

⑤「壁にかかっている，1日の時間を示すもの」―「かけ時計(clock)」

3 〔和文英訳―部分記述〕

①「～が怖い」は be afraid〔scared〕 of ～。

②「*A*を*B*と比べる」は 'compare *A* with〔to〕 *B*'。

③「～の前に」は in front of ～ で表せる。

④「もう1杯のコーヒー」と考え，another cup (of coffee)とする。a cup of ～「カップ1杯の～」

のaを another「もう1つの」にした形。

⑤「お身体を大切に」は take care of yourself で表せる。yourself「あなた自身」を take care of「世話をする」ということ。

4〔語形変化〕

①直後に shoes という複数形の名詞が続いているので those「あれらの」にする。　「あの〔あれらの〕靴はあなたのものですか」

②be glad to ～ で「～してうれしい」という意味。この to ～ は‘感情の原因・理由’を表す to不定詞(to＋動詞の原形)の副詞的用法。　「私はあなたと話せてうれしい」

③後に than があるので，many を比較級の more にする。many は many－more－most と不規則な変化をする形容詞。　「ユリはケンよりも多くの本を持っている」

④文末に now があることから，現在進行形‘am/are/is＋～ing’だと考える。主語が複数なので be動詞は are。　「その少年たちは今，隣の部屋で歴史を勉強している」

⑤The glass「コップ」は「割られる」ものなので，‘be動詞＋過去分詞’という受け身形にする。主語が単数で文末に yesterday があるので，be動詞には過去形の was を使う。　「そのコップは昨日，トムによって割られた」

5〔整序結合〕

①「〈人〉に～するように頼む」は‘ask＋人＋to ～’で表せる。ケンが「私の宿題を手伝う」と考え‘help＋人＋with＋物’「〈人〉の〈物〉を手伝う」の形にする。　I asked Ken to help me with my homework.

②主語の「昨日来た女性」は，語群に that があるので，これを主格の関係代名詞として使い，the woman that came yesterday とする。「呼ばれています」は，‘be動詞＋過去分詞’の受け身形で表せる。　The woman that came yesterday is called Aunt Amy.

③「電話を下さい」を「私に電話を下さい」と考え，give me a call とする。‘give＋人＋a call’で「〈人〉に電話をする」。「(あなたが)家を出るとき」は when you leave とする。この when は接続詞で「～するとき」という意味。　Give me a call when you leave home.

④Do you know「あなたは知っていますか」を最初に置き，その後に「なぜエミリーがうれしいか」という間接疑問を続ける。間接疑問は‘疑問詞＋主語＋動詞…’の語順になる。　Do you know why Emily is happy？

⑤「一番長い川」を「他のどの川より長い」と考え，‘比較級＋than any other＋単数名詞’「他のどの～より…」の形にする。　The Shinano is longer than any other river in Japan.

6〔和文英訳―完全記述〕

①「聞いてきた」を「私に尋ねた」と考え，‘ask＋人＋物’「〈人〉に〈物〉を尋ねる」を使うとよい。「～にはどうやって行くのか」は「～への行き方」と考え，how to ～「～の仕方」を使って表せる。また，間接疑問‘疑問詞＋主語＋動詞…’の形を使い，how he〔she〕should ～ とすることもできる。

②「一緒に～しましょう」は Let's ～. で表せる。Shall we ～？「～しませんか」，How about ～ing？「～するのはどうですか」を使ってもよい。「放課後」は after school。

7〔長文読解総合―対話文〕

≪全訳≫❶アンジェラ(A)：こんにちは，タカシ，待たせてごめんね。通りがとても混雑していて，バスが渋滞につかまっちゃったの。ええと，私はアイスティーを1杯飲みたいの，だからちょっと待ってね。飲み物を買って戻ってくるから。❷―数分後―❸A：あら，あなたはまだそんなストローを使ってるの？❹タカシ(T)：そんなストロー？　どういう意味なの，アンジェラ？　僕は「ストローが欲しいですか」とか「どちらのストローがよろしいですか」とはきかれなかったよ。君は自分のタンブラーを持っているから，きかれないだろうけど。冷たい飲み物を注文した場合，タンブラーのない人は皆，この種類のストローを使うよ。❺A：世界の誰もが使うわけではないわ。チェンズ・コーヒーショップが，世界中の多くの都市でプラスチックのストローを使うのをやめたって知ってた？❻T：いや，それは本当？　なぜ使うのをやめなければならないんだい？　ここ東京でそんなことを聞いたことはないよ。僕は冷たい飲み物を飲むとき，ストローがあると落ち着くよ。❼A：彼らは私たちの海のためにそれを決めたのよ。チェンズ・コーヒーショップだけじゃなく，多くの企業も，すでにレストランからプラスチックのストローを排除し始めているわ。❽T：本当に？　そういうレストランの例をもっと教えてくれる？❾A：例えば，エムズ・ハンバーガーズはイギリスとアイルランドでストローを排除し始めているわ。日本でも，大きなチェーンのグループ，ザ・スパーブ・レストランツ・グループが2020年までにストローの使用をやめるっていってる。❿T：ザ・スパーブ・レストランツ・グループ？　ああ，中華料理，イタリア料理，ファミリー用，豪華なものなど，とても多くの種類のレストランがあるよね。僕はその中でもジョンズ・チャイニーズが一番好きだよ。⓫A：ええ，私もよ。彼らは，グループ全体で年間1億本以上のストローを使っているから，プラスチックごみを減らしたいといっているわ。最初に，彼らはストローのごみを減らしたいのよ。⓬T：小さな子どもたちや障がいを持つ人たちはどうなの？彼らはプラスチックのストローが必要かもしれないよ。⓭A：ザ・スパーブ・レストランツ・グループは，求められれば，そういった人たちにストローを渡すといっているわ。⓮T：小さなプラスチックのストローで何か効果があるのかな？　そうは思わないな。僕はふだん，ペットボトルの水を買う代わりに，自分のボトルに水を入れて持ち歩いているんだ。そっちの方が，効果があるいい方法だよ。⓯A：もちろん，ペットボトルやビニール袋などを使うのをやめることは重要だわ。それに，企業が第一歩を踏み出せば，助けになるわね。⓰T：そうだね。もし企業が僕たちの海を救うための第一歩を踏み出すことができるなら，個人レベルでも同じことができるよ。⓱A：それは，いつの日か，私たちの海の状態にすばらしい効果を与えるかもしれないわね！　タカシ，再利用可能なタンブラーを買ったらどう？⓲T：わかったよ。プラスチックごみを減らすために，タンブラーを買うよ。そうすればプラスチックのカップを無駄にする必要もないしね。プラスチックのストローも使わないよ。⓳A：すごいわ！　それから，将来いつか，日本の全てのレストランが使い捨ての箸を排除して，人々が自分の箸を持ち歩くようになればいいわね。

問1＜英文解釈＞第4段落最終文参照。下線部は，「タンブラーのない人は皆，この種類のストローを使う」というタカシの発言への答え。「この種類のストロー」とは，第5段落第2文にある plastic straws のこと。

問2＜指示語＞この文の主語である They はチェンズ・コーヒー・ショップの人々を指しており，it は彼らが海のために決めたことを指す。その具体的な内容は，第5段落第2文で stopped using plastic straws と述べられている。decide の後に動詞が続くときは to不定詞になるので(decide to ～「～することに決める」), to stop using plastic (straws)とする。plastic は省略できる。第７段落第２文を参考に to remove plastic (straws)などとしてもよい。

問３＜語句解釈＞that「その」がついているので，これ以前で述べられたレストランを指していると判断できる。直前の第７段落第２文の内容とエが一致する。

問４＜指示語＞ストローがもらえる人に当てははまるのは，第12段落第１文の small kids or handicapped people である。

問５＜語句解釈＞better という比較級が使われているので，２つのことを比較していると考えられる。第14段落第１，２文でタカシは，小さなプラスチックのストローを減らしても効果があるとは思えないと述べている。直後に，「ペットボトルの水を買う代わりに，自分のボトルに水を入れて持ち歩く」と述べているので，タカシは「自分のボトルに水を入れて持ち歩く」ことがよりよい方法だと思っているとわかる。よって，ア．「自分のボトルに水を入れて持ち歩くことは海の問題を解決する近道だ」が適切。

問６＜語句解釈＞reusable は「再利用できる」という意味なので，ア．「何度も使うことのできるタンブラー」が適切。re- が「再び」, -able が「～できる」という意味だとわかっていれば，その意味を推測することができる。

問７＜テーマ作文＞自分の意見を述べる文章を書く場合，最初に意見を述べ，その後に理由を続ける形が考えられる。意見を述べる表現には I think ～.「私は～だと思う」や I don't think ～.「私は～だと思わない」, I agree with ～.「私は～に賛成だ」や I disagree with ～.「私は～に反対だ」などがある。解答例は「私はもちろんこの運動に賛成だ。私の意見では，世界の大企業は皆，この問題について何かをしようとすべきだ」という意味。

[8]〔長文読解総合―説明文〕

≪全訳≫❶あなたは論理的な人だろうか。あなたは自分が注意深く判断できると思っているだろうか。あなたは「はい」と言うだろうが，脳の研究は，私たちが何かを決めるとき，あまり注意深く考えていないことを示している。例を挙げよう。質問をされると，あなたはたいてい，自分が学校で，本で，もしくはインターネットで学んだことを使う。あなたはこれらの質問への答えを得るのに時間がかかると思う。というのも，あなたは注意深く，一歩一歩考えることが重要だと思っているからだ。しかし，注意深く考えられていない答えもある。例えば，次のような状況への答えはすぐに得ることができる。・１＋２の答えは何か。・後部座席にいる友人と話しながら車を運転しなさい。　あなたはこういったことや状況を何回も経験してきたので，こうした質問への答えをすぐに得ることができる。あなたはすでにそれらの答えを知っている。❷しかし，これで話は終わりではない。というのも，これらの例は単純すぎるからだ。問題なのは私たちの脳があまりにもすばやく質問の答えを出すということだ。すばやい思考の力はとても強いので，実際は違うけれども，私たちの脳は何かが正しいと考えることが多い。❸次の例を見てもらいたい。脳は私たちに，自分が見るものの反対を言うように命令することが多いのだ。❹まず，ボックス[A]を見て，単語が左に印刷されていたら「左」と言う。それから下に行って，単語が右に印刷されていたら「右」と言う。❺次に，ボックス[B]を下に向かって，最初の課題のように「左」または「右」と言う。❻さて，あなたは間違えずにこの課題をこなすことができただろうか。

それをすばやくやるのは簡単ではないと思ったのではないだろうか。全く間違えずにやるのは少し難しくなかっただろうか。ボックス🄰の答えは，左－右－左－左－右－右－左－右だ。❼そのボックスを読んだとき，「左－左－右－右－右－左－左－右」と言わなかっただろうか。ボックス🄱を読むときは，この難しさを経験しないはずだ。❽さて，これは一体どういう意味があるのだろうか。ポイントは，脳があなたが思っているよりもすばやく問題を解いているということだ。言い換えれば，あなたが考え始める前から，脳はすでに答えを「知って」いるのだ。上から２番目の単語を見てほしい。あなたは「右」と言うべきだとわかっている。しかし，あなたが「左」という単語を見ると，脳はそれに反応してあなたに「左」と言うように命令するのだ。しかし，その単語は実際には右に印刷されている。つまり，脳はすばらしい仕事をするが，問題は，脳がときには間違いを犯すということだ。私たちはあまりにも力強く脳の影響を受けているので，それをわかっていないのだ。

問１＜語句解釈＞第１段落最後から２文目で，挙げられた状況について「これらのことや状況を何回も経験してきたので，これらの質問への答えをすぐに得ることができる」と説明している。

問２＜適語選択＞第１段落の最後で「すばやく問題に解答できるのは，何度も経験し，その答えをすでに知っているからだ」というある種の結論に至っている。しかし，空所の後では「これで話は終わりではない」と述べて話を続けているのだから，‘逆接’の However「しかし」が適する。

問３＜語句解釈＞be動詞 is を含む isn’t の後が省略されているので，下線部③より前の be動詞に続く語句が省略されていると判断できる。ここでは直前の something is true の true が省略されており，「実際は正しくないけれども，私たちの脳は何かが正しいと考えることが多い」という内容になっている。

問４＜適語選択＞第７段落第１文にある‘left － left － right ～’の部分は，ボックス🄰の課題で間違えた例。筆者はボックス🄰の課題に難しさを感じており，一方でボックス🄱の課題を「この難しさを経験しない」ことの例として挙げているので，ウの difficulty「難しさ」が適切。

問５＜適語句選択＞第８段落第３文参照。「考え始める前から，脳はすでに答えを知っている」とある。ここから脳は思っているよりも「すばやく」問題を解くと考える。in other words は「言い換えると」という意味。

問６＜適語選択＞ボックス🄰参照。⑥を含む文の直前に「上から２番目の単語を見ろ」とあり，これは右側に印刷されているのだから，⑥では right と言うのが正しい。しかし，上から２番目の単語は left である(⑦)。そのため，脳が上から２番目の単語 left に反応し，誤って left(⑧)と言うよう命令するのである。

問７＜英文和訳＞‘so ～ that …’「とても～なので…」の形。we don’t know it とあるので，it の内容は「私たちが知らないこと」にあたり，これは直前の文の後半部分「問題は，脳がときには間違いを犯すということだ」を指している。The problem is that ～. で「問題は～ということだ」という意味。

問８＜表題選択＞第２段落以降の話題となっているア.「脳の力」が適切。

2019年度／文教大学付属高等学校

数学解答

1 (1) $\frac{3}{37}$　(2) $\frac{2x-3}{4}$　(3) 32

(4) $4\sqrt{2}$

2 (1) $x=-\frac{7}{3}$　(2) $x=6$，$y=8$

(3) $x=-\frac{1}{2}$，2

3 (1) $5y(2x-3y)^2$　(2) 3個

(3) 5　(4) $\frac{3}{4}$　(5) 49°

(6) $\frac{24}{5}$cm

4 (1) $a=\frac{1}{4}$，直線の式…$y=x+8$

(2) 16　(3) 32

5 (1) $16+32\sqrt{2}$cm²　(2) $\frac{32\sqrt{7}}{3}$cm³

(3) $4\sqrt{7}$cm³

1〔独立小問集合題〕

(1)＜数の計算＞与式$=\left(\frac{37}{111}-\frac{12}{111}\right)\times\frac{9}{25}=\frac{25}{111}\times\frac{9}{25}=\frac{3}{37}$

(2)＜式の計算＞与式$=\frac{4(2x-1)-(2x+5)}{12}=\frac{8x-4-2x-5}{12}=\frac{6x-9}{12}=\frac{2x-3}{4}$

(3)＜式の計算＞与式$=\{(9a^2+12ab+4b^2)-(9a^2-12ab+4b^2)\}\div\frac{3ab}{4}=(9a^2+12ab+4b^2-9a^2+12ab-4b^2)\times\frac{4}{3ab}=24ab\times\frac{4}{3ab}=32$

(4)＜平方根の計算＞与式$=\frac{8\times\sqrt{2}}{3\sqrt{2}\times\sqrt{2}}-\frac{\sqrt{5^2\times2}}{6}+\frac{\sqrt{7^2\times2}}{2}=\frac{8\sqrt{2}}{3\times2}-\frac{5\sqrt{2}}{6}+\frac{7\sqrt{2}}{2}=\frac{8\sqrt{2}}{6}-\frac{5\sqrt{2}}{6}+\frac{21\sqrt{2}}{6}=\frac{24\sqrt{2}}{6}=4\sqrt{2}$

2〔独立小問集合題〕

(1)＜一次方程式＞両辺を6倍して，$x+3=2(2x+5)$，$x+3=4x+10$，$x-4x=10-3$，$-3x=7$　$\therefore x=-\frac{7}{3}$

(2)＜連立方程式＞$0.3x+0.4y=5$……①，$5x-3y=6$……②とする。①×10より，$3x+4y=50$……①′　①′×3＋②×4より，$9x+20x=150+24$，$29x=174$　$\therefore x=6$　これを①′に代入して，$18+4y=50$，$4y=32$　$\therefore y=8$

(3)＜二次方程式＞展開して整理すると，$4x^2-1=6x+3$，$4x^2-6x-4=0$，$2x^2-3x-2=0$となる。解の公式を用いると，$x=\frac{-(-3)\pm\sqrt{(-3)^2-4\times2\times(-2)}}{2\times2}=\frac{3\pm\sqrt{25}}{4}=\frac{3\pm5}{4}$となるので，$x=\frac{3-5}{4}=-\frac{1}{2}$，$x=\frac{3+5}{4}=2$である。

3〔独立小問集合題〕

(1)＜因数分解＞与式$=5y(4x^2-12xy+9y^2)=5y\{(2x)^2-2\times2x\times3y+(3y)^2\}=5y(2x-3y)^2$

(2)＜数の性質＞$\sqrt{\frac{480}{n}}=\sqrt{\frac{2^5\times3\times5}{n}}$となり，$n$が自然数だから，$\sqrt{\frac{480}{n}}$が整数になるとき，$\frac{2^5\times3\times5}{n}=2^4$，$2^2$，1である。よって，$\frac{2^5\times3\times5}{n}=2^4$より，$n=2\times3\times5$，$n=30$となり，$\frac{2^5\times3\times5}{n}$

$=2^2$ より，$n=2^3\times3\times5$，$n=120$ となり，$\dfrac{2^5\times3\times5}{n}=1$ より，$n=2^5\times3\times5$，$n=480$ となるので，求める自然数 n は，$n=30$，120，480 の 3 個である。

(3)＜**関数—傾き**＞関数 $y=x^2$ で，$x=1$ のとき $y=1^2=1$，$x=4$ のとき $y=4^2=16$ より，x の値が 1 から 4 まで増加するときの変化の割合は $\dfrac{16-1}{4-1}=\dfrac{15}{3}=5$ である。一方，関数 $y=ax-7$ の変化の割合は常に a だから，変化の割合が等しいことより，$a=5$ となる。

(4)＜**確率—さいころ**＞A，B 2個のさいころを同時に投げるとき，目の出方はそれぞれ 6 通りあるから，全部で $6\times6=36$(通り)ある。出た目の積が奇数になる場合を考えると，これはA，Bともに奇数の目が出るときである。奇数の目は 1，3，5 の 3 通りあるから，出た目の積が奇数になるのは $3\times3=9$(通り)である。よって，出た目の積が偶数となるのは $36-9=27$(通り)となり，求める確率は $\dfrac{27}{36}=\dfrac{3}{4}$ である。

(5)＜**図形—角度**＞右図1で，円の中心をOとし，点Dを含む $\overset{\frown}{BE}$ に対する中心角を $\angle a$，点Aを含む $\overset{\frown}{BE}$ に対する中心角を $\angle b$ とする。点Dを含む $\overset{\frown}{BE}$ に対する円周角と中心角の関係より，$\angle a=2\angle BAE=2\angle x$ と表される。また，△ACE で内角と外角の関係から，$\angle DEF=\angle CAE+\angle ACE=\angle x+25°$ となり，△DFE で内角と外角の関係から，$\angle BDE=\angle DEF+\angle DFE=(\angle x+25°)+57°=\angle x+82°$ と表される。点Aを含む $\overset{\frown}{BE}$ に対する円周角と中心角の関係より，$\angle b=2\angle BDE=2(\angle x+82°)=2\angle x+164°$ と表される。よって，$\angle a+\angle b=360°$ より，$2\angle x+(2\angle x+164°)=360°$ が成り立つ。これより，$4\angle x=196°$，$\angle x=49°$ となる。

図1

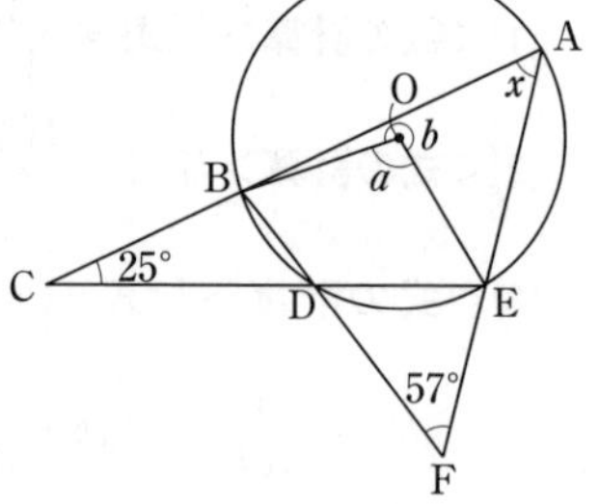

(6)＜**図形—長さ—相似**＞右図2で，$\angle ABD=\angle EFD=\angle CDB=90°$ より，AB∥EF∥CD である。AB∥CD より，△ABE∽△DCE となるから，BE：CE＝AB：DC＝8：12＝2：3 である。EF∥CD より，△BFE∽△BDC となるから，EF：CD＝BE：BC＝2：(2＋3)＝2：5 である。よって，$EF=\dfrac{2}{5}CD=\dfrac{2}{5}\times12=\dfrac{24}{5}$(cm)である。

図2

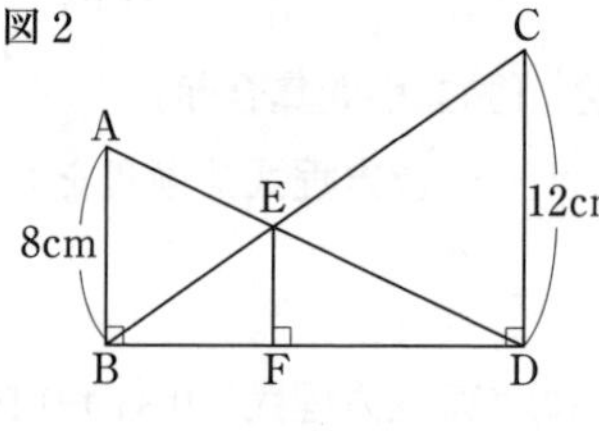

4 〔**関数—関数 $y=ax^2$ と直線**〕

≪基本方針の決定≫(2)　AC∥OB であることに気づきたい。

(1)＜**比例定数，直線の式**＞右図1で，A$(-4,\ 4)$は放物線 $y=ax^2$ 上の点だから，$x=-4$，$y=4$ を $y=ax^2$ に代入して，$4=a\times(-4)^2$ より，$a=\dfrac{1}{4}$ である。これより，放物線の式は $y=\dfrac{1}{4}x^2$ である。点Cは放物線 $y=\dfrac{1}{4}x^2$ 上にあり，x 座標が 8 だから，$x=8$ を $y=\dfrac{1}{4}x^2$ に代入して，$y=\dfrac{1}{4}\times8^2=16$ より，C$(8,\ 16)$となる。点A，Cの座標より，直線 AC の傾きは $\dfrac{16-4}{8-(-4)}=\dfrac{12}{12}=1$ だから，直線 AC の式は $y=x+k$ とおける。点Aを

図1

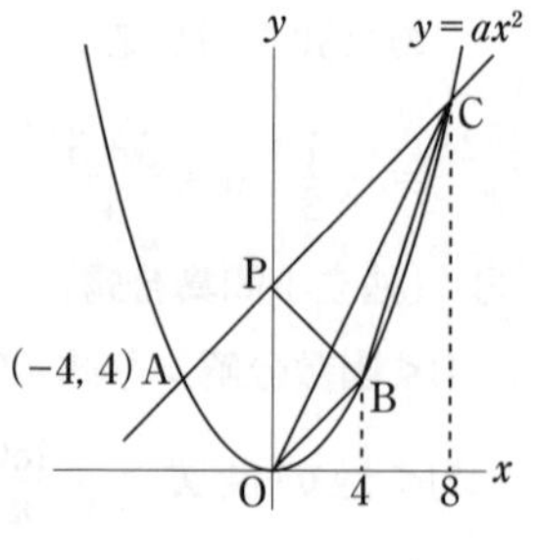

通るから，$x=-4$，$y=4$ を代入して，$4=-4+k$，$k=8$ となり直線 AC の式は $y=x+8$ である。

(2)＜**面積**＞前ページの図 1 で，点 B は放物線 $y=\frac{1}{4}x^2$ 上にあり，x 座標が 4 だから，$y=\frac{1}{4}\times4^2=4$ となり，B(4, 4)である。これより，直線 OB の傾きは $\frac{4-0}{4-0}=\frac{4}{4}=1$ となる。(1)より直線 AC の傾きも 1 だから，AC∥OB である。よって，直線 AC と y 軸との交点を P とすると，△OBC＝△OBP となる。△OBP の底辺を OP とすると，直線 AC の切片が 8 より，OP＝8 であり，点 B の x 座標より，高さは 4 となるから，△OBP＝$\frac{1}{2}\times8\times4=16$ である。したがって，△OBC＝△OBP＝16 である。

図 2

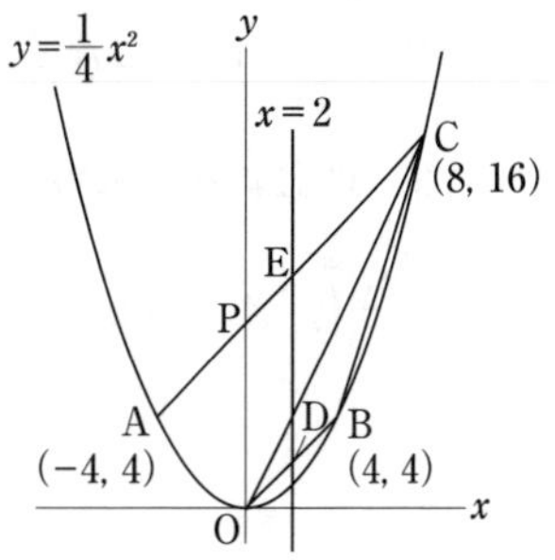

(3)＜**面積**＞右図 2 で，△OCP の底辺を OP＝8 と見ると，高さは 8 だから，△OCP＝$\frac{1}{2}\times8\times8=32$ となる。(2)より△OBC＝16 だから，〔四角形 OBCP〕＝△OBC＋△OCP＝16＋32＝48 である。また，OP∥DE，PE∥OD より，四角形 ODEP は平行四辺形である。底辺を OP と見ると，高さは 2 だから，▱ODEP＝8×2＝16 である。よって，〔四角形 DBCE〕＝〔四角形 OBCP〕−▱ODEP＝48−16＝32 である。

5　〔**空間図形―正四角錐**〕

図 1

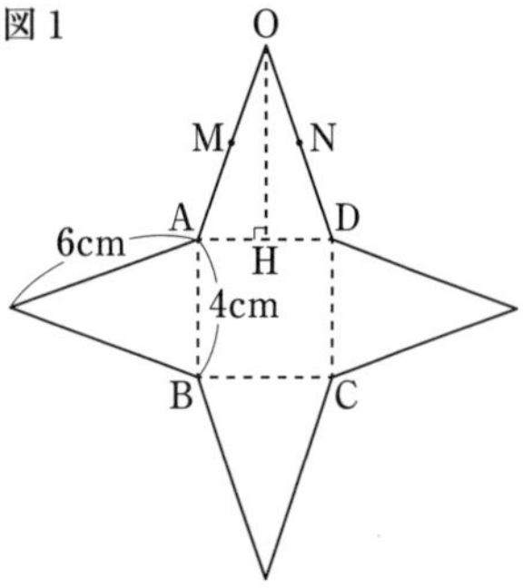

(1)＜**表面積―三平方の定理**＞右図 1 のように，点 O から AD に垂線を引き交点を H とすると，OA＝OD だから，点 H は線分 AD の中点になり，AH＝$\frac{1}{2}$AD＝$\frac{1}{2}\times4=2$ である。△OAH で三平方の定理を用いると，OH＝$\sqrt{\mathrm{OA}^2-\mathrm{AH}^2}=\sqrt{6^2-2^2}=\sqrt{32}=4\sqrt{2}$ となり，△OAD＝$\frac{1}{2}\times\mathrm{AD}\times\mathrm{OH}=\frac{1}{2}\times4\times4\sqrt{2}=8\sqrt{2}$ となる。よって，正四角錐 O-ABCD の表面積は，〔正方形 ABCD〕＋4△OAD＝$4^2+4\times8\sqrt{2}=16+32\sqrt{2}$ (cm^2)となる。

図 2

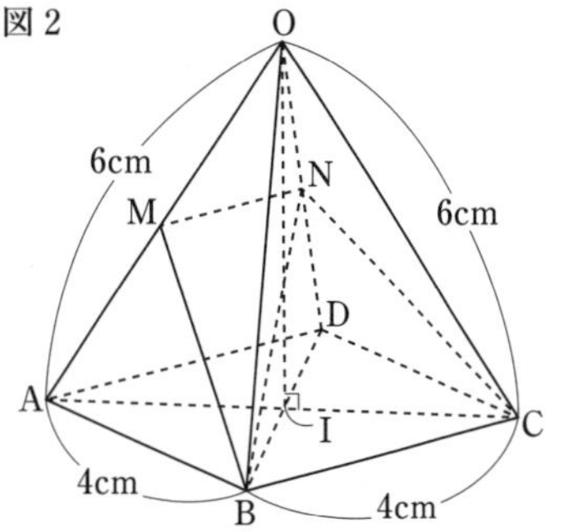

(2)＜**体積―三平方の定理**＞右図 2 で，頂点 O から底面に垂線を引き交点を I とすると，図形の対称性から点 I は，正方形 ABCD の対角線 AC，BD の交点と一致する。△ABC は直角二等辺三角形だから，AC＝$\sqrt{2}$AB＝$\sqrt{2}\times4=4\sqrt{2}$ であり，AI＝CI＝$\frac{1}{2}$AC＝$\frac{1}{2}\times4\sqrt{2}=2\sqrt{2}$ となる。△OAI で三平方の定理を用いると，正四角錐 O-ABCD の高さは OI＝$\sqrt{\mathrm{OA}^2-\mathrm{AI}^2}=\sqrt{6^2-(2\sqrt{2})^2}=\sqrt{28}$＝$2\sqrt{7}$ となるから，〔正四角錐 O-ABCD〕＝$\frac{1}{3}$×〔正方形 ABCD〕×OI＝$\frac{1}{3}\times4^2\times2\sqrt{7}=\frac{32\sqrt{7}}{3}$ (cm^3)となる。

(3)＜**体積**＞右上図 2 で，点 B と点 N を結んで，立体 OBCNM を，2 つの四面体 OBCN，OBMN に分ける。(2)より，正四角錐 O-ABCD の体積は $\frac{32\sqrt{7}}{3}$cm^3 だから，〔四面体 OBCD〕＝〔四面体 OBAD〕

$=\frac{1}{2}$〔正四角錐 O-ABCD〕$=\frac{1}{2}\times\frac{32\sqrt{7}}{3}=\frac{16\sqrt{7}}{3}$ である。四面体 OBCN，四面体 OBCD を，それぞれ，底面が△OCN，△OCD の三角錐と見ると，高さが等しいので，体積の比は底面積の比と等しくなり，〔四面体 OBCN〕：〔四面体 OBCD〕＝△OCN：△OCD＝ON：OD＝1：2 となる。よって，〔四面体 OBCN〕$=\frac{1}{2}$〔四面体 OBCD〕$=\frac{1}{2}\times\frac{16\sqrt{7}}{3}=\frac{8\sqrt{7}}{3}$ となる。また，四面体 OBMN，四面体 OBAD を，それぞれ，底面が△OMN，△OAD の三角錐と見ると，同様にして，〔四面体 OBMN〕：〔四面体 OBAD〕＝△OMN：△OAD となる。△OMN∽△OAD であり，相似比が OM：OA＝1：2 より，△OMN：△OAD＝1^2：2^2＝1：4 となるから，〔四面体 OBMN〕：〔四面体 OBAD〕＝1：4 となる。これより，〔四面体 OBMN〕$=\frac{1}{4}$〔四面体 OBAD〕$=\frac{1}{4}\times\frac{16\sqrt{7}}{3}=\frac{4\sqrt{7}}{3}$ となる。以上より，求める立体の体積は，〔立体 OBCNM〕＝〔四面体 OBCN〕＋〔四面体 OBMN〕$=\frac{8\sqrt{7}}{3}+\frac{4\sqrt{7}}{3}=4\sqrt{7}$ (cm^3) である。

2019年度／文教大学付属高等学校

国語解答

一 問1 (A)…ウ (B)…エ (C)…イ

問2 エ

問3 (1) この地で生～しまうこと

(2)…ウ

問4 戦争や災害

問5 自分の人生を大切に思い，自分の命を何かに役立てたいと思うようになること。(36字)

問6 ア 問7 イ 問8 エ

問9 a 就職 b つちか c おもむ d 指摘 e へいがい

二 問1 ウ 問2 ①…エ ④…イ

問3 イ 問4 エ 問5 ウ

問6 自分の世界を広げてくれ，今の自分につながる重要な起点となった場所。(33字)

問7 エ 問8 ア

問9 a 迷惑 b るす c いくど d 塗装 e 無造作

一〔論説文の読解―哲学的分野―哲学〕出典；井出明『ダークツーリズム』。

≪本文の概要≫ダークツーリズムとは，戦争や災害をはじめとする人類の悲しみの記憶を巡る旅のことである。私は，以前から，戦争や災害の跡はもちろん，人身売買や社会差別，強制労働などに関連する場も訪れてきた。悲しみの場を訪れる経験を重ねることで，自分の命が驚くほど多くの偶然によって支えられ，何者かに生かされているという感慨を持つようになる。そして，今ある自分の命を何らかの形で役立てたいという気持ちも，湧きあがってくる。ダークサイドの持つ価値は，単に教訓にとどまらず，生き方の覚醒や社会構築といったレベルにまで多面的に波及するのである。個別の事象を体験した人の話は重要だが，それだけでは歴史や社会の全体像を把握できない。しかし，直観的な感性に訴えかけるダークツーリズムは，考察の対象を理解するための非常に強力な分析のツールになる。ダークツーリズムを続けることで，多面的な歴史観が構築され，近代の構造が見えてくるが，これこそがダークツーリズムによって得られる本質的価値の一つである。

問1＜語句＞(A)「非業の死」は，思いがけない災難などによって尋常でない死に方をすること。 (B)「大上段」は，威圧的な態度や大げさな態度などのたとえ。 (C)「腑に落ちる」は，納得できる，合点がいく，という意味。

問2＜文学史＞『蟹工船』は，昭和4(1929)年に発表された小林多喜二の小説。『人間失格』は，昭和23(1948)年に発表された太宰治の小説。『杜子春』は，大正9(1920)年に発表された芥川龍之介の小説。『銀河鉄道の夜』は，宮沢賢治の童話で，賢治没後の昭和9(1934)年に発表されたが，未定稿のため，その後何度か改訂された。

問3＜文章内容＞(1)防災の世界では，その人を知る人がいなくなってしまうことを「二度目の死」と呼ぶ。自然災害のあった地でも，地名が変更されたりお地蔵さんが除かれてしまったりすると，そこに住む人々は，その地で生きて災害で死を迎えた人の記憶を失い，「二度目の死」が起きてしまう。 (2)「二度目の死」が起きると，そこに住む人々は，以前よりも災害を恐れなくなって備えを怠り，予想もしなかった新たな死を迎えることになる。

問4＜文章内容＞「悲しみの記憶を巡る旅人たち」は，「悲しみを湛えた影の記憶」を持つ地域に赴き，

「亡くなった人たち」の思いや場の記憶を受け継ぐ。つまり，ダークツーリズムとは，「戦争や災害をはじめとする人類の悲しみの記憶を巡る旅」のことである。

問５＜指示語＞「再生の機会」とは，ここでは，心を入れかえて新しい生活をするきっかけのことである。ダークツーリズムがきっかけとなって，ツーリスト自身の内部に革新が起こり，「自分の人生を大切に思う」ようになる。また，「今ある自分の命を何らかの形で役立てたいという気持ちも湧き上がってくる」のである。

問６＜文章内容＞例えば，核の投下という事象について考えてみると，被爆者一人ひとりの体験や言葉は重いが，それゆえにかえって全貌が見えにくくなる。歴史や社会などの全体像を把握しようとする場合は，多くの情報を受け手の側で集め，それを客観的な立場で再構成することが大切なのである。

問７＜文章内容＞「私」は，ダークツーリズムの旅を続けることで「近代の構造」が見えてくるという効用を得た。悲しみの記憶を求めて複数の地域を旅し，多くの情報を得ることによって，しだいに歴史や社会の全体像が見えてくるようになるのである。

問８＜要旨＞畑中章宏は，著書の中で，洪水の多い地域に「蛇崩」や「蛇谷」という地名が多いことを指摘している(エ…○)。ダークサイドの持つ価値は，単に教訓にとどまらず，生き方の覚醒や社会構築といったレベルにまで波及するが，そうした価値を重視した場合，「ダーク」という言葉を無理に明るい言葉に言い換えない方が本質をつく(イ…×)。歴史や社会の全体像を把握しようとする場合，一か所に根を下ろしてその地と同化するよりも，「旅人」として複数の地域を巡る方が，距離をおいた体系性をとらえやすい(ア・ウ…×)。

問９＜漢字＞ａ.「就」の訓読みは「つ(く)」。　ｂ.「培」の音読みは「培養」などの「バイ」。　ｃ.「赴」の音読みは「赴任」などの「フ」。　ｄ.「指」の訓読みは「ゆび」「さ(す)」。「摘」の訓読みは「つ(む)」。　ｅ.「弊害」は，害になるということ。

二〔**小説の読解**〕出典；角田光代『ミツザワ書店』(『さがしもの』所収)。

問１＜心情＞子どもの頃の「ぼく」は，よその家の呼び鈴を押しては逃げる「ピンポンダッシュ」といういたずらをしたときに，いたずらがうまくいくかもしれないという気持ちの高まりとともに，見つかるかもしれないという張りつめた気持ちを感じていた。現在の「ぼく」は，本泥棒をしたことをやっと謝ることができるという気持ちが高まるとともに，相手がどう反応するだろうかと緊張もしている。

問２＜語句＞①「怪訝」は，ここでは，合点がいかない，という意味。知らない男性が訪ねてきたので，若い女の人は何の用事なのだろうかと不審に思っている。　②「拙い」は，下手であるさま。巧みでないさま。

問３＜心情＞女の人の言葉を聞いて，謝ろうと思って決心して来た「ぼく」は，その相手がもういないことを初めて知り，実際に頬をはられたかのような衝撃を心の中で感じたのである。

問４＜文章内容＞「凶悪事件の加害者」は，警察へ自首しにいくべきであり，被害者の家に自首しにいくのは見当違いである。「ぼく」は，本来ならおばあさんが生きているうちに謝りに来るべきだったのに，今になって直接には関係のない女の人に謝ろうとしている。その自分の行動が，「とてつもない失敗」に，「ぼく」には思えたのである。

問5＜文章内容＞おばあさんが経営していた本屋は，「持ってけ泥棒って言っているような本屋」で，「ぼく」と同じような本泥棒は何人もいた。その中には，後でお金を持って訪ねてきた人もいて，「ぼく」も同じかと思い，女の人は笑ったのである。

問6＜文章内容＞「ぼく」がミツザワ書店こそ「世界への扉」だったと思ったのは，おばあさんの言葉にあるように，本というものが「開くだけでどこへでも連れてってくれるもの」で，自分の世界を広げてくれるものだと「ぼく」も思っているからである。また，自分の原稿が単行本になったときにおばあさんのことを思い出したことから，ミツザワ書店は，作家になった今の自分の出発点であると，「ぼく」は思っている。

問7＜心情＞誰かの「世界への扉」となるであろうミツザワ書店の本の中に，自分の本も加わった。ミツザワ書店の本の中に混じって，自分の本も誰かに読まれて「世界への扉」となるのを待つようになったことが，「ぼく」はうれしかったのである。

問8＜心情＞ミツザワ書店には，おばあさんが選んだ，読む人にとって「世界への扉」となるような本が置かれている。今後，創作に行き詰まるようなことがあっても，がんばって「ミツザワ書店の棚の一部」を占めても不自然ではないような小説を書いていこうと，「ぼく」は決心したのである。

問9＜漢字＞a．「迷」の訓読みは「まよ(う)」。「惑」の訓読みは「まど(う)」。　b．「留」の他の音読みは「留学」などの「リュウ」。訓読みは「と(める)」。「守」の他の音読みは「守備」などの「シュ」。訓読みは「まも(る)」「もり」。　c．「幾」の音読みは「幾何学」などの「キ」。「度」の他の音読みは「法度」などの「ト」，「支度」などの「タク」。訓読みは「たび」。　d．「塗」の訓読みは「ぬ(る)」。「装」の他の音読みは「衣装」などの「ショウ」。訓読みは「よそお(う)」。　e．「無造作」は，技巧をこらしていないさま。

Memo

2025年度用

高校スーパー過去問

■編集人 声の教育社・編集部
■発行所 株式会社 声の教育社
〒162-0814 東京都新宿区新小川町8-15
☎03-5261-5061㈹ FAX03-5261-5062
https://www.koenokyoikusha.co.jp

公立高校過去問シリーズ

- 東京都立高校
- 神奈川県公立高校
- 千葉県公立高校
- 埼玉県公立高校
- 茨城県公立高校
- 栃木県公立高校
- 群馬県公立高校

掲載全問に
わかりやすい解説つき
各教科の
出題傾向と対策

定価1100円(税込)

都立独自高校 公立高校過去問シリーズ

251 都立日比谷高校
252 都立西高校
253 都立八王子東高校
254 都立国立高校
255 都立戸山高校
256 都立国分寺高校
257 都立立川高校
258 都立新宿高校
259 都立青山高校

定価2090円(税込)

高校ベスト10シリーズ

出題形式別、入試によく出る順!!

ベスト10Neo **国語** 読解問題

ベスト10Neo **数学** 図形問題

英語 文法問題ベスト10

定価990〜1100円(税込)

高校受験面接ブック

別冊がウリ!! 首都圏の各高校の面接内容

本 体 質問回答例ベスト150
面接ワークシート
自己PR書の書き方とワークシート

別 冊 首都圏の私国立高校などの面接方法、時間、質問具体例
推薦・一般入試の面接内容
主要校の面接会場のようす
(各校図示)

小冊子 試験場に持って行けるチェックBOOK
など面接対策がつまった1冊

定価1320円(税込)

図解でわかる!! 作文・小論文

本 体 (88P) **合格作文の書き方**
①7日間で仕上げる基礎編
②4日間で仕上げる応用編

別 冊 (52P) 首都圏の各高校の作文課題、制限時間、文字数の具体例調査
①首都圏の作文課題2000例を代表的な15パターンに分類(書き易くするため)
②着眼点、キーワード、ポイントを各パターンごとにコメント
③推薦と一般入試の作文出題校と課題例を一挙公開!!
④首都圏公立高校4年間課題調査

定価1100円(税込)

公立の漢字

公立高校の試験によく出る漢字

1 漢字は全都道府県で出題!!
2 公立の漢字の配点は高い!!
3 10年間の頻度をデータ化!!
4 最頻出漢字を5段階評価!!

定価748円(税込)

声の教育社 〒162-0814 東京都新宿区新小川町8-15
TEL.03(5261)5061 FAX.03(5261)5062

文教大学付属高等学校

別冊 解答用紙

丁寧に抜きとって、別冊としてご使用ください。

★合格者最低点

2024 年度	第 1 回	男 169	女 169
2023 年度	第 1 回	男 178	女 178
2022 年度	第 1 回	男 175	女 180
2021 年度	第 1 回	男 173	女 173
2020 年度	第 1 回	男 175	女 178
2019 年度	第 1 回	男 158	女 158

注意

○ 解答用紙は、収録の都合により縮小したものや、小社独自に作成したものもあります。

○ 学校配点は学校発表のもの、推定配点は小社で作成したものです。

○ 解答用紙を拡大コピーする場合、表示した拡大率に対応する用紙サイズは以下のとおりです。
101%～102%=B5　103%～118%=A4　119%～144%=B4　145%～167%=A3
（タイトルと配点表は含みません）

2024年度 文教大学付属高等学校

英語解答用紙

番号		氏名		評点	/100

1

No.1	No.2	No.3

No.4	No.5

No.6	No.7	No.8	No.9

No.10	No.11	No.12	No.13	No.14

2

①			②		
③			④		
⑤					

3

A	①		②	
	③		④	

		3番目	5番目		3番目	5番目
B	①			②		
	③			④		

4

A	①	
	②	
B		

5

問1	(1)		(2)		(3)		(4)		(5)	
問2	(1)		(2)							

6

問1					
問2		問3		問4	
問5	(1)		(2)		(3)
問6					

（注）この解答用紙は実物を縮小してあります。189%拡大コピーすると、ほぼ実物大で使用できます。（タイトルと配点表は含みません）

推定配点	
1、2 各2点×19 3 A 各1点×4 B 各2点×4 4 A 各3点×2 B 6点 5 各2点×7 6 問1 2点 問2～問5 各3点×6 問6 各2点×2	
100点	計

２０２４年度　文教大学付属高等学校

数学解答用紙

番号		氏名		評点	/100

3 (5) 求める過程

答

5 (3) 求める過程

答

（注）この解答用紙は実物を縮小してあります。192%拡大コピーすると、ほぼ実物大で使用できます。（タイトルと配点表は含みません）

1	(1)	
	(2)	
	(3)	
	(4)	
	(5)	

2	(1)	
	(2)	
	(3)	

3	(1)	
	(2)	
	(3)	
	(4)	
	(5)	用紙右側の解答欄に記入のこと
	(6)	

4	(1)	
	(2)	
	(3)	

5	(1)	
	(2)	
	(3)	用紙右側の解答欄に記入のこと

推定配点	
1～5	各5点×20
計	100点

二〇二四年度　文教大学付属高等学校

国語解答用紙

番号　　氏名　　評点 /100

一

問1　I　II

問2

問3

問4　60

問5

問6

問7　E　F　G

問8

問9　a　b　c　d　e

二

問1　a　b　c　d　e

問2　40

問3　(A)　(B)

問4

問5

問6　60

問7

問8

問9

（注）この解答用紙は実物を縮小してあります。196%拡大コピーすると、ほぼ実物大で使用できます。（タイトルと配点表は含みません）

推定配点		計
	一 問1　各3点×2　問2、問3　各4点×2　問4　8点　問5　4点 問6、問7　各3点×4　問8　4点　問9　各2点×5 二 問1　各2点×5　問2　5点　問3　各3点×2　問4　4点 問5　3点　問6　8点　問7～問9　各4点×3	100点

２０２３年度　文教大学付属高等学校

英語解答用紙

番号		氏名		評点	/100

4

A	①	
	②	
B		

5

問1							
問2							
問3		問4		問5	⑤	⑥	⑦
問6							

6

問1							
問2	ビーバーは様々なものを集め、（　　　　）を作り、（　　　　）を止め、（　　　　）ができるから。						
問3		問4		問5		問6	
問7		問8		問9			

（注）この解答用紙は実物を縮小してあります。192%拡大コピーすると、ほぼ実物大で使用できます。（タイトルと配点表は含みません）

1

No.1	No.2	No.3		
No.4	No.5			
No.6	No.7	No.8	No.9	
No.10	No.11	No.12	No.13	No.14

2

①			②	
③			④	
⑤				

3

A	①			②		
	③			④		
B	①	3番目	5番目	②	3番目	5番目
	③	3番目	5番目	④	3番目	5番目

推定配点

1、2 各2点×19

3 A 各1点×4　B 各2点×4

4 A 各3点×2　B 6点

5 問1 2点　問2 3点　問3～問6 各2点×7

6 問1 2点　問2 各1点×3　問3～問9 各2点×7

計	100点

2023年度 文教大学付属高等学校

数学解答用紙

番号		氏名		評点	/100

1	
(1)	
(2)	
(3)	
(4)	
(5)	

2	
(1)	
(2)	
(3)	

3	
(1)	
(2)	
(3)	
(4)	
(5)	
(6)	

4	
(1)	
(2)	用紙右側の解答欄に記入のこと
(3)	

5	
(1)	
(2)	
(3)	用紙右側の解答欄に記入のこと

4 (2) 求める過程

答

5 (3) 求める過程

答

（注）この解答用紙は実物を縮小してあります。192%拡大コピーすると、ほぼ実物大で使用できます。（タイトルと配点表は含みません）

推定配点	
1～5 各5点×20	
100点	計

二〇二三年度　文教大学付属高等学校

国語解答用紙

番号　　氏名　　評点　/100

一

問1　a　b　c　d　e

問2　問3　問4

問5　問6

問7　Ⅰ　Ⅱ　Ⅲ

問8　45

問9

二

問1　a　b　c　d　e

問2

問3　40

問4

問5　A　B

問6　問7

（注）この解答用紙は実物を縮小してあります。196%拡大コピーすると、ほぼ実物大で使用できます。（タイトルと配点表は含みません）

推定配点	
一　問1　各2点×5　問2　4点　問3～問6　各5点×4 問7　各3点×3　問8　8点　問9　5点 二　問1　各2点×5　問2　5点　問3　8点　問4　5点 問5　各3点×2　問6、問7　各5点×2	
計	100点

2022年度 文教大学付属高等学校

英語解答用紙

番号
氏名
評点 /100

1
No.1 No.2 No.3
No.4 No.5
No.6 No.7 No.8 No.9 No.10
No.11 No.12 No.13 No.14 No.15

2
①
② ③
④
⑤

3
① ②
③ ④
⑤

4
① 3番目 5番目 ② 3番目 5番目
③ 3番目 5番目 ④ 3番目 5番目
⑤ 3番目 5番目

5
①
②

6
問1 問2 問3 問4
問5 問6 問7
問8

7
問1 ① ②
問2 ① ②
③
問3 ① ②
③
問4

（注）この解答用紙は実物を縮小してあります。189％拡大コピーすると、ほぼ実物大で使用できます。（タイトルと配点表は含みません）

推定配点	
1 No.1〜No.5 各2点×5　No.6〜No.10 各1点×5　No.11〜No.15 各2点×5 2〜4 各2点×15　5 ① 3点　② 2点 6 問1、問2 各2点×2　問3 3点　問4、問5 各2点×2 問6 3点　問7、問8 各2点×3 7 問1〜問3 各2点×8　問4 4点	
100点	計

２０２２年度　文教大学付属高等学校

数学解答用紙

番号		氏名	

評点	/100

（注）この解答用紙は実物を縮小してあります。189％拡大コピーすると、ほぼ実物大で使用できます。（タイトルと配点表は含みません）

4 (3)　求める過程

答 ＿＿＿＿

5 (2) ②　求める過程

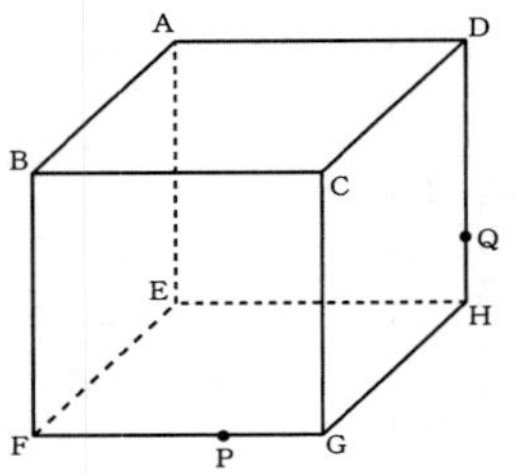

答 ＿＿＿＿

3		
(4)		
(5)		
(6)	高さ	
	表面積	

4	
(1)	
(2)	
(3)	用紙右側の解答欄に記入のこと

5		
(1)		
(2)	①	
	②	用紙右側の解答欄に記入のこと

1	
(1)	
(2)	
(3)	
(4)	
(5)	

2	
(1)	
(2)	
(3)	

3	
(1)	
(2)	
(3)	

推定配点

1、**2**　各5点×8

3 (1)～(5)　各5点×5　(6)　各3点×2

4 (1)　4点　(2)、(3)　各5点×2

5　各5点×3

計	100点

二〇二二年度　文教大学付属高等学校

国語解答用紙

番号　氏名

評点　/100

一

問1

問2　A　B　C　D

問3

問4

問5　図Ⅲ　図Ⅳ　図Ⅴ

問6　40

問7

問8　a　b　c　d　e

二

問1　35

問2

問3　a　b　c

問4

問5

問6　30

問7

問8

問9

（注）この解答用紙は実物を縮小してあります。196%拡大コピーすると、ほぼ実物大で使用できます。（タイトルと配点表は含みません）

推定配点

一　問1　4点　問2　各2点×4　問3　3点　問4　4点
問5　各3点×3　問6　8点　問7　4点　問8　各2点×5
二　問1　8点　問2　4点　問3　各3点×3　問4　4点　問5　2点
問6　8点　問7～問9　各5点×3

計　100点

2021年度 文教大学付属高等学校

英語解答用紙

番号		氏名		評点	/100

1					
	No.1	No.2	No.3		
	No.4	No.5			
	No.6	No.7	No.8	No.9	No.10
	No.11	No.12	No.13	No.14	No.15

2				
	①		②	
	③		④	
	⑤			

3		
	①	②
	③	④
	⑤	

4				
	① 3番目	5番目	② 3番目	5番目
	③ 3番目	5番目	④ 3番目	5番目
	⑤ 3番目	5番目		

5	
	①
	②

6								
	問1		問2		問3		問4	
	問5		問6		問7	(　　　)回		
	問8	(ア　　　　　)ための						
		(イ　　　　　)ことに同意した。						
	問9							
	問10							

7						
	問1		問2		問3	
	問4					
	問5		問6	(a)	(b)	
	問7		問8			

（注）この解答用紙は実物を縮小してあります。189%拡大コピーすると、ほぼ実物大で使用できます。（タイトルと配点表は含みません）

推定配点	
1 各1点×15 2～4 各2点×15 5 各3点×2 6 問1～問9 各2点×10〔問8は完答〕 問10 4点 7 問1～問5 各2点×5 問6～問8 各3点×5	
100点	計

2021年度 文教大学付属高等学校

数学解答用紙

番号		氏名		評点	/100

1	
(1)	
(2)	
(3)	
(4)	
(5)	

2	
(1)	
(2)	
(3)	

3	
(1)	
(2)	
(3)	
(4)	
(5)	
(6)	
(7)	

4	
(1)	
(2)	
(3)	用紙右側の解答欄に記入のこと

5	
(1)	
(2)	用紙右側の解答欄に記入のこと

4 (3) 求める過程

答

5 (2) 求める過程

答

(注) この解答用紙は実物を縮小してあります。189%拡大コピーすると、ほぼ実物大で使用できます。(タイトルと配点表は含みません)

推定配点	
1～5 各5点×20	
計	100点

二〇二二年度　文教大学付属高等学校

国語解答用紙

番号　　氏名　　評点　／100

一

問1　a　b　c　d　e

問2

問3

問4　(1)　ア　イ　ウ　エ

(2)　A　B　C　D

問5

問6

問7　・

二

問1　a　b　c　d　e

問2

問3

問4

問5

問6

問7

問8

問9　(1)

(2)

問10

（注）この解答用紙は実物を縮小してあります。196%拡大コピーすると、ほぼ実物大で使用できます。（タイトルと配点表は含みません）

推定配点	計
一 問1 各2点×5 問2 8点 問3 3点 問4 各2点×8 問5 8点 問6、問7 各4点×3 二 問1～問4 各2点×8 問5 4点 問6～問8 各3点×3 問9 (1) 3点 (2) 7点 問10 4点	100点

２０２０年度　文教大学付属高等学校

英語解答用紙

番号		氏名		評点	/100

1

No.1	No.2	No.3		
No.4	No.5			
No.6	No.7	No.8	No.9	No.10
No.11	No.12	No.13	No.14	No.15

2

①	②
③	④
⑤	

3

①	②
③	④
⑤	

4

① 3番目	5番目	② 3番目	5番目
③ 3番目	5番目	④ 3番目	5番目
⑤ 3番目	5番目		

5

①
②

6

問１		問２		問３	
問４					
問５		問６		問７	
問８	・ ・				
問９	あなたの選んだ本： どちらかを○で囲みなさい。 the book in England / the book in Germany 選んだ理由を英語で答えなさい。				

7

問１		問２			
問３	の研究				
問４					
問５	⑤	⑥	⑧		
問６		問７			

（注）この解答用紙は実物を縮小してあります。189％拡大コピーすると、ほぼ実物大で使用できます。（タイトルと配点表は含みません）

推定配点

1　各１点×15

2～5　各２点×17

6　問１～問８　各２点×９〔問４は完答〕　問９　６点

7　各３点×９

計	100点

２０２０年度　文教大学付属高等学校

数学解答用紙

番号		氏名		評点	/100

1	(1)	
	(2)	
	(3)	
	(4)	
	(5)	

2	(1)	
	(2)	
	(3)	

3	(1)	
	(2)	
	(3)	
	(4)	
	(5)	
	(6)	
	(7)	

4	(1)	
	(2)	
	(3)	用紙右側の解答欄に記入のこと

5	(1)	
	(2)	用紙右側の解答欄に記入のこと

4 (3) 求める過程

答

5 (2) 求める過程

答

（注）この解答用紙は実物を縮小してあります。189%拡大コピーすると、ほぼ実物大で使用できます。（タイトルと配点表は含みません）

推定配点	
1～5 各5点×20	
計	100点

二〇二〇年度 文教大学付属高等学校

国語解答用紙

番号　　氏名　　評点 /100

一

問1 a　b　c　d　e

問2 （55字）

問3 (1) Ⅰ　Ⅱ
(2)

問4 （75字）

問5　問6

問7 ア　イ　ウ　エ　オ

二

問1 a　b

問2　問3　問4　問5

問6 A （10字）
B （22字）
C （15字）
D （5字）

問7

（注）この解答用紙は実物を縮小してあります。196%拡大コピーすると、ほぼ実物大で使用できます。（タイトルと配点表は含みません）

推定配点		計
	一 問1 各2点×5　問2 10点　問3 各2点×3　問4 10点　問5、問6 各5点×2　問7 各3点×5 二 問1 各3点×2　問2～問5 各5点×4　問6 各2点×4　問7 5点	100点

2019年度 文教大学付属高等学校

英語解答用紙

番号 ＿＿ 氏名 ＿＿ 評点 ／100

1

No.1	No.2	No.3	No.4	No.5
No.6	No.7	No.8	No.9	No.10

2

①	②	③
④	⑤	

3

①	②
③	④
⑤	

4

①	②
③	④
⑤	

5

① 3番目	5番目	② 3番目	5番目
③ 3番目	5番目	④ 3番目	5番目
⑤ 3番目	5番目		

6

①

②

7

問1			
問2	They decided ＿＿＿＿ straws.		
問3		問4	
問5		問6	
問7			

8

問1		問2		問3		問4	
問5		問6					
問7	私たちはあまりにも ＿＿＿＿。						
問8							

(注) この解答用紙は実物を縮小してあります。189%拡大コピーすると、ほぼ実物大で使用できます。(タイトルと配点表は含みません)

推定配点	
1 1～5 各1点×5 6～10 各2点×5 2、3 各1点×10 4、5 各2点×10 6 各4点×2 7 問1～問6 各3点×6 問7 5点 8 各3点×8	
計	100点

2019年度 文教大学付属高等学校

数学解答用紙

番号		氏名	

評点	/100

4 (3) 求める過程

答

5 (3) 求める過程

答

1	(1)	
	(2)	
	(3)	
	(4)	

2	(1)	
	(2)	
	(3)	

3	(1)	
	(2)	
	(3)	
	(4)	
	(5)	
	(6)	

4	(1)	aの値
		2点A, Cを通る直線の式
	(2)	
	(3)	用紙右側の解答欄に記入のこと

5	(1)	
	(2)	
	(3)	用紙右側の解答欄に記入のこと

（注）この解答用紙は実物を縮小してあります。189%拡大コピーすると、ほぼ実物大で使用できます。（タイトルと配点表は含みません）

推定配点	
1～5 各5点×20〔4(1)は各5点×2〕	
100点	計

二〇一九年度　文教大学付属高等学校

国語解答用紙

番号　　氏名　　評点　／100

一

問1　A　B　C

問2

問3　(1)　〜　(2)

問4

問5　(ダークツーリズムによって、)　30　40

問6　問7　問8

問9　a　b　う　c　き　d　e

二

問1

問2　①　④

問3

問4

問5

問6　30　40

問7　問8

問9　a　b　c　d　e

(注) この解答用紙は実物を縮小してあります。192%拡大コピーすると、ほぼ実物大で使用できます。(タイトルと配点表は含みません)

推定配点	計
一 問1、問2　各3点×4　問3、問4　各4点×3　問5　7点 問6〜問8　各4点×3　問9　各2点×5 二 問1　4点　問2　各3点×2　問3〜問5　各4点×3 問6　7点　問7、問8　各4点×2　問9　各2点×5	100点

Memo